岩　波　現　代　文　庫

満蒙開拓団

国策の虜囚

加藤聖文

Kiyofumi Kato

学術 461

岩波書店

はじめに

私の妻は子ども五名を手にかけて殺して居ります。熊本の母親たちは誰でも同じです。生きて帰った彼女等はどんなにか自らを責め苦しみながら生きてきたことか。私の妻が五名の吾が子に毒を飲ませた。長女は何回もはき出したので自分の分まで飲ませて、浜田君の奥さんが自分の子ども二人を始末し、石油をまいて火を放った。自分もともに焼け死ぬつもりだったのでしょう。人間悲しいものです。私の妻はその時尾園君の奥さんが、竹口さん、といって外に引き出し満人たちの中を夢中で逃げた。これを自分の命惜しさに逃げた、といえるのでしょうか。生きるものの本能だと思います。でも故国の人たちはいいます。「自分の命はそんなに惜しいものかなア、五人の子どもを殺して自分だけ助かって。」と。その言葉を妻はどんな気持で聞いたでしょうか。妻は生きている間苦しみ通したと思います。妻が息を引きとった時私は言いました。「お前もやっとらくになったネ、早く子どもたちのところに行ってやってくれ。」私は二・七日《ふたなのか》まで毎日泣きました。何も知らない人たちはあの気の強い竹口が、と笑いました。未練がましく死んだ女房が恋しくて泣くのだ

と勘違いしていました。しかし実情を知らない人たちにどう話しても解ってくれませんでした。解る筈がありません。(1)

これは第三次試験移民団として北安省綏稜《すいりょう》県に入植した瑞穂《みずほ》村開拓民の証言である。敗戦間際の根こそぎ召集で開拓団を離れていたため生き残ったこの開拓民は、戦後もあの時起きた現実と向き合い続け、死ぬまでその苦しみから解き放たれることはなかった。彼は、なぜこのような苦しみを味わわなければならなかったのか、その原因も分からなかったし、そもそもなぜ満洲へ開拓団として渡ることになったのか、その背景も分からなかった。そして、家族を襲った悲劇の責任は誰にあるのかも分からなかったであろう。

開拓移民こそ世界大調和による世界恒久平和完遂の礎石であり、かかる考えから私はソ同盟引揚後再び縁あって中南米移民のお世話をすることになった次第で、ここで開拓移民の根本理念を実現し、開拓移民を通じて万人ひとしく念願する世界恒久平和の完成に貢献し、一はもって七万有余の満州開拓殉難者の英霊を慰め、一はもって我が人生観——開拓万邦化一家、万民協和為一体——に合致した終生の仕事をしたいと思った次第である。(2)

かたや農林省経済更生部長小平権一《こだいらごんいち》の部下として開拓政策の実務を担い、満洲国開拓総局長を経て敗戦時に東満総省長だった五十子巻三《いらごけんぞう》の証言である。五十子は開拓団が集中した東満総省の責任者として日ソ開戦に直面、一九四五年八月一五日に軍が仕立てた避難列車で赴任先の牡丹江から家族とともに新京まで脱出したものの、翌年二月にソ連軍に逮捕されてシベリアへ送られ、四年にもわたって抑留されたという経歴を持つ。しかし、このような体験が彼の思想を劇的に変化させたわけではなく、終生、優れた大和民族による満洲開拓が「五族協和」の実現に貢献したとの考えを持ち続けた。ただし、満洲国時代から「官僚ばなれのした行動力、実践力を備えた情熱の人」と評価されてきた彼の言葉は、抽象的で具体性がなく、満洲開拓政策という巨大な国策に関与してきた経歴の重みを感得させるものではない。

瑞穂村開拓団の宮城区の婦人と子供たち，1943年頃

　これほど開拓民と政策当事者の意識が隔絶しているのはなぜだろうか。このような隔絶は、五十子という人物の個人的問題に起因するものではない。五十子は詭弁を弄しているわけではなく、彼のような民族協和の実践例として開拓政策を高く評価する考えは、加藤完治《かとうかんじ》を筆頭に開拓政策に関わった者たちの意

識のなかに大なり小なり、いだかれ続けてきた。確かに、現地の耕作では現地民と一緒に共同作業をした、治安が良くなって現地民から感謝された、敗戦時に現地民に助けられたといったエピソードはいくらでもあった。したがって、このような部分だけを切り出せば、現地民との共存共栄はある部分まで実現していたのであって、開拓政策はソ連軍の進攻さえなければ成功していたといえなくもない。

しかし、このようなエピソードをいくら繋ぎ合わせても満蒙開拓団の本質を明らかにすることはできない。何よりも北満の地で瑞穂村開拓団が集団自決し、五人の子供を殺した母親がいたという事実は、満洲開拓政策が成功だったことを証明するものではないのである。

本書は、このような隔絶は何故に生まれるのか、その疑問を出発点として、満蒙開拓団の歴史を政策史の視点から検証する。(3)

満蒙開拓団に対する一般社会のイメージは、敗戦時の集団自決や逃避行、そして残留孤児といった悲劇的な出来事に偏っている。戦後になって、元開拓団関係者によるおびただしい数にのぼる手記が発表され続けているが、これらの大半が敗戦後の悲劇に焦点が当てられていることも影響していよう。一方、研究においても着実に実績が積み上がっている分野とそうでない分野とがはっきり分かれており、必ずしも万遍なく成果が出されているわけではない。なかでも政策史からの分析はほとんど行われていない。そのため、通史にいたっては、関係者らによって編纂された『満洲開拓史』が唯一のものであり、研究書では皆無である。このような偏りが、満蒙開拓団の社会的イメージを悲劇性のみに固定化させ、「俗説」混じりの開拓団の歴史が流布されている要因ともいえる。

満蒙開拓団を対象とした研究は、一九七〇年代に注目され、『日本帝国主義下の満州移民』(一九七六年)に代表され、現在でも高い研究水準を保つ成果が出された。帝国主義研究がもっとも盛んであったこの時期は、母村と分村との経済構造の変化や開拓団の現地での営農実態、または経済更生運動との連関性など社会経済史的研究だけでなく、関東軍の関与など政策面や軍事面での政治史研究もなされてきた。

基本的な実態解明を図る研究の流れは八〇年代まで続くが、九〇年代以降になると特定の送出地域や入植地を対象とした事例研究が増加し、同時に義勇軍や「大陸の花嫁」、さらには開拓民の引き揚げ後の再入植や残留孤児問題など対象テーマの多様化も見られるようになり、歴史学だけではなく社会学や経済学、文学などからのアプローチも登場した。

このような傾向は、二〇〇〇年代以降になるとさらに深化したといえるが、むしろ個別テーマに細分化されてしまったため、全体像を明らかにするような研究、とりわけ政治史的アプローチはほとんど行われなくなってしまった。そのため、政策面の研究では七〇年代の水準から大きく変わっていないといえる。

しかも、近年の研究はある特定の地域を取り上げ、その地域がどのように開拓政策に対応したのか、また開拓政策によってどのように変容していったのかといった地域史の枠組み、とくに長野県を事例とした研究が多く、地域的に偏重しているのが現状である。

確かに、長野県は開拓民送出数が全国一、しかも突出した数(義勇隊員を含めて三万七八五九人。二位の山形県は一万七一七七人)を誇っている。また、最初の満洲移民を計画した福島安正《ふくしまやすまさ》を皮切りとして、本書でも取り上げる経済更生運動を推進した小平権一、総力戦体制構築のために日満一体化を構想した陸軍統制派の中心人物永田鉄山《ながたてつざん》、初期試験移民で東宮鉄男《とうみやかねお》・加藤完治と対立した日本力行会《りっこうかい》の永田稠《ながたしげし》は諏訪郡、拓務省から関東軍顧問となって百万戸計画に関与した稲垣征夫《いながきまさお》は佐久郡出身と、満洲開拓政策に重要な役割を演じた人物はなぜか長野県出身者が多かった。

しかし、長野県モデルは全国的に普遍性のあるものではなく、むしろ満洲事変以前からの海外移民熱の高さや、教育熱心な土壌、東京からの適当な近さなど地域的特殊性が大量送出県に押し上げた要因であったといえる。国策というものは地域的特性を考慮せずに全国一律に中央の政策を押し広めることである以上、本書ではあえて他の研究とは一線を画し、長野県以外の事例を基に構成を組み立て、国策が日本全国に与えた影響の実態を明らかにしていく。

また、満蒙開拓団はとかく「棄民」という捉え方をされる。これも政策史研究が進んでいないため、政策当事者や政策当局がステレオタイプに扱われてしまっていることと関連している。

国策というものは、厄介払いを目的としたり、当初から失敗することが分かっていながら実行されるものではない。むしろ政策当事者は、思い込みや誤った情報に基づく判断、さらには組織利益が絡んでいたにせよ、その当時の置かれた状況で自身では最善と思われる政策を立案するのであって、むしろ「善意」や「熱意」が政策実現の推進力になっていることが多い。

満洲開拓政策も農村救済に熱心な人物であればあるほどのめり込んでいった。大正期以降深刻化する農村問題に敏感だった農本主義者や中堅農林官僚、そして社会主義者や宗教家、さらには農村の中堅農民、彼らを満洲へ向かわせたのは「善意」であった。むしろ、開拓政策に消極的か反対の立場を取った人たちの多くは、農村救済に無関心な都会人や農村問題の根源にあった地主制を維持したいという既得権者であった。土地所有制度の根源的不平等性を解決すべきとか、開拓政策が内包する侵略性に気づいて開拓民送出に反対したような先見の明がある賢人などほとんどいなかった。

しかし、動機は純粋でもその結末はあまりにも悲劇的であった。この動機と結果の甚だしい落差が満蒙開拓団の評価を難しくし、政策に関与した者たちの口を重くしている。

また、満洲開拓政策は、加藤完治と東宮鉄男によって進められたとされている。そして、移民拡大に反対していた高橋是清が二・二六事件で殺害されたことで、障壁が取り除かれ、百万戸計画という大量移民に繋がったともいわれている。しかし、これは加藤完治ら移民推進派が、戦中から戦後にかけてことあるごとに発言していた言説であって、彼らの功績を誇張した「俗説」でしかない。にもかかわらず、今日にいたっても研究書のレベルですらこのような単純化された「物語」を何の検証もないまま、そのまま鵜呑みにする傾向が強い。

本書で明らかにしていくように、満洲開拓政策は限られた特定の人間たちによって推進されたような単純なものではなく、戦時下で目まぐるしく変わる政治環境のなか、政策が肥大化する反面、誰もが一定の枠組み以上の影響力を与えることはできず、政策責任の所在が不明瞭になってしまったという特徴を持つ。

満洲開拓政策という国策は、関与した人物の多彩さに加え、「日満一体」のもと日本国内にとどまらず満洲国まで巻き込んだ政治状況の複雑さ、さらには日本人だけでなく中国人や朝鮮人など多民族を巻き込んだ民族問題までもが絡み合って、その実態への接近を拒絶し続けてきた。

これから本書において、複雑な構造を抱える国策の実態に接近を試み、七〇年以上経っても総括されないまま、今なおさまざまな課題を投げかけている満蒙開拓団の歴史を考察していこう。

目　次

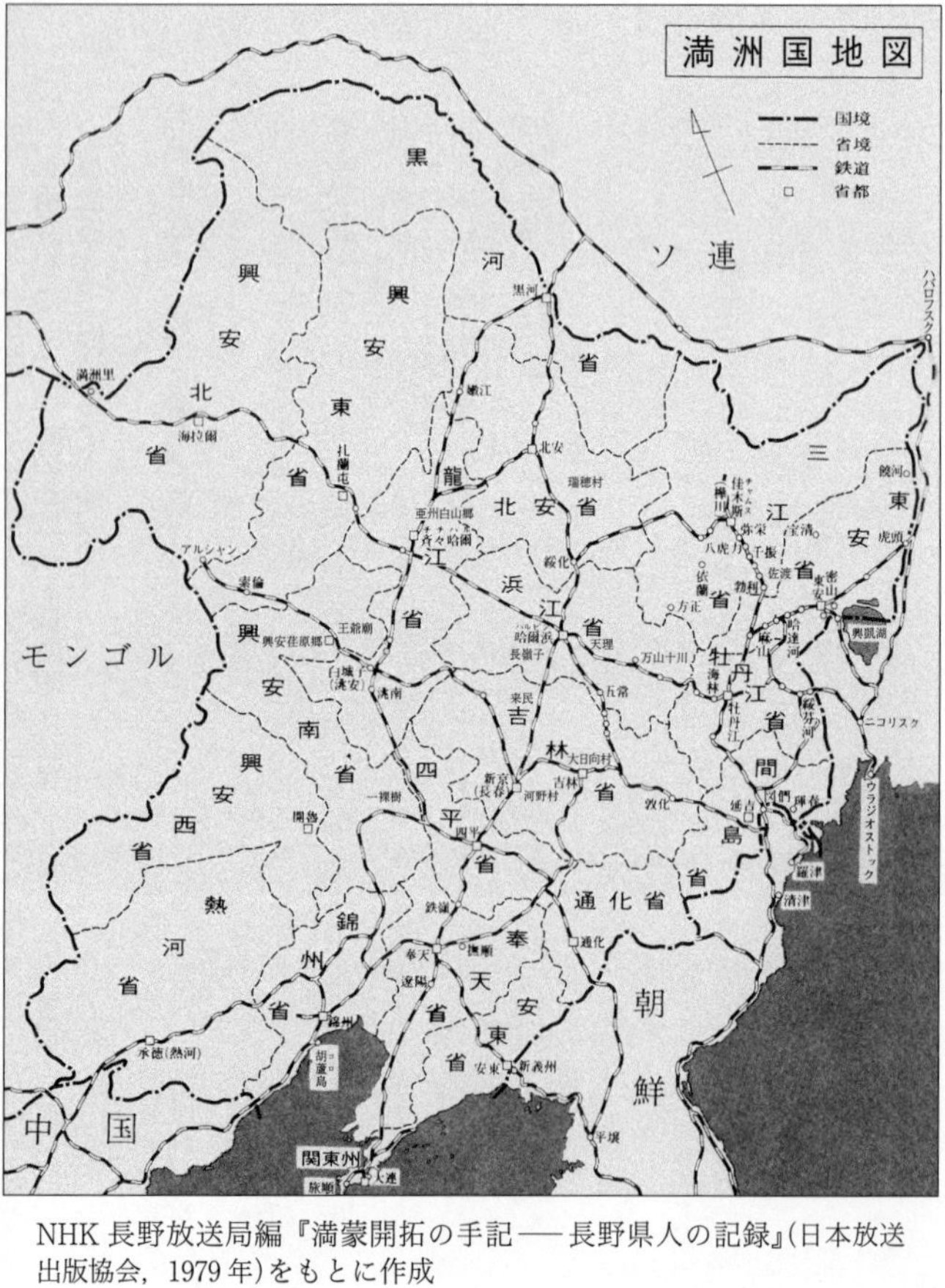

NHK 長野放送局編『満蒙開拓の手記── 長野県人の記録』(日本放送出版協会, 1979 年)をもとに作成

第1章

満洲移民計画の浮上

満洲開拓政策の関係者たち　前列右から3人目加藤完治，後列右から4人目より那須皓，和田博雄，石黒忠篤，小平権一，荷見安，1人はさんで橋本傳左衛門

第一次世界大戦後、政党政治が全盛期を迎えたが、強固な地主制を基盤とする農村社会の矛盾は深刻化していた。そして、一九二九年の世界恐慌以降、経済的に大打撃を被った農村の救済が急務となったが、政治は有効な対策を取ることができなかった。このような閉塞感が漂うなか、一九三一年に満洲事変が勃発、人びとはこれに熱狂し、社会的矛盾はすべて満洲によって解決されるかのような「幻想」が生まれた。そして、山形県の一退役軍人が構想した武装移民計画が触媒となって、農村問題に強い関心をいだいていた農本主義者の加藤完治、農業経済学者の那須皓・橋本傳左衛門、農林官僚の石黒忠篤らを結びつかせ、満洲移民構想が浮上した。また同時期に、新国家「満洲国」の治安対策と関東軍の対ソ戦略の観点から東宮鉄男が武装移民を計画、満洲の日本人増加を図る関東軍によって二つの構想が結びつけられ、移民計画が具体化する。また、国内では組織存続の思惑から拓務省が満洲移民計画に積極的に乗り出す一方、農林省は農村建て直しを図るため経済更生運動を計画、両者の思惑が交差するなか五・一五事件後の救農議会において満洲試験移民関連予算が承認され、一九三二年秋に在郷軍人を主体とした第一次試験移民が送り出された。

1　満洲事変と高まる移民熱

一九三一年九月一八日に満洲事変を引き起こした関東軍は、またたく間に満洲全域を占領して翌年三月一日には清朝の廃帝溥儀《ふぎ》を担ぎ出して満洲国を建国した。満洲事変を計画した関東軍参謀の石原莞爾《いしわらかんじ》らは、当初満洲全域の軍事占領と日本領への編入を目論んでいたが、対外関係悪化を懸念する日本政府や陸軍中央とのあいだで妥協が図られて独立国家樹立へと方針を転換していた。

このように、実際は事変の妥協の産物として生まれた満洲国であったが、建前は現地民の自発的な独立運動を関東軍が助け、「王道楽土」「五族協和」の建国理念を掲げて理想国家が建設されたと喧伝されるようになった。

満洲国の建国理念のうち、「五族協和」とは日本人・満洲人・漢人・モンゴル人・朝鮮人の五つの民族が、すべて平等の権利のもとで理想国家建設にあたることとされていたが、実際は日本人が独占的な支配権を握っていたのは周知の事実である。ただし、日本人が独占的な支配権を握っていたものの、五族のなかでは圧倒的に少数派という根本的な問題を抱えていた。最大民族であった漢人が、事変当時に三〇〇〇万人を突破していたのに比べて、日本人は三〇万人にも満たなかった。こうしたいびつな民族バランスが日本にとって当初から懸案となっており、満洲国の日本人人口の増加は急務となっていたのである。

そもそも満洲へ日本人を入植させようという発想は、日露戦争直後まで遡ることができる。日露戦争の結果、今の遼東半島の先端部分で鳥取県ほどのわずかな地域であるが、軍港旅順と商港大連を抱える満洲の入り口として重要な拠点であった関東州の租借権を獲得し、南満洲鉄道株式会社(満鉄)の鉄道路線を軸に南満洲を影響下に置いた日本は、その支配を実効あるものとするために日本人移民を必要とした。

満鉄初代総裁の後藤新平は、満洲の日本人増加が今後の満洲経営にとって重要であると唱えた最初の人物である。彼は、関東州と満鉄附属地が清国から租借したものであるため、将来の還付に備えて一〇年間で少なくとも五〇万人、できれば一〇〇万人の日本人が必要との自説を持っていた。後藤の場合、農業に限らず広範囲な職種の日本人増加を想定していたが、満鉄では創立当初から農業改良事業に取り組んでおり、一九一三年には公主嶺《こうしゅれい》に農事試験場を開設して満洲に適応した農作物の改良と普及を進めた。さらに、翌一九一四年から一九一七年にわたって、鉄道沿線に除隊兵からなる移民三四人を入植させたが見るべき成果はあげられず、第一次世界大戦後になると、東亜勧業株式会社(一九二一年設立)や大連農事株式会社(一九二九年設立)といった関連会社を通じて日本人の入植を図ったが、こちらも経営的には失敗であった。

なかでも、東亜勧業は政府の全面支援のもと、満鉄・東洋拓殖株式会社(東拓)・大倉組の共同出資によって設立されて、南満洲での農業経営を目指したが、当時、日本と張作霖政権のあいだで懸案となっていた日本人の土地取得をめぐる土地商租権問題が絡み、取得地活用が思うように進まなかった。大倉組と東拓は事業から手を引き、満鉄が中心となって経営を行ったものの、満洲事変までは見るべき業績もあげられず、資本金を二〇〇〇万円から一〇〇〇万円に減資するほど経営は悪化していた。しかもこの東亜勧業をめぐる問題は、旧清朝皇室領「皇産」やモンゴル王公の所有地「蒙地」を中心とした満洲の土地所有権の複雑さが根底にあった。満洲国になってから近代的土地所有権の確立を目指して実施された地籍整理事業によってその解決が図られたが、結果的には挫折する。このように、満洲の土地所有権の複雑さはのちの開拓団の用地取得(当初の買収を行ったのは東亜勧業)にも大きな影響を与えることになる(1)。

満鉄の移民事業が失敗する一方、関東州の統治機関であった関東都督府でも一九一五年に愛川村を建設して日本人農業移民の入植を図っていた。

ちなみに、この愛川村は、山口県の愛宕村と川下村の出身者が入植し、両村の一文字をとって愛川村と名づけられたところである。この入植計画を推進したのは関東都督であった福島安正中将で、長野県松本市出身であった。もともと長野県は北米などへの海外移住が盛んであったが、満洲国が建国されると長野県出身の福島が計画推進した愛川村が満洲移民の先駆けとして盛んに県内外で持ち上げられるようになり、満洲移民の最大送出県になっていく要因の一つとなる。

しかし、関東都督府が全面的に支援した愛川村であったが、灌漑用水の不足から不作続きで、入植者一九戸四八人のうち、開村翌年には早くも一六戸が離脱してしまった。結局、満洲事変まで環境は一向に改善されず、事変まで残っていたのはわずか七戸(途中増加含む)という惨憺たる成績であった。愛川村は、関東都督府の援助を受け、日本人が慣れている水田耕作であり、都市近郊型農業経営、しかも酷寒の北満と比べて気候も厳しくない南満、という好条件が揃っていたにもかかわらずこのような失敗に終わったということは、日本人がいかに満洲での農業に不向きであるかを証明していた。

にもかかわらず、事変勃発直後の一時的な満洲ブームが起きると日本内地から自由移民団が相次いで結成され、満洲へ渡る者たちが続出した。その数、公式に届け出られたものだけでも一九三二年九月までに八四団体にものぼり、なかには地方行政官庁が関わっているものもあった。しかし、これらの移民団はほとんどが満洲へ行けばなんとかなるといった計画性のない思いつきに近いものであったためまたたく間に破綻、わずかに天理教と天照園(第3章参照)による移民だけが軌道に乗っただけであった。

さらにこの当時、政府ものちの政策とは正反対で、満洲への移民を積極的に後押しする考えはなかった。移民行政を所轄する拓務省は満洲よりもブラジルを中心とした南米移民に比重を置いていたことと、大蔵省も不況による財政事情が苦しいなかでの新規事業の予算計上に否定的であったことが大きな理由であった。また、渡満者をめぐるトラブルが現地で頻発したため、外務省は「統制ナキ移民騒キ」が満洲国建国にも悪影響を及ぼすと懸念し、拓務省を通して府県庁に取り締まりを求めるほどであった(2)。

2　農村不況の深刻化と満洲移民

満洲事変前、「満蒙は日本の生命線」と盛んに唱えられていたものの、多くの日本人にとって実際の日常生活では満洲との関わりは薄く、満洲で緊張が高まっていると伝えられても自分たちにとって切実な問題とは受け止められていなかった。こうした状況が事変後、大きく転換する。それは、郷土部隊の出征を通じてであった。例えば、山形県の場合、関東軍が事変を起こす際の実働部隊となった満鉄沿線を警備する独立守備隊第一・第五大隊には、山形県出身の兵士二四〇人が所属していたが、事変初期の戦闘において二三人の戦死者を出した。この時の戦死者の慰霊祭が、事変勃発から一カ月経った一九三一年一〇月二一日に山形県招魂社で第八師団長や県知事らが参列して盛大に執り行われた(『山形県史　近現代編下』)。

その後、事変が拡大化の一途をたどると、一一月一四日には山形聯隊から一個大隊が一〇万人の県民が見送るなかで出征した。この時、たまたま帰郷してその場に居合わせた歌人の斎藤茂吉は、「みちのくの兵し向はば百万のあた(敵)といふとも打てしやまむ」と後の日中戦争期に有名となる一首を詠んだが、すでに、政府の不拡大方針とは逆に庶民レベルでの戦意は急速に高まっていったのである。

満洲事変が起こる前、世界恐慌の影響を受けて日本社会は不況のどん底にあった。当時の日本経済は軽工業中心で、最大の輸出品は生糸であったが、その最大輸出先であるアメリカの不況は日本経済に深刻な打撃を与えていた(例えば、生糸輸出額は恐慌前の一九二九年で二一億四九〇〇万円だったものが一九三一年では一一億四七〇〇万円とほぼ半減した)。しかも、生糸生産の基幹となる養蚕業は、農村の前近代的家族経営に依存するというきわめて脆弱な構造であったため、不況は農村の経済的疲弊に直結した。さらに、都市部では農村からの出稼労働者も失職し、郷里へ戻ってくる事態が起きていた。山形県も養蚕業や出稼労働への依存度が高く、県下の農村の疲弊は深刻の一途をたどっていたのである。

しかし、このような深刻な問題を政治は解決できなかった。一九二五年の普通選挙制導入により、所得に関係なく選挙権を得た成人男性には政治参加の道が開かれるようになっていた。そして、政党内閣の黄金期を迎えていたが、実情は二大政党(政友会と民政党)による泥仕合が繰り広げられて、有効な政策を打ち出せないなか、政党の信用は失墜していった。

満洲事変は、このような閉塞感が漂うなかで勃発した。これを転機に新聞は恐慌関連の暗いニュースから事変関連の戦意高揚型ニュースへと一八〇度転回、さらに、事変の拡大に触発されて派遣軍慰問や兵器献納運動が盛り上がっていった。その一方で、政府内部は事変の対応をめぐり混乱し、年末になって若槻礼次郎民政党内閣は閣内不統一で瓦解する。

庶民は明るいニュースを求めていた。満洲事変は庶民にとってまだまだ遠い戦争であった。しかも満洲全土を大きな被害もなくまたたく間に占領するというめざましい戦果は、庶民を熱狂させるに十分であった。第一次世界大戦後、世界的に軍縮が求められるなか、社会の厳しい目にさらされていた陸軍は、閉塞する社会状況を打破する政治勢力として、急速に庶民の支持を集めるようになっていった。

山形聯隊が出征した一九三一年一一月一四日、角田《すみた》一郎《いちろう》という退役軍人が「満蒙経営大綱」と題する満洲移民策を書き上げた。角田は山形県東村山郡大郷《おおさと》村(現・山形市)の農家出身で、陸軍士官学校第一六期卒、日露戦争とシベリア出兵に従軍した関係から満洲との繫がりが深かったが、一九二五年に病のため中佐で予備役編入となり、郷里で農業経営の改革に取り組んでいた。

明治以降、近代資本主義の発達にともなって都市に富が集まり、華やかな都市文化が開花した一方、資本主義経済に組み込まれた農村では、寄生地主化した大地主への土地の集中が進み、貧困は深刻化していた。一九一〇年代以降になると農村部での格差は、小作争議へと発展していったが、耕地面積も狭隘で、商品となる木材すら供給できない山間僻地の農村では、困窮はより深刻であった。

こうしたなかで、近代化の波にさらされ危機に瀕している村落共同体を建て直すためには、協同組合方式を導入して、農業経営の集約と大規模化、改良農法による生産力向上、米作一辺倒を脱却して商品作物や畜産などを合わせた多角経営などによって、農村全体を富ませなければならないと考える人びとも多くあらわれた。なかでも愛知県立安《あん》城《じょう》農林学校の校長であった山崎延吉《やまざきのぶよし》が有名であった。

山崎は、当時世界的な農業先進国といわれていたデンマークの農業経営方式を手本として、愛知県碧海《へきかい》郡(現・安城市)で協同組合による農業の多角経営化を進めていた。その山崎の影響を受けたのがのちに満洲移民政策の中心的な役割を果たす加藤完治であった。また、山崎や加藤のような全国的な著名人ではなくても角田のように地方で地道に農村問題に取り組む人物も多くいた。彼らは農本主義者とも呼ばれ、山崎のような経済的観点を重視する者から、加藤のように精神性を重視する者まで幅広かったが、基本的には個々人の利益よりも集団の利益に重きを置く点で共通していた。

のちの満洲移民政策に関わる民間人や後述する官僚や学者の多くは、当初から誇大妄想気味の侵略主義者だったのではなく、マルクス主義でも資本主義でもない第三の道として協同組合主義を掲げ、現実の社会で深刻化していた農村問題――とくに小作問題――解決に向き合っていた者たちであった。満洲移民政策が「善意」から出発していた点がむしろ問題の本質を複雑にしていくのである。

深刻さを増す農村不況に対して、角田は郷里での活動に限界を感じていた。そうしたなかで満洲事変が勃発、角田は農村危機の打開策として満洲への集団武装移民を構想するにいたり、それが「満蒙経営大綱」として具体化したのである。

軍人出身であった角田にとって武装移民は、満洲事変と農村恐慌という二つの課題を一挙に解決する名案であった。そこで、政府や軍首脳部へ大綱を配布し、その実現を図ろうとしたが、東京からは何の反応ももたらされなかった(『山形県史 本篇4 拓殖編』)[3]。

そこで、角田は直接陸軍に訴えて実現を図るため、陸軍士官学校時代の教官であった荒木貞夫陸相に直談判することを計画し、翌三二年一月一日に上京した。しかし、陸軍の反応は冷たかった。角田と陸士同期であった永田鉄山は、陸軍中央が満洲移民に否定的であり、荒木陸相との面会は不可能だと伝えてきた。

頼みとした陸軍が動かないとなると角田の構想は画餅に帰す。困惑した角田が頼ったのが茨城県宍戸《ししど》町友部《ともべ》(現・笠間市)にあった日本国民高等学校の校長加藤完治であった。

加藤はかつて山形県自治講習所長として山形県での農村改良運動を指導した実績で、全国的にも著名人となっていた。

3 加藤完治の登場

満洲移民が国策となって全国のあらゆる人びとを巻き込み、最後は数万人もの犠牲者を生み出す結果をもたらした歴史のなかで、加藤完治という人物はもっとも重要な存在の一人である。そのような加藤とはいかなる人間であったのか。

加藤は一八八四年一月、東京に生まれた。父は平戸藩士であったが、維新後に始めた商売が成功し、加藤は裕福な炭問屋の跡取り息子のはずであった。しかし、出生直前に父親が病没してから不幸に次々と見舞われる。母と祖母に育てられたが、再婚した母も貧困のなか病に倒れ、祖母もそれを追った。さらに、大学時代に結婚した妻も病によって短命に終わった。多感な青少年時代に次々と肉親を失った精神的ダメージに加えて、貧困、さらには自身の大病にも苦しむという過酷な経験は、彼の人格形成に大きな影響を与えている。

加藤は母を亡くした第四高等学校時代に、キリスト教へ接近し洗礼を受けている。ここから加藤の思想遍歴が始まるが、東京帝国大学(はじめは工科大学、病気休学後は農科大学へ転籍）に入ると木下尚江や徳冨蘆花、西田幾多郎、トルストイの思想などに傾倒した。この頃から加藤は中小農家の保護政策に関心をいだき始め、のちの満洲移民政策の盟友となる那須皓《なすしろし》と親交を結び、農村問題などをテーマにした勉強会を開いていた。

当時の農科大学では生産技術を学ぶ実学が主流で、農業を社会的・経済的に体系化しようとする農業経済学を専攻する学生は少なかったが、その農業経済学を加藤と那須は専攻した。一期上には橋本傳左衛門《はしもとでんざえもん》や小平権一、有馬頼寧《ありまよりやす》といった、のちの農山漁村経済更生運動や満洲移民政策の中心的役割を果たす学生が集まっていた点は注目しておかなければならない。

加藤完治

一九一一年に東京帝大を卒業すると内務省や帝国農会で働いたが、一九一三年に愛知県立安城農林学校の教師となったことから大きな転機を迎える。前述したように安城農林学校は山崎校長による実践的な農業指導が有名で、加藤はここで農業経営のノウハウを吸収することになる。しかし、それ以上にこの時期に筧克彦《かけいかつひこ》の思想に触れ、筧の知遇を得たことが彼の生涯を決定づけたといえよう。

昭和戦中期の国家主義運動に大きな思想的影響を与えた筧克彦は、東京帝国大学で行政法を担当し、同僚には天皇機関説問題で排撃される憲法学者の美濃部達吉がいた。筧が主唱した国体学は、天皇に国家や国民も包摂されることで調和が保たれ、あらゆる社会的矛盾や対立は解消される、これが国体のすがたであり、その中核となる天皇の神聖性・無謬性を重んじるというものであった。加藤は筧の思想に傾斜するなかで天皇中心主義と農本主義を結合させ、第四高等学校以来のキリスト教とも決別したが、このことは彼の内面において精神主義の傾向が一段と強まり、それとともに思考の柔軟性が失われることを意味していた。

加藤が学生時代から悩んでいた小作問題に筧の理論を応用すると、天皇の赤子《せきし》である日本人はすべてが家族と同様に一体であると捉えることによって、当時先鋭化していた地主と小作の対立は昇華できることになる。しかし、天皇のもとで万民は平等といった理想には首肯できても、現実には貧富の格差は歴然としてあり、生活における不平等は何ら解消されない。そこで、具体策として農業の近代化を図って小作人にも経済的恩恵をもたらすことで、農民運動家が諸悪の根源と見なす土地所有問題は二義的なものとなる。さらに、地主と小作人がともに参加する農村自治を推し進めることで、農村共同体の破壊を回避できる。そして、こうした階級融和的な象徴に天皇を位置づけるのである。このような問題解決のアプローチは、地主制、さらにはそれを支える天皇制を諸悪の根源と見なして、その打倒を掲げる無産系農民運動の対極に位置した。

しかし、理想はともかく現実の農村改良では限界があった。国内農地の拡大は限界に達していたが、農村人口は増加の一途をたどっていた。しかも地主制が維持されている以上、増え続ける農業労働力を国内農業だけで吸収することは困難になっていた。結局、山崎にせよ加藤にせよ改良農業を基本とする農本主義は、人口増加圧力の前では国内農業の枠を越えて外地(植民地)に目を向けざるを得ない宿命を持っていた。

その思想的推進力になるのが天皇であった。すなわち、国内で地主・小作関係を昇華して一体化させる存在として天皇が位置づけられていたが、その構図はそのまま外地では日本人・現地民の関係に置き換えることが可能であった。天皇のもとで民族の相違や対立は乗り越えられなければならないというロジックは、結局のところ現地民の土地や財産の収奪を正当化する危険性を孕んでいたのである。

一九一五年になって、内村鑑三の高弟であった山形県教育主務課長の藤井武が、那須の訳書(ホルマン『国民高等学校と農民文明』)で紹介されたデンマークの国民高等学校運動に触発されて、農民子弟の実習教育機関である山形県自治講習所を開設した。加藤はその所長に迎えられ、荒地であった大高根《おおたかね》村(現・村山市)での開墾を始めた。大高根開墾はのちの満洲移民の源流ともいえるものであったが、この頃は安城時代に学んだ合理的農業経営を実践する姿勢が強く、家内労働の合理的分配などにも取り組んでいた。加藤はこの労力分配で中小農家の農業経営改善を図ろうとして農林省に出向き、その時に副業課長であった石黒忠篤《いしぐろただあつ》と知り合い、「水魚の交り」を結ぶことになった。

さらに、大高根村に続いて始めた最上郡萩野村にあった軍馬補充部跡の開拓地が、皇太子の行啓先に選ばれたことは加藤の思想をいよいよ強固なものとした。しかし、同時に加藤にとって重要な転機が訪れる。加藤の教え子の多くは中小農家の次男三男であった。欧米視察に出る直前、「私達二、三男には耕す土地がありません。どうすればよいのでしょうか」と問いかけられた加藤は、欧米の広大な農業経営を見るなかで日本農業の狭小さを思い知らされ、「海の外に同志を送る必要を痛感」するにいたった(『加藤完治全集 第5巻』)。

当初、加藤は国内植民で可能と考えていたが、このような事情もあって洋行後は一転して国外植民に転じ、その第一段として実行されたのが朝鮮であった。そもそも加藤は、朝鮮よりも満洲に目をつけていた。一九二五年二月の雑誌『弥栄《いやさか》』では、耕す土地のない農家の次男三男を救うために「この新天地において活躍させること」の決意を表明していたが、土地商租権も解決されていない事変前の状況では断念せざるを得ず、その代替として朝鮮に注目したのである。

一九二六年から構想され始めた朝鮮入植計画は、群山不二《ぐんさんふじ》農村や江原道平康《こうげんどうへいこう》農村の他にもいくつか構想としてあったが、多くは思いつきが先行したもので、群山不二農村では早々に内部での軋轢が表面化していた。計画が練られたものではないことと、加藤の精神主義が移民団で共有できていないことが原因であったが、のちの満洲試験移民団でも同じような構図があらわれる。

このように、加藤は事変前から急速に植民地への移民へと傾斜していった。さらに、一九二七年になると盟友の石黒・那須・小平らによって日本国民高等学校が茨城県宍戸町友部（のちに下中妻《しもなかつま》村内原《うちはら》へ移転）に設立され、加藤が校長となった。加藤はここを活動の拠点として影響力を広めていったのである。

角田一郎は山形県という繋がりから加藤を訪ね、自らの構想を披瀝した。以前から移民に関心が強かった加藤にとって、角田の構想は大きな衝撃であった。二人は初めて会ったにもかかわらず意気投合し、加藤の仲介によって荒木陸相との会見にまでこぎ着くことに成功した。

この会見で荒木は満洲移民支持派になったと角田らは受け止めたが、その後の陸軍の対応を見るとリップサービスだった可能性が高い。しかし、とにかく山形の一退役軍人の計画が陸軍中央にまで伝わったことは重要な転機であった。さらにそれよりも重要なことは、荒木との会見後、加藤が山形県自治講習所時代に意気投合して今は農林次官となっていた石黒に角田を紹介し、農林行政の事務方トップに対して角田自らが満洲移民論を直接説く機会を得たことであった。石黒は角田の移民策に興味を覚えたようで、早速、東京帝国大学農学部教授となっていた那須を紹介した。ここに、満洲移民計画は、角田が触媒となって加藤・石黒・那須の三者を政策的に結びつかせ、急速な展開を見せるようになったのである。

4　関東軍の移民計画

一方、満洲事変を起こした関東軍では、消極的だった陸軍中央とは逆に、早くから日本人移民の具体化を検討していた。関東軍内部では一九三一年一二月、参謀部第三課から新設される統治部へ業務を移管する際に作成した「満蒙開発方策」において、満洲への日本人移民奨励を掲げたのが最初であり、これに基づき翌三二年一月に板垣征四郎高級参謀が陸軍中央に対して満洲移民の実行を意見具申した(『回想の満洲国』)。

また、事変の首謀者であった石原莞爾参謀も、一九三二年一月二五日付で作成した「新国家内ニ於ケル日本人ノ地位ニ就テ」のなかで、「日本民族ノ発展ノ為又一面在満鮮支農向上ノ為成ルヘク多クノ日本農民ヲ移植スルコトハ最モ希望スル所」として、満洲国建設にあたっては、日本人移民が必要であることを強く認識していた(『石原莞爾資料 国防論策編』)。

石原ら関東軍幕僚グループは、そもそも満洲の日本領土化を目指す「満蒙領有論」の立場にあり、事変の目的もそこにあった。しかし、陸軍中央は満洲の領土化はあまりにも露骨で急進的であることから国際社会の猛反発を買い、日本の立場を悪化させるとして否定的であった。関東軍は軍事作戦面に関しては、独断専行によって陸軍中央の統帥を無視したが、人材と資金が必要な占領地統治という政治問題に関しては、ヒトとカネを握る陸軍中央を無視するわけにはいかず、一定の妥協が必要であった。

結局、石原らは現実政治と妥協するなかで「満蒙領有論」から「満蒙独立論」に転換した。その転換は石原自身によると、一九三一年暮れに「完全に転向」し、翌年一月一一日、朝日新聞社が奉天(現・瀋陽)のヤマトホテルで主催した「日支名士の座談会」の席上で初めてそれを公言したとされる。

このような政治的背景を考えると、関東軍内部で満洲移民計画が急に浮上してきたのは、満蒙独立論に方針転換したことと密接な関連があると見るべきであろう。すなわち、朝鮮や台湾のような日本領編入であればその地域における日本人の人口比率はさして問題にならない。しかし、傀儡とはいえ独立国家という建前をとる以上、新国家内部における日本人の人口比率が他民族に比べて著しく低いことは大きな問題となる。そのため日本人の大量増加が見込める農業移民が絶対的に必要となるのである。だが、この段階では石原にしてもその具体的な実行計画をイメージするまでにはいたっていなかった。

一九三二年一月一五日から二九日にかけて関東軍統治部のもと、満洲国建国後の諸政策を検討する「満蒙ニ於ケル法制及経済政策諮問会議」が開催され、二六日には諮問会議の一委員会である産業諮問委員会において、移民問題が取り上げられた。この席上、すでに加藤を通じて角田の満洲移民計画を知らされ、一月七日の「中外商業新報」紙上で満洲移民に否定的な意見に反論して積極的な移民論を唱えていた委員の那須が、満洲移民は民族運動であると位置づけ、朝鮮人移民よりも日本人移民を優先、少数精鋭ではなくなるべく多数の入植、経済的利潤を求めるよりも自給自足に近い農業経営、精神的鍛錬と技術取得を目的とした訓練機関設置、満洲での土地取得・資金供与を行う公益機関の設置などを強く主張した。

委員会では他の委員から北海道型の非米作農業経営や在米日本人移民がカリフォルニアで行っている大規模農業、南米移民のような移民会社を通じた移民事業、さらには屯田兵型の移民という案も出された。しかし、委員会の意見をある方向へ持っていこうと主導的な役割を演じたのは、那須と彼の先輩で京都帝国大学教授となっていた橋本傳左衛門であった。

観念論的な話が中心であった那須の主張を受けて橋本は、より具体的に踏み込んだ意見を述べて那須の主張を後押しした。橋本は、アメリカ型の農業は「資本的農業植民」であって、これは資本を投下することであり人間を移住させることには繋がらず、日本人を増やさなければならないのに他民族を増殖させる結果になると明確に反対し、また

「日本国民ヲ捨テニ行ク」ブラジル移民への国家的財政支援を止めて満洲移民へ回すことを主張した。そして、那須とともに関わっている加藤が校長を務める日本国民高等学校がこれまで行ってきた朝鮮での実績や移民教育の成果を挙げて、在郷軍人・除隊兵・農家の次男三男の若い者を教育して集団で満洲へ送り出すことを強く主張した[4]。

移民問題はこの日と翌日の二回にわたって取り上げられたが、那須と橋本が主導するかたちで意見の集約が図られ、彼らの意見がそのまま委員会の結論となった。移民を含めた諮問会議での議論を受けて、関東軍統治部では二月になって政策の優先順位を示すことになったが、財政経済政策では満洲国建国前に早急に着手すべき事業として、「移民土地ノ選定及獲得」「屯田計画ノ進行」「土地制度ノ規定」といった移民関連事業が挙げられ、建国後には移民会社の設立と移民訓練所の完備が具体的に求められた[5]。

ここに関東軍にとって移民政策が最優先とされることになり、同月中には、日本政府・満鉄・民間出資による移民会社を窓口にした普通移民と北満への屯田兵制移民の二本柱からなる「移民方策案」と「日本人移民案要綱」「屯田兵制移民案要綱」が作成されたのである[6]。

5　拓務省の移民計画

一方、拓務省は、若槻礼次郎内閣になって組織存亡の危機に直面していた。政友会の田中義一《たなかぎいち》内閣時の一九二九年六月、朝鮮・台湾などの植民地行政を統括するとともに移民事業を管轄する中央官庁として設置された拓務省は、設置当初から存在基盤が弱く、行財政改革を掲げる後継の民政党内閣において行政整理の対象とされ、満洲事変直前には省を廃止し拓務院への組織縮小が閣議決定されるまでになっていた。そうしたなかで浮上してきた満洲移民は、目立った業務が南米移民くらいしかなかった拓務省にとって省益拡大と組織存続の切り札になり得るものであった。

そして、関東軍内部で那須と橋本主導の満洲移民計画が浮上した同じ頃、加藤と石黒と宗光彦《そうみつひこ》(7)（満鉄公主嶺農業実習所長）の三人は一九三二年度で六〇〇〇人の移民を送出する「満蒙植民事業計画書」を作成し、一九三二年一月二六日に拓務省で局課長を集めて説明会が開かれた。この時、他の幹部が移民計画に消極的であったのに対して、管理局長生駒高常《いこまたかつね》のみが積極的な反応を見せ、ここに加藤らと生駒との連携が生まれたとされる（『武装移民生ひ立ちの記 前篇』）。

ただし、拓務省が満洲移民に着目したのは加藤らに吹き込まれたからではなく、満洲事変勃発直前から拓務局（郡山智《こおりやまさとし》局長）ですでに検討されていた。そして、事変後に加藤らが拓務省と接触した後、拓務局では移民計画原案の立案を経て、二月三日に「満洲移民計画概要」が作成されたが、そこには早くも北満への在郷軍人を中心にした組合式移民計画があらわれていたのである(8)。

拓務省内における実際の移民行政に関しては拓務局の所管であった。したがって、移民計画立案は拓務局主導で進められたのであるが、計画が実行される段階になると主導権は管理局に移っていた。これは同じ省内であっても満洲移民をめぐって拓務局と管理局とのあいだで主導権争いがあったことを意味していた。

その後、三月一二日にいわゆる「狸穴《まみあな》会議」と呼ばれる拓務省主催の懇談会が開かれた。この会議では、拓務省・農林省・在郷軍人会・満鉄など各機関のほか、加藤・那須・橋本らも加わって移民政策についての意見調整が図られたとされるが、それぞれの発言を見ると満洲移民に対する微妙な認識の差が明らかとなっている。すなわち、拓務省は当初、屯田兵的移民ではなく一般移民を協議の対象としようとし、農林省・帝国農会は日本内地の農業を圧迫することを警戒していた。さらに、のちに移民政策をめぐって加藤と対立する日本力行会の永田稠は、南米移民を参考にした実践的な入植計画を主張するなど、それぞれの意見を述べるだけで、文字通りの懇談会に終わってしまったと見られる（『満洲開拓史』）。

このような調整不足は、試験移民実施後に政策当局者間での深刻な対立を生む遠因となるが、加藤はすでに移民計画の閣議決定を見越して移民送出のための訓練所建設を具体化させていた。しかし、これだけ進めていた満洲移民計画であったが、三月二〇日に開会となる第六一臨時議会に拓務省は移民実施の追加予算提出を目論んだものの、犬養毅内閣では閣議決定すら通らなかった。この時、秦豊助《はたとよすけ》拓相に対して高橋是清蔵相が「移民なんて可愛そうだからやめとけよ」と言って頓挫したとの有名なエピソードが伝えられている(『満洲開拓史』)。

若い頃、アメリカへ渡って苦労した高橋ならではの発言ともいえるが、政府の当面の課題は世界恐慌による不況からの脱出、さらには拡大を続ける満洲事変の戦時公債増発であった。そうしたなかで大蔵省としては移民計画のような新規事業を抑制するのは当然であった。しかも、閣議では他の閣僚からも賛同を得られなかった。すなわち、この時点では陸軍も拓務省の移民計画に同意していなかったことを意味する。

このように、陸軍中央の大勢は関東軍とは異なり、移民に消極的であった。しかし、在野ではこうした消極姿勢とは正反対に移民推進が盛り上がっていた。

6 救農議会と経済更生運動の始動

世界恐慌の直撃を受けた農村を建て直すため、一九三二年になると全国的に農村救済請願運動が盛んになっていた。この運動の主体は、農本主義者らによる自治農民協議会であり、加藤完治も参画していた。

五・一五事件によって犬養内閣の後を承けた斎藤実《さいとうまこと》内閣は、事件の一因ともなった農村救済問題に本格的に取り組む姿勢を見せていたため、運動は二カ月で一六県三万二〇〇〇筆の署名を集め、帝国議会への請願を行った。この時の請願内容は、農家負債三年間据え置きと肥料資金反当たり一円の補助を求めるものであったが、それに加えて満蒙移住費五〇〇〇万円補助という項目が挙げられていた。すでに農村救済の手段として満洲移民が全国的にも注目されるようになっていたのである。

そうしたなかで一九三二年六月一日から一四日まで召集された第六二臨時帝国議会では、わずかながら満洲移住適地および営農調査費の計上が認められ、これによって入植地の調査が可能となった。さらに、八月二三日から九月四日にかけて召集された第六三臨時議会は、通称「時局匡救《きょうきゅう》議会(救農議会)」と呼ばれ、農山漁村経済更生運動の出発点として重要な議会となった。

世界恐慌に端を発した農村の窮乏に対しては、所管官庁である農林省がもっとも強い危機感をいだいていた。実は、すでに日露戦争後から農村の経済構造は大きく変わりはじめており、土地所有を拡大した地主が寄生地主化するとともに地主と小作との対立が顕在化、前近代的な村落共同体は危機に瀕していた。こうした農村の危機に敏感に反応したのが柳田國男であった。一般的には民俗学者として知られる柳田は、そもそも農商務官僚として農政の専門家であり、地主の自作農化によって中農層を育成して農村再生を図ろうとしていた。また、当時物納制であった小作料の金納化や、台湾・朝鮮からの外米移入によって地主の意図的な米価つり上げを牽制しようとするなど、この当時では革新的な農政論者であった。しかし、柳田の革新的な意見は取り上げられず挫折し、彼は官界を去り民俗学へと傾斜していった。そして、この柳田の未完の政策を受け継いだのが石黒忠篤であったのである。

「農政の大御所」と呼ばれた石黒は、陸軍の軍医制度を築いた石黒忠悳《いしぐろただのり》の長男として一八八四年に生まれた。東京帝国大学を卒業後、一九〇八年に農商務省(一九二五年に農林省と商工省とに分離)入省。石黒が課長クラスになって農政の中心的役割を果たすようになるのは第一次世界大戦後からであるが、大戦中に養蚕を中心とした農家経済の商品経済化が進んだことで中農層が成長し、彼らが主導する農民運動が盛んになると同時に、無産政党の影響力も農村に浸透するようになって小作争議が頻発するようになっていた。

石黒は、農政課長として米穀法(一九二一年)による米価調整、産業組合中央金庫法(一九二三年)による農業金融制度の整備などを進め、さらに、一九二四年に農務局小作課長になると「小作制度調査委員会」を主導して、自作農創設・小作立法・小作調停の農地対策三本柱の立法化を図った。これは政党の反発が強く部分的にしか実現できなかったが、戦後の農地改革に繋がる先進的な政策でもあった。そして、こうした諸政策のエトスは柳田から受け継いだものでもあった。

このように、戦後の農政に繋がる多くの実績を残した石黒にとって、もっとも強い関心をいだいていたのが小作問題であった。世界恐慌によって農村の疲弊が深刻化すると、第一次世界大戦中に養蚕業によって成長した中農層が大きな打撃を受け、さらには中小地主の没落が始まった。中小地主の没落は、土地の売却や自作農への転換による小作地の取り上げ、または小作料の引き上げに直結する。小作争議は、恐慌前の一九二八年には一八六六件だったが、一九三一年には三四一九件、そして一九三四年には五八二八件と激増し、その多くは東北・北陸地方であった。しかも争議の性格は恐慌前とは大きく異なっていた。すなわち、地主も小作もともに生活困窮者同士の争いとなって小規模化・長期化する悪循環に陥っていったのである。

このような背景のなかで、一九三二年、時局匡救議会が召集された。農林次官となっていた石黒は、自らが関わってきた農地政策・農産物価格政策・産業組合政策の農政三本柱を総合的に推進して農村を建て直すために農山漁村経済更生運動の実現を図った。かつて石黒が目指した政策は、地主層の影響力が強かった政友会の反対によって実現されなかったが、事変後に政党は凋落し、斎藤内閣の農林大臣は石黒と大学同期であった後藤文夫、農務局長は腹心の小平権一、農林政務次官は小平と同期の有馬頼寧と、主要ポストを石黒に近い人物が占めるという絶好の機会に見舞われた。これによって石黒の政策は、大きな抵抗を受けることなく実現されることになる。

時局匡救議会を通過して、同年から開始されることになった農山漁村経済更生計画では、省内に経済更生部を新設(部長は小平)、ここに農務局の重要課を移した。具体的には対象となる村を指定し、村は更生計画を立案して国へ提出、それをチェックしたうえで政府から補助金が交付されるという仕組みであった。さらに、更生計画の方針案や実行方法案などを審議するために経済更生中央委員会を設置し、地方にも経済更生委員会を組織して、中央から地方にいたる体系的な指導系統を構築した。

また、農林省は計画を後押しするために産業組合を拡充して農民への融資拡大、負債整理組合による負債整理調停を行うことで個人間の経済問題を村全体で対処、救農土木事業の拡大による雇用の確保といった具体策を講じていった。

「隣保共助」「自力更生」をスローガンとする更生運動は、協同組合主義を思想的基盤に据え、農林省側からすれば、単なる農民保護を超えて村づくり的な農政への転換を目指し、農村側からすれば、近代化のなかで崩れつつあった村落共同体を団体自治という新しい枠組みで再建するものでもあった。

さらに、運動は単なる経済再建にとどまらず生活改善の要素を強めて農民の「精神作興」まで踏み込むと同時に、運動を推進する人材として、中農層出身の中堅若手農民のなかから村の新しい指導者「中心人物」の育成にまで広がっていった。さらに、こうした人物を育成するための農民道場が全国につくられ、加藤が校長を務める日本国民高等学校がその中心施設と位置づけられた。

事変前から農村問題解決の方策として農村の旧来型名望家層に代わって新しいリーダーとなる中堅層育成が注目されていたが、経済更生運動によって政策的に育成が図られることになった。彼らがのちに満洲移民の推進役になっていくのである。

試験移民としてはじまる満洲移民政策が、のちに国策として大々的に展開する際、経済更生運動が果たした役割は極めて大きい。しかし、当初の段階では同じ農村をめぐるパイの奪い合いになるため、農林省が主導する経済更生運動と拓務省が主導する満洲移民とは相対立する政策であった。実際、石黒は両者を巧みに使い分け、加藤や那須・橋本らも更生運動にも深く関わっていた。しかし、軍との関係を深めていった加藤に比べて、那須や橋本は満洲移民よりも更生運動に比重を置いていたと考えられる。実際、那須は戦後になって、加藤・橋本・石黒・那須「各人に各々独自の考え方があり（中略）農村経済更生運動というのは、そういうものを無理に一つに整理しないで、全部をあるがままに包んで最大公約数的なところで行った」と発言していた(9)。

さらに、農林省の実務レベルでは、満洲移民は農村問題の根本的解決にはならないという考えが主流であって、後年、石黒の直系で経済更生部総務課長だった田中長茂《たなかながしげ》ですら、本格移民が開始される頃になっても省内は移民政策に対して「全然無関心」だったと認めるほどであった(10)。

このように、のちに満洲移民の強力な推進力となる経済更生運動は、当初は満洲移民との連動性に欠けており、農林省が積極的でない以上、満洲移民の政策的効果は限定的であった。こうした事情から初期の満洲移民はより軍事的色彩の濃いものとならざるを得なかったといえよう。

時局匡救議会は農林省にとって重要な転機となったが、拓務省にとってもそれは同じであった。斎藤内閣になってから民政党の有力議員であった永井柳太郎が拓相となったが、永井はもともと早稲田大学で植民学の教鞭を執っていた経歴もあって移殖民問題に関心が強く、省内で悲願となっていた満洲移民案の実現に乗り気であった。

7　東宮鉄男の屯墾軍計画と試験移民の実現

一方、関東軍でも大きな動きがあった。そのきっかけは、満洲国軍政部顧問として北満で掃討作戦を指揮していた東宮鉄男大尉が、一九三二年六月七日に石原莞爾に対して意見具申した屯墾軍計画であった。

張作霖爆殺を現場で指揮した東宮は、爆殺事件後に国内へ転属されたが、事変勃発にともない満洲へ復帰し、一九三二年四月には満洲国軍政部顧問となっていた。満洲事変で張学良軍を華北へ追いやったものの、満洲全域には張学良軍の残党や関東軍に反発する現地民によるゲリラ、さらには盗賊集団である馬賊などさまざまな武装集団が存在していた。関東軍はこれらを「匪賊《ひぞく》」と呼んで掃討の対象としたが、満洲国軍を合わせても兵力が足りなかった。東宮は現場での経験から、兵力不足を補うために日本の在郷軍人約三〇〇人をもって屯墾軍混成大隊を編成し、ソ連との国境に近い地域に永久駐屯させる構想をいだいた。東宮は石原へ具申した三日後、橋本虎之助参謀長宛に詳細な計画案からなる意見を具申した。この意見書はソ連が対日防衛を目的として極東地方に配置している武装移民を参考にして屯墾軍を配備し、その庇護のもとで朝鮮人(さらにできれば日本人)を移住させるというものであった(『満洲開拓史』)。

この段階の東宮案では、在郷軍人部隊の編成と朝鮮人移民が主眼であって、日本人移民は想定されていなかったといえる。しかし、この意見具申が行われた同時期、後述するように拓務省の依頼を受けて加藤完治が訓練所建設用地を調べに渡満し、石原と北大営《ほくだいえい》に国民高等学校を建設することを協議しているところであった。石原はこれを機として、六月一四日に加藤と東宮の会談を設定した。ここにおいて、これまでの加藤らが構想していた移民計画が東宮案によって現実的なものとして具体化され、関東軍が全面的に後押しする武装移民計画へと発展することになった。ただ、武装移民の原点とされる東宮案は石原の発意によって作られたものであった。東宮と加藤を結びつけたことも含めて、武装移民計画を陰で推進したのは石原であった[11]。

加藤が渡満したのは、永井拓相が移民政策に積極的な姿勢を見せたことを受けて、生駒管理局長が大蔵省に移民経費計上を承認させるために、加藤に対して関東軍からの移住用地確保を依頼したからであった。そして、前述したように加藤は石原を介して東宮と接触し、東宮の尽力で用地確保の目途をつけたのである。こうした既成事実を積み重ねるあいだに拓務省は、六月の第六二臨時議会で「満洲移住地および産業調査に関する経費」一〇万五四四円の計上を承認させ、ついで八月召集の時局匡救議会での移民経費計上に向けて、東宮案を持って帰京した加藤を中心に「臨時移民計画案」を策定した。

このように、加藤を介して関東軍と拓務省との移民案が形づくられていたが、政府内部で予算を獲得するためには陸軍省の同意が必要であった。ある意味において、満洲移民計画が国策として実現するには、弱小官庁である拓務省よりも陸軍の動向が決定的に重要であった。しかし、前述したように満洲移民に対して、陸軍は当初から一枚岩で積極的だったわけではない。むしろ陸軍中央の政策中枢にいた真崎甚三郎《まさきじんざぶろう》参謀次長や小磯国昭陸軍次官は、満洲移民計画に懐疑的であった。とくに、陸軍内で影響力を伸ばしていた皇道派の重鎮である真崎は、面会した加藤に対してあからさまな不満を示して、最後まで移民計画に同意しなかった(『武装移民生ひ立ちの記 前篇』)。また、小磯はかつて関東都督府陸軍参謀時代に関東州や満鉄附属地で日本人農業移民が失敗している実態を見てきた経験から、日本人の農業移民は現地民に太刀打ちできないと考えていたため、当初は加藤の提案に同意しなかった(『葛山鴻爪』)。

加藤は小磯に面会して移民推進を強く訴え、最後は小磯が全面的に同意したと自著で自賛しているが、事実は加藤の計画が説得的であったというよりも、そもそも東宮が石原に対して武装移民計画を具申した現実的要請と同じく、事変拡大にともなって兵力不足が顕在化していたことに陸軍中央も危機感をいだいていたことが要因であったといえる。

当時、関東軍は満洲国を建国したものの、熱河《ねっか》省以南に依然として勢力を持つ張学良軍との戦闘は続いていた。しかも、満洲国全域でも反満抗日ゲリラによる抵抗が激しくなっていた。さらに、満洲国をつくり出したことで関東軍は極東ソ連軍と直接国境を接して対峙することになったため、対ソ戦にも備えなければならなかったが、これだけの問題に対処できる兵力を保持していなかった(事変時の兵力は二万人に満たない)。そこで国内治安対策の補助兵力として、旧張学良軍や現地武装勢力などを寄せ集めて満洲国軍を編成したが軍事能力は低かった。満洲国軍を指導していた東宮は日本人武装移民によってその穴埋めを図ろうと考えたのである。

関東軍の兵力不足は、陸軍中央でも認識されており、その応急的な解決策として、単なる農業移民ではなく兵力不足を補う武装移民という計画は、経済的にはともかく軍事的には一つの選択肢として魅力的に映ったのである。小磯の同意は、本格的移民ではなく、あくまでも応急措置的な武装移民計画への同意にとどまっていたといえる。なお、小磯は八月に陸軍次官から関東軍参謀長へ転任し、初期の試験移民政策に大きく関わることになる。また、その後も日中戦争期には拓務大臣や満洲移住協会理事長を歴任し、移民政策全般に深く関与し続ける。

一方、移民案が決定された場合、移民を募集する立場になるのが帝国在郷軍人会であった。将校から兵士にいたる退役軍人を糾合した全国組織であった帝国在郷軍人会は、満洲事変直前に元参謀総長であった鈴木荘六が会長になると満洲問題への関心を急速に強めていった。そして、事変勃発直後から活動を活発化させ、一九三二年三月には満蒙調査課を設置して啓発活動に力を入れるようになっていた(12)。

移民計画が在郷軍人主体となると在郷軍人会は積極的に移民募集に関与することになった。消極的な陸軍中央と比べて、満洲事変の拡大とともに在郷軍人会は政治関与を拡大させ、やがて天皇機関説排撃を唱えた国体明徴運動の主体となっていく。

こうして、満洲移民はそれぞれの個人や組織の政治的思惑が異なるなかで、まず関東軍と拓務省が連携し、それを陸軍中央が追認、さらに在郷軍人会が積極的に後押しするかたちで軍事色の強い試験的な武装移民になり、一九三二年八月一六日には移民案を実現するための第一次満洲移民に関する予算案を第六三臨時議会へ提出することが閣議決定され、三〇日には議会を通過、これを受けて拓務省と陸軍省とのあいだで移民団送出に関して緊密な連携が図られることになった。

その過程で、陸軍省は帝国在郷軍人会を通じて移民の選定を行うことになったが、第一次は選出地域を第八師団管区に属する青森・岩手・秋田・山形、第二師団管区に属する宮城・福島・新潟、第一四師団管区に属する長野・群馬・栃木・茨城に決定した。これらの地域が選定された理由は、陸軍省による「北満洲方面に対する在郷軍人移民選定要領」を受けて帝国在郷軍人会本部が関係各方面に発送した「第一回満蒙移民の募集について」に明瞭に記されている。そこでは、「出動部隊と移民との間に精神上一種の親密なる脈略があって警備連絡その他の種々の点において好都合なるのみならず、現在出動せる部隊の除隊兵をそのまま満蒙に居着かすためにも便宜」であるとされていた。すなわち、満洲事変に出動している師団と選出地域が合致することが重視されていたのである。

そして、九月一日に募集が開始され(各県四一人選出)、五日に締め切って一〇日には岩手県立青年修養道場(青森・岩手・秋田出身者対象)・山形県立自治講習所附属青年修養道場(山形・宮城・福島出身者対象)・日本国民高等学校(茨城・栃木・群馬・新潟・長野出身者対象）の各訓練所で三週間の訓練を開始して、一〇月三日に第一次試験移民として四二三人が満洲の最初の入植地となる佳木斯《ジャムス》へ渡った（『満洲開拓史』）。

一方、満洲事変は思いつきに近い渡航者の増加をもたらしたが、試験移民実施後もその流れは続いていた。しかし、試験移民によって国策移民への道を切り開こうとしていた政府は、この頃になると「一時ノ移民熱ニ浮カサレ漫然渡満スルハ現下ノ治安状態ニ於テハ失敗ハ必然ニ有之《これあり》候条勝手ニ飛出サザル様阻止相成度」と自由意志による渡航者を厳しく取り締まる姿勢を見せるようになった（『珠洲市史』）。

試験移民が実施されると同時に、政府は無秩序的な人口移動に歯止めをかけはじめていたのである。

満洲事変によって郷土部隊が次々と出動するなかで、地域住民にとって「満洲」は事変前の漠然としたイメージから生活に密着した具体性を帯びた対象になっていった。その一方、国家は国民の自由意志を制限して日本と満洲とのあいだの人の行き来を国家主導でコントロールしようとしていった。こうして、満洲事変を契機として高まった満洲への国民的関心と満洲移民という国策が結合する土壌が形成されるなかで、試験移民は送出されていったのである。

第2章

迷走する試験移民

第一次試験移民団視察の際の東宮鉄男（後列左端）と加藤完治（その右）

満洲移民政策と呼ばれた国策は、軍事的要請と農村救済が合体した試験移民としてスタートする。しかし、慌ただしく進められた計画はたちまちのうちに問題が噴出する。宣伝されたイメージと現実との落差に直面し、移民団内部では動揺が広がり、退団者が続出する。さらに、無理な土地買収は現地民の反感を買い、ついには現地民の武装蜂起による土竜山事件が勃発する。そもそも満洲の土地所有制度は複雑で、権利関係が入り組んでいるなかでの強引な土地買収は現地を混乱させるだけであった。

移民政策をめぐる混乱に対して、関東軍移民部内では、南米移民の実績を買われて参画した永田稠らが東宮・加藤による非現実的な計画の修正を図ろうとしたが、東宮との対立へと発展した。一方、日本国内では試験移民の成績に関係なく地方各県から移民割り当てを求める声が相次ぎ、拓務省も省益拡大のために移民政策の失敗を覆い隠そうとした。結局、移民政策は永田らの考えが排除されたことで修正が図られることなく推進されていった。また、土竜山事件が終息に向かうと日本国内では対満事務局が設置され、陸軍主導で満洲移民政策の一元化が図られるようになった。

1　試験移民の実施と入植地選定問題

満洲移民政策が実施されるきっかけとなった五・一五事件は、首相官邸で首相が軍人に殺害されるという前代未聞の事件であると同時に、多くの民間人が組織的に関わっていた点でも特異な事件であった。この民間人グループには、茨城県東茨城郡常磐《ときわ》村で愛《あい》郷《きょう》塾を主宰していた橘孝三郎《たちばなこうざぶろう》とその塾生も関与していた。

橘はトルストイなどの影響を受けて、第一高等学校を中退して帰農し、一九一五年から個人の個性伸張と豊かな文化生活を図るための兄弟村農場を開いて共同体運動を展開した。これは白樺派の武者小路実篤による「新しき村」運動と同じく、大正期の思潮を反映した文化的なものであった。

しかし、第一次世界大戦後の景気低迷による社会不安の増大や無産運動の勃興などの影響を受けて、橘の運動も政治化していき、一九二九年には愛郷会(一九三一年に愛郷塾)を結成、農本主義による農村の青年教育に力を注ぐようになった。もともと青年期からアナーキズムの影響を受けていたのに加えて、血盟団事件を引き起こす井上日召《いのうえにっしょう》と親交を結ぶなかで、橘の思想は次第に過激化し、五・一五事件に繋がるのだが、事件直前には、農村救済請願運動の主体であった自治農民協議会にも参加していた。

加藤完治も参画していた自治農民協議会は、昭和初期に全国的に活躍した農本主義者が大同団結した運動体で、権藤成卿《ごんどうせいきょう》が理論的支柱となっていた。権藤は若い頃に黒龍会に参加し日韓合邦《がっぽう》運動に関わるとともに、孫文の革命運動にも強い関心をいだくアジア主義者であった。韓国併合以降、民間の大陸浪人らが政治の中心から排除されていったなかで、権藤は資本主義の発展とともに社会的矛盾が顕在化してきた国内の農村問題に傾倒していった。

権藤の思想は、明治以来進められてきた官僚主導の近代化政策やそれを支えてきた資本主義経済を批判し、自治的地域共同体の再生を目指すものであった。全体的には復古主義的要素が強かったが、その思想を部分部分で切り取ると反資本主義は社会主義に、共同体主義は国家主義に繋がるものとなり、社会大衆党の稲村隆一（戦後は左派社会党）から日蓮主義者の和合恒男《わごうつねお》にいたる左右の思想を包摂した幅広い人脈を生み出すことにもなった。

このように自由主義者や共産主義者を除いたさまざまな思想家や運動家によって起こされた農村救済請願運動は、一概に国家主義者による右翼的運動と片づけられるものではなく、満洲事変を機に高まった社会構造の変革を求める力が結集した運動であって、それ故に国政への影響力を持ち得たのである。請願は貴族院を通らず、第1章で述べた三つの要求も完全に政策化されるまでにはいたらなかったが、農林省が実現を図った経済更生計画を後押しする効果はあり、同時に経済更生計画と抱き合わせで拓務省が目論んでいた満洲への試験移民を実現させることができたのである。

しかし、民間勢力が満洲移民に影響力を及ぼしたのはここまでであった。政策を実施する段階となると彼らの役割は漸減し、軍や官僚組織が絶対的な影響力を振るうようになる。そして、政策が強力に推進されるようになった反面、一度実行された政策を途中で修正することは困難になっていったのである。

試験移民が関東軍内部で具体化、同時に臨時議会で移住調査費が認められたのが一九三二年六月中旬、拓務省が移民案の議会通過を目指して計画の具体化を図り、陸軍・関東軍・拓務省の三者の協議が始まったのが七月中旬、そして八月一六日に試験移民予算案の第六三臨時議会提出が閣議決定されると、拓務省と陸軍との政策調整が図られ、この段階で在郷軍人を対象にした移民選定が内密に始まった。

その後、八月末の予算化決定を受けて九月一日に正式に移民募集が公表され（五日締め切り）、早くも一〇日から応募者の訓練が三週間行われた。訓練を受けた移民応募者は一旦帰郷した後、一〇月三日に明治神宮外苑に集合し満洲へ渡ったが、臨時議会で移住調査費が認められて試験移民が具体化してから渡満までわずか三カ月半であり、拓務省が試験移民実現をいかに急いでいたかが明らかであろう。しかも移民選定は内密に始まっていたとはいえ選定期間は半月しかなく、応募者も熟慮を重ねて応募したかは疑わしい。慎重に人選が行われたとは言い難かった。

さらに大きな問題は、入植地の選定であった。当初、拓務省は吉林省の蛟河《こうが》と奉天省の通遼《つうりょう》地方を入植地候補としていた。これらは事変前からあった東亜勧業株式会社の農場と事変後に張学良軍閥から接収した土地(逆産土地)であった。

拓務省が提出した移民案が臨時議会で可決された場合、一九三二年度の追加予算になるため、当該年度中に消化しなければならない。すなわち、移民は年度内に実施しなければならず、しかも満洲の気候を考えると冬季前の一〇月までに入植させる必要があった。そう考えると、実際の土地所有権は複雑とはいえ新たに土地を買収する必要のない満洲国(国務院逆産処理委員会)の管理地(逆産土地)か東亜勧業の所有地に入植させることが現実的であった。

しかし、当初の入植候補地は、ソ連国境から遠く離れており、反満抗日運動が盛んな治安不良地帯でもない。これでは関東軍が期待している治安維持機能を果たす移民団ではなくなってしまう。そこで、治安対策を重視する関東軍は依蘭《いらん》県七虎力《しちこりき》と八虎力《はちこりき》地方を候補地として挙げたものの、入植可否を判断する土地調査も行っていなかった。拓務省と関東軍の入植地選定がかみ合わないなか、七月に入ると東宮が入植地選定に乗り出し、吉林省長らと折衝を重ねた結果、佳木斯と富錦《ふきん》付近にある各一万町歩の官有未耕地と逆産土地の提供を取り付け、最終的には八月下旬から行われた拓務省と関係諸機関（関東庁・朝鮮総督府・満鉄・満洲国・東亜勧業）合同の移住適地調査を経て、第一次移民団は東宮が取り付けてきた地域内に含まれる樺《か》川《せん》県永豊鎮《えいほうちん》に入植することが決定された。

このように、入植地選定の基準は拓務省と関東軍とではまったく異なっていたが、結果的に東宮主導で治安対策に貢献でき、かつ入植地確保が容易と思われた佳木斯方面となった。しかし、その決定は移民団出発の一カ月半前であった。しかも入植予定地は官有未耕地と逆産土地に限定していたが、実際には広大な土地を一括して確保するには私有地（既墾地）も含めざるを得ず、結果的に私有地の買収が強行されていたのである。

匪賊討伐に腐心していた東宮は、現地民の反発を買ってこれ以上治安が悪化することを懸念し、入植対象地から私有地を外そうとしたが、入植地を用意しなければならない現場（東亜勧業）の立場からすると、短期間で入植に間に合わせようとすれば細心さは失われ、無理な土地買収が行われるのは当然の成り行きであった。

そもそも八月下旬から約一カ月をかけて吉林省と黒龍江省で行われた適地調査は、治安出動で兵力不足になっていた関東軍が十分な護衛を付けられなかったため「満足ナル調査ヲ実施シ得ザリシ」結果となっていた(1)。

なかでも第一次移民の入植地となった永豊鎮方面の調査は八日間にすぎなかった。すなわち、調査は名ばかりであって該当地の経済性はおろか複雑な土地所有の実態まで把握しきれたものではなかったのである。さらに、第一次移民団入植前後から周辺の治安は極度に悪化しており、匪賊の佳木斯市街への襲撃が開始されていた。そして、移民団も入植早々に襲撃の洗礼を受けることになった。

国策というものは、政策の規模が大きいにもかかわらず、時間をかけて現地の実情に合わせながら完成されるものではなく、単年度予算に縛られるためひとたび決定されると短期間での結果が求められ、しかも臨機応変な柔軟性に欠けるという欠陥を抱えている。さらに、個々人や特定の集団の思惑が国策を生み出す要素になるが、いったん国策として動き始めると発案者らの思惑を超えて、個人の力では制御できないものとなる。始まったばかりの満洲移民政策は、小さな「国策」でしかなかったが、すでに国策が本質的に抱える危険性の萌芽が見られたのである。

2　関東軍「日本人移民実施要綱案」と移民部の設置

試験移民が実際に開始されることになったのを受けて、関東軍では一九三二年九月一三日に「満洲における移民に関する要綱案」を策定した(一〇月一日軍決定)。これは関東軍の満洲移民政策の基本となるものであったが、骨子は「日満両国々防の充実、満洲国治安の維持ならびに日本民族の指導による極東文化の大成を図る」ために日本人移民を積極的に受け入れようとするものであった。

要綱案で位置づけられた日本人移民は、農業移民と企業主体の工業移民(鉱工業・交通通信事業等に従事する事務員および労働者)に区分され、なかでも中核となる農業移民は自衛力を持つ特別農業移民と普通農業移民の二種類とされていた。そして、当面は特別農業移民の充実に注力して、無秩序な自由移民は極力阻止、朝鮮人移民に関しては事変前から定着している朝鮮人の統制と組織化を図る一方、満洲国外から流入している中国人移民に関しては制限と取り締まりを厳しくする方針が採られていた(『満洲開拓史』)。

要綱案は、関東軍の指導下で移民政策をコントロールする姿勢を明確にしたものであるが、年末から関東軍特務部(特務部長は小磯国昭参謀長が兼務)内において関係各機関代表を集めた連合研究会を開催、要綱案の具体化として「日本人移民実施要綱案」が立案された。その過程で、翌三三年一月九日に移民政策実施機関として特務部のもとに移民部が編成、二月一三日より業務が開始された。

移民部は、関東軍参謀部・同特務部・駐満日本大使館および総領事館・拓務省・朝鮮総督府・関東庁の協力によって移民計画の実務にあたるとされた。部長は特務部員で連合研究会の委員でもあった嘱託の梅谷光貞《うめたにみつさだ》、総務係長は特務部の横山勇大佐、内地人係長は拓務省書記官の小河正儀《おがわまさのり》、朝鮮人係長は朝鮮総督府事務官の堂本正一が任命された。(2)

移民部長となった梅谷は、元内務官僚であった。台湾総督府台北庁長・新竹州知事を経て山梨県知事・長野県知事を務めた経歴を持ち、もともと移民問題に強い関心を持っていたことから、長野県知事時代には南米移民に熱意を示し、その過程で信濃海外移住協会の永田稠との関係が築かれた。その後、在職中に起きた警察署廃止をめぐる騒擾事件(長野事件)の責任をとって一九二六年八月、知事を辞職して官界を去った後、一九二七年に海外移住組合連合会専務理事となり、ブラジル移民事業では二年以上ものあいだ現地に駐在し、永田とともに土地選定から経営が軌道に乗るまで一連の移民事業の苦労を味わった。満洲事変が起きて満洲移民が政策として取り上げられるようになると、これまでの経歴を買われて一九三二年四月に陸軍省事務嘱託(関東軍顧問)となり、満洲へ渡ってきたのである。ただし、梅谷は、これまで南米で活躍してきた経験もあり、満洲移民を重視しつつ実績のある南米移民も同時に重視するという立場をとっていた。(3)

実際、この頃は拓務省も移民政策の中心は南米移民であり、満洲移民は南米移民を補完する事業にとどまっていた。全国の町村でも依然として各県の海外移住協会を通じてブラジル移民が盛んに宣伝されており、全国的には移民といえば南米(中心はブラジル)であって、満洲移民一色ではなかったのである。(4)

梅谷が移民部長となると、永田もまた移民部嘱託となった。永田は、島貫兵太夫《しまぬきひょうだゆう》が創立したキリスト教系の日本力行会会長であったが、日本力行会は創立以来、移民問題に熱心で、南米移民で高い実績を挙げていた。永田はこの実績を引き継ぐと同時に郷里の長野では信濃海外移住協会を率いて南米移民を推進していた。もともと、長野県は南米を中心とした移民に関心が高かったが、満洲事変後は郷土出身の福島安正が愛川村を建設した事蹟(実際は失敗しているが)が注目されるようになって、満洲愛国信濃村建設運動が展開されるほどであった。

永田は梅谷に加えて、同郷で陸軍統制派の中心人物であった永田鉄山とも関係があった。さらに、関東軍交通監督部長の大村卓一の秘書で日本力行会員だった星野米蔵の要請もあって、満洲へ渡ってきたのである(『力行五十年』)。

移民部が設置された後、「日本人移民実施要綱案」は一九三三年四月八日に関東軍において正式決定され、小磯参謀長と梅谷部長が政府の諒解を得るため上京した。

この時、関東軍が決定した実施要綱案では、渡満前の短期訓練、満洲での指導員養成、移民輸送体制の整備や移民村建設の方針、具体的な移住候補地と土地取得方法の明記、農業経営方針の確立、政府の具体的な助成内容、漁業移民や採金移民の創設などが具体化されていた。さらに、移住地の獲得分譲を行う日満合弁の満洲農地開拓会社と農業金融および定着支援を行う満洲拓殖会社(これら二社が設立されるまでは東亜勧業が事業代行)、移民募集斡旋および宣伝などを行う満洲移住協会の設立を挙げ、一五年間で特別移民一万戸(五年間で終了)・普通移民一〇万戸の合計一一万戸を移住させる目標を掲げていた。(5)

この実施要綱案は、のちに現実となる一般移民政策の原型ともいえるが、なかでも移

永田 稠

民の数値目標が掲げられていたことは重要である。当初から関東軍では試験移民から本格移民への展開が計画されていたことが明らかであった。

しかし、この要綱案は五月の政府決定では「暫定案」とされ、差し当たり案の趣旨に従って「部分的実行に善処」するにとどまった。関東軍の移民案は事実上の先送りとなったことを意味するが、政府にとって「現下の治安状態および移民に関する即地的かつ実験的調査の進捗状況」が不透明ななかでは、移民政策を本格化させることに躊躇せざるを得なかったのである(『満洲開拓史』)。

政府内では大蔵省が依然として事業の拡大に消極的であった。拓務省は関東軍の実施要綱案が事実上棚上げになった後、農業移民実施方針に関して関係各省との調整を行ったが、大蔵省は拓務省が方針案として掲げた「試験的移民ヲ継続スル意味ニ於テ適時相当数ヲ送致スルコト」に同意しなかった(6)。

試験移民計画は加藤と東宮の主導によって生まれたが、計画の実施段階になると南米移民事業のノウハウが豊富な梅谷や永田らの移民部が、関東軍・満鉄・拓務省などとの調整を図りつつ全体の移民計画を策定し、試験移民もそのなかの一つに位置づけられるようになった。移民部は当初から試験移民を超えた本格移民をも構想し、拓務省もこれに便乗しようとしたが、始まったばかりの試験移民の成果がまだ分からないなかでは、政府――とくに大蔵省の同意を得ることは難しかったのである。

移民政策拡大の可否は、第一次とそれに続く第二次移民団の実績にかかっていたといえる。しかし、この時すでに試験移民をめぐって想定外の問題が顕在化し、政策の主導権を握る移民部内部の軋轢を生み出すことになっていったのである。

3　試験移民団の動揺と土地買収問題

加藤完治と東宮鉄男が計画した試験移民が、非現実的で無謀なものであったことは、早くも第一次移民団に続いて第二次移民団が送出される一九三三年七月五日の直前に表面化していた。

七月三日、第一次移民団のうち、群馬小隊長根岸正雄らが同郷出身である東宮のもとを訪れ、幹部不信任案を提出した。根岸らは、防寒装備も建築物も不十分なまま、無謀な水田計画が立てられ、しかも農具も使用できないものばかりで指導員も能力が不足し、さらに匪賊の襲撃によって戦死した団員の遺骨が現役軍人並みに丁重に扱われず貨物扱いされたことなどを挙げ、移民団失敗の責任を幹部はとるべきと訴えたのである(7)。

この問題は、拓務省の書記官小河から次官河田烈《かわだいさお》にも伝えられたが、事態はより深刻なものとなっていた。すなわち、募集時に各地の聯隊区では、移民は名目、月給は一〇〇円、二年後には報酬として一五町歩の土地がもらえる、留守宅には補助金が支払われるなどという好条件な話が広まっていたが、それを信じて渡満した団員に対して、実際は食費として一カ月五円しか払われず、服は前年奉天で支給された一着のみ、その結果、団員の大半が金銭に窮し自宅から送金してもらう「悲惨ナル生活」を送るような「募集当時ノ条件ト全然一致セザル」現実に直面し、さらに「極端ナ自由ヲ制限シ義務的ニ労働ヲ強制」されたことが「内部的動揺ヲ来シ同隊ニ留ルヲ快シトセズ脱退者頻出」という事態にまで発展していたのである(8)。

そもそも、試験移民の募集は、十分な説明もないまま慌ただしく行われたため、ほとんどの団員は、満洲に対する予備知識がまったく欠けていた。また、渡満前に行われた内地での訓練でも、加藤が唱える精神論中心のカリキュラムに違和感を覚える者が少なくなかった。しかし、彼らは村や県をあげて出征兵士のように送り出された以上、郷里への面子から、勝手に離団することはできなかった。そんな彼らが自分の意志で離団するということは、余程のことがなければ起こり得ないことであった。

しかも、移民団は地方から選別されたとはいえ、農民は五〇〇人中一〇〇人しかおらず、厳しい気候の満洲で農業移民として自立できるような集団ではなかった。こうした要因が積み重なって退団者は四〇人、さらに公金横領や傷害事件による退団者は二〇人を数えるまでになっていたが、移民団ではこうした事態はなるべく外部に漏れないよう情報を遮断していた。そして、東宮も移民団の動揺は「全体ガ一種ノ神経衰弱症ニカヽリタルモノ」と断じ、こうした事態は予想していたことであって、第二次移民団が来れば彼らも「案外容易ニ落チ着クヤモ知レズ」と楽観的な見通しを立てていたのである(9)。

そもそも試験移民は、一般農民ではなく在郷軍人のなかから志操堅固な者を選抜すれば北満の厳しい環境にも耐えられるという根拠のない精神論のうえに成り立っていたが、軍隊経験の有無は移民の成功に直結しないことは、事変前に満鉄が満鉄附属地で行った除隊兵移民の失敗から見ても明らかであった。しかし、東宮には過去の失敗例を学んだ節は見られなかった。そして、このような現実を無視した無謀ともいえる移民計画に対して、計画の見直しを求める動きが早くも現れることになった。

もともと拓務省内部では、加藤の意見だけに乗っかって移民政策を実施しようとしていたわけではなかった。満洲移民政策を主管していた管理局企画課長の森重干夫《もりしげたておお》は、現地移民団の動揺が伝わると現地へ向かい、マイナス四〇度の極寒の地で悲惨な状態にあった団員を目の当たりにし衝撃を受けた。そして、帰国後の一九三四年三月、熊本県八代で大日本農友会を指導していた松田喜一《まつだきいち》を訪問、彼の農業指導方法に感銘を受けた森重は、満洲移民事業に松田の協力を得ようとした。しかし、加藤の強い反発によって森重の試みは断念せざるを得なかった(10)。

松田は、一九三二年九月末から約一カ月間にわたって熊本県海外協会などの委嘱によって満洲を視察していた。明治以降、北米・南米に移民を大量に送出していた熊本県でも事変後は満洲移民への関心が高まっており、県下で農村改良運動に取り組んでいた松田にアドバイスを求めたのである。移民視察を通じて松田は、北満は夏期のみで裏作ができず、広大な土地で粗放的農業を行わざるを得ないため、畜産業などを組み合わせなければならないこと、また暖房装置の完全化と、衣服には毛皮類、食事には肉類が必要であり、さらに治安状況の悪さを考えるならば、北満ではなく南満の都市近郊での蔬菜中心の農業が適当だと判断していた(『昭和の農聖 松田喜一先生』)。

松田の満洲移民に対する考えは、移民部の永田稠らの考えに近く、精神性を重んじるものの加藤のような観念至上主義とは一線を画すもので、経済主義を取り入れた合理的農業経営を理想としていた。こうした考えは、森重にとって試験移民政策を建て直す切り札といえるものであった。しかし、松田のような考えは、反資本主義の立場から徹底して経済的合理性を否定する加藤にとっては、到底受け入れられるものではなかった。そして、拓務省にとっても、政策の中枢に食い込んでいた加藤らを完全に排除することは不可能となっていた。また、試験移民が北満において治安維持の一翼を担うことは関東軍の方針でもあった。一課長にすぎない森重個人の力量で政策の見直しを図ることはすでに手遅れになっていたのである。

一方、第一次移民団の動揺が表面化するきっかけとなったのは「匪賊」による襲撃であった。満洲移民政策のなかでも最大の問題は、入植地買収に関わる現地民との軋轢であり、これが治安悪化を引き起こしていた。こうした問題は当初から顕在化しており、満洲国の地方行政機関では入植に対する反対意見が根強かったのである。

一九三三年七月の第二次移民団が入植した翌年の九月、黒龍江省公署が現地の綏稜県公署の意見を基に満洲国民政部総務司長宛に提出した意見書では、①長い歴史を持つ土着農民の日本人移民に対する反発がある、②近年来の不況による地価下落のため市価での買収は「民望ヲ失フ」ことになる、③破産状態にある農民に対して正規の価格ではなく「口頭ニ依リ地価ヲ算定」しているといった現地事情を踏まえて、①現地民から武器回収を行っている時に日本人武装移民を入植させるのでは不公平感をもたらすので最低限の武器所持にとどめる、②現地民の強制的な移転立ち退きは避ける、③現地の治安は不良であるので入植は再考して欲しいといった要望が伝えられていた[11]。

初期の土地買収は、満洲国の行政機関を通さずに現地駐屯軍(第一〇師団)が直接折衝を行い、実務を東亜勧業に命ずるかたちで行われていた。しかも、軍事機密扱いとされたため県公署はもちろん満洲国政府すら入植決定後の事後報告でしか知らされていなかったのである。

また、すでに第二次移民団に用意された入植地の多くは既墾地となっており、実態は現地民の立ち退きによって入植地を確保する構造ができあがっていた。こうした現地民の立ち退きは、買収という合法的な手段によって行われたが、買収価格が市場価格よりも廉価であったため現地民の不満を高める要因となった。しかも、満洲国政府が管理する逆産土地ならば反発はないと思われたが、ここも既墾地として現地民が農業経営を行っていたため、彼らの立ち退きが必要であった。

満洲農業の場合、ほとんどの既墾地は自作農ではなく地主が小作人を使って経営していた。しかも、日本のように農地所有者は地主、農作物生産者は小作人という単純な構造と違い、土地所有形態が複雑で、小作人を直接雇用しているのは農場の管理者にすぎず、土地所有者は都市に居住する王侯貴族や官僚といったように、資本と経営と労働が分離していた。いわば資本の所有者である貴族に任命された荘官が農民を使って農場経営を行った平安時代の荘園制度に似ているともいえるが、時代を経るなかで荘官が自立していったのと同じように、満洲でも現地管理者が土地所有者になるケースも見られ、土地所有の実態はきわめて複雑になっていた。

例えば、第一次移民団の入植地になった逆産土地のなかには、張学良家または張学良政権関係者の土地が多く含まれていた。逆産土地の多くはこうした中国政界の実力者が所有するもので、当然、彼らが直接農場の管理経営を行っていたわけではない。このような土地が満洲国政府に接収されてしまうと、庇護者を失った農場の管理者と労働者の立場はきわめて弱いものとなる。そして、その土地が日本人に払い下げられてしまうと彼らは「失業者」となってしまい、生活基盤を一瞬にして失うことになるのである。

また、満洲国政府の大臣などになった現地有力者は満洲各地に広大な農地を所有する大地主で、満洲国に協力した彼らの土地は、逆産土地とは異なり接収を免れていた。依蘭地方にも彼らの土地が多数存在していたが、入植予定地に組み込まれたものの、買収価格が低廉であったことから彼らの不満を招き、満洲国政府の上層部が移民政策に抵抗するというねじれ現象も起きていた。

一般的に満洲移民政策は、関東軍の力を

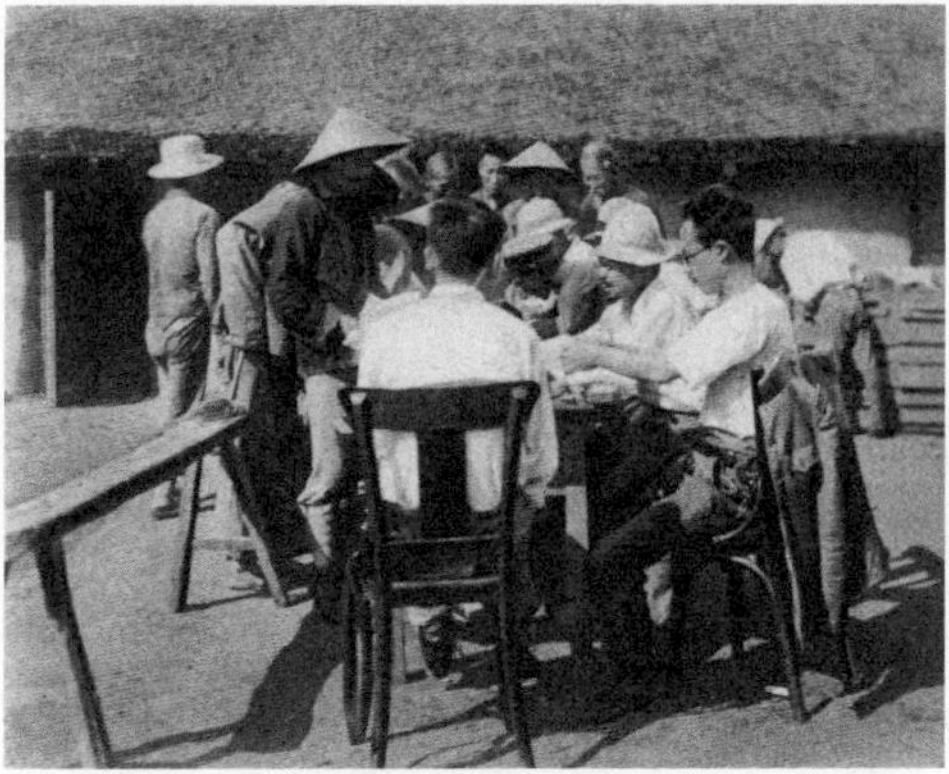
契約金を支払い農耕地を買収．1933年8月．永豊鎮にて，着席右2人目が東宮

背景に強制的に農民を追い出して土地を収奪したと捉えがちであるが、実態はそれほど単純ではない。そもそも買収農地は、追い出された農民にとっては小作地であって自分の土地ではなかった。彼らは土地を失ったというよりも職を失ったと捉えたほうが実態に近いといえよう。

近代国家を目指す満洲国にとって、人民と土地をコントロール下に置くことは絶対的に必要であった。土地に関しては、前近代的な土地所有形態を改めなければ税収も安定せず、また国土の管理も不可能となる。そのため、まず土地の地籍調査を進めて土地所有権を確定することが何よりも急がれた。

満洲国政府は、一九三二年五月に民政部の外局として土地局を設置して土地旧慣調査ならびに土地制度確立に向けた準備を開始した。そして、一九三五年八月には臨時土地制度調査会、翌三六年三月に国務院に地籍整理局を設け、一九三六年度から地籍整理八カ年計画を樹立して満洲国総面積一三〇余万平方キロのうち主要民間所有地約七二万平方キロの地籍整理事業に着手した(『満洲国史 各論』)。

しかし、このような地籍整理事業が開始されたのは一九三六年度からであって、第一次試験移民が開始された頃、満洲国では土地制度改革は始まっていなかった。ということは、旧来の土地所有制度を基に所有者が特定され、土地の買収が行われていたことを意味する。満洲事変以前の土地所有実態はきわめて複雑で、東北軍閥時代にも制度改革が試みられたが失敗に終わっていた。その結果、地券そのものの信憑性が疑わしいものも多かった。試験移民はこうした土地所有実態を完全に把握しきれていないなかで強行されたため、現地に多大な動揺と混乱を与えていたのである。

4　試験移民をめぐる移民部内の軋轢

移民団の動揺と現地の懸念は移民部内部にも大きな影響を及ぼしていた。関東軍内部でも一九三三年九月一日付で関東憲兵隊司令官から特務部長に対して、第一次移民団を退団した予備少尉が憲兵隊にもたらした内部情報を基に、移民団内部の改善を強く求める文書が送られ、拓務省へも同じ文書が伝えられた[12]。

こうしたなかで、もともと加藤完治や東宮鉄男が主唱した精神主義中心の武装移民論とは異なり、南米移民で培った経験を基に、現地共存を基本方針として、農家経営の合理性を重んずる立場にあった永田稠は、移民団をめぐる混乱に危機感を持ち、一〇月九日から二八日にかけて新京から永豊鎮・七虎力の移民団視察に赴き、「屯墾移住地視察報告」を作成した。

報告書は、満洲移民政策を移民業務に通じている拓務局ではなく、「何等の経験なき」管理局に委ねたことをまず問題視し、さらに、南米や満洲での移民事業に通じた民間や公益団体などの意見を聞かないばかりか「排撃」まで行い、「余りに体験なき者のみに依って」実行に着手したことが今日の混乱の原因であると暗に拓務省と繋がっている加藤らを批判したのである。[13]

批判はさらに具体的な面に及び、①農家経営と治安警備を両立させようとしたため、肝心な農家経営がおろそかになってしまって団の方針も定まっていない、②移住地建設にあたって移住地の土壌や土地の権利関係など基本的な調査をしていない、③居住家屋も寒冷地対策ができていない、④物資を運ぶ交通手段が確保されていない、など次々と問題点を指摘した。また、移住者の募集・選定・教育指導がいい加減に行われていることが「屯墾病」による離団者多発の原因であるとして、日本での予備訓練に対する疑念を述べたうえで、匪賊による襲撃は現地民の強制退去も一因であるとまで指摘していた。報告書は、軍や満洲国政府の支援を評価する一方、拓務省に対する一貫した厳しい見方を取っており、移民政策を拓務省ではなく軍が主体的に行うことを求めるものであった。

また、移住地の買収を担当していた東亜勧業株式会社の酒本正道参事も一九三三年一一月五日付で向坊盛一郎《むかいぼうせいいちろう》社長に宛てた「自衛移民視察報告」のなかで、永田と同様の批判を行っていた。[14]

酒本は、一〇月に永田らとともに菱刈隆《ひしかりたかし》関東軍司令官および梅谷移民部長の命によって自衛移民慰問使として派遣された一員であった。移民団が抱える問題点を詳細に挙げてその原因を分析した酒本報告は、まず第一次移民団員を以下の四つに区分した。①農民としてではなく満洲国軍兵士としての待遇を期待して参加した者たちで、彼らは団のなかで相当多数を占めている。②農業を目的として参加している者たちだが、実際は軍隊作業に忙殺されて農作業が後回しにされている。③出稼ぎ目的で参加した者たちで、彼らは労働による蓄財と地代の利得を目的として、いつかは都会へ出るか故郷へ錦を飾る気持ちでいる。④満洲へ渡る手段として参加した者たちで、彼らは渡満直後から他への就職活動に熱心である。

これらを総合すると移民団の趣旨に反する考えを持つ者が相当数にのぼっていることになるが、報告書では、そもそも移民募集の際にその趣旨が故意または不用意に誤伝されていることが原因となっているとして、いくつかの実例を挙げている。

なかでも加藤完治の発言に関するものが多く、講演会で入植後三年で自作農になれるといわれたことを信じて渡満したが一年経過してみると五、六年経っても自立できないのではとの疑念が起こり、今夏に加藤が来団した際にそれを質《ただ》すと加藤からは「左様ナコトハ口外シタル覚ナシ」と即座に否定されたとか、移住地には住宅もあれば電気もあって日常生活に不自由はないといわれたが実際はまったく違っていたといった詐欺に近いような話や、ある医師は移民団に臨月の婦人もいるから夫人同伴で行ってほしいと懇願されて渡満したところ、現地に着くと移民団隊長からは夫人同伴はもってのほかで住む家もないと抗議されたといった現地との意思疎通が図られていないケースも挙げられていた。しかもこうした抗議に対して、加藤は宣伝のために虚言を吐いたと弁明したことから、加藤来団の際、憤激した団員たちが銃で威嚇する騒動にまで発展していったという。

また、退団者続出の理由として挙げられていた屯墾病についても、その要因は衛生問題にあり、今夏に二〇〇人を超す下痢患者が発生、公表は控えられたが本当の原因は赤痢であって、伝染病の流行が団員に大きな動揺を与えたと分析していた。

その他にも、出発時に一人二〇円の陸軍払い下げの古着が与えられたものの渡満後は何の補給もなく、牛馬の飼料代(一日一八銭)よりも劣る一カ月五円(一日一七銭弱)の粗食に耐え、雨露も凌げない粗末な家屋に起居しなければならない劣悪な環境が団員の士気を低下させていることや、小遣銭もないことが冬季に後述するような近隣部落に対する不祥事を多発させ、現地民から「屯匪《とんひ》」と恐れられる要因になっていることも指摘していた。

報告書はさらに団の組織的問題も指摘していた。移民団は軍隊をモデルとして大隊・中隊・小隊(出身県別)が編成されている(大隊長と中隊長は拓務省嘱託、これとは別に農事指導者三人と医師も拓務省嘱託として配属されている)。しかし、団員総数三八五人(酒本調査時)のなかで大隊本部所属で農耕に従事しない者が一三五人にものぼり、しかも各小隊内で炊事当番と夜間警備当番(警備翌日は半日休養)がいるため、団全体で農耕に振り分けられる労働力が著しく少なく、冬季に入る調査時(一〇月下旬)になっても「大部分ノ作物ハ雑草ニ埋レタル儘《まま》」、麦は刈り取っただけで「未ダ畑ニ載積ノ有様」であった。このような「僅カ四百五十町歩ニ対シ如斯《かくのごとく》悲惨ナル状態」は、ひとえに労働力不足によってもたらされたのであって、その根本原因は「銃ヲ取リ乍《なが》ラ耕スト云フ所謂《いわゆる》半農半兵主義ヲ基幹トスル現在ノ組織ニ欠陥」があるからと手厳しかった。

また、個人経済を犠牲とする共同生活偏重により指導者も「経営ノ共同」と「財産ノ共有」の観念を混同しており、すべてのものを共有化しようとするため移民の自立を妨げ事態を紛糾させていると分析、さらに、一九三二年一〇月に佳木斯に着き小遣銭もないまま現地で翌年三月まで冬営したことが、「鶏豚ノ強奪、無銭飲食、路上ノ暴行甚シキニ至リテハ強盗強姦」を発生させ、現地民のあいだでは「蛇蝎《だかつ》ノ如ク忌ミ嫌ハレテ屯匪ハ匪賊ヨリモ恐ロシノ流言」が広まり、現地日本軍部隊からも「帝国軍人ノ体面ヲ汚損スルモノ」と非難される有様になったと、入植時期の選定と団員の処遇にも問題があったと指摘した。

報告書の批判はまだまだ続き、本質的な部分にまで踏み込んでいく。入植地が永豊鎮となったことは、軍事上絶対に必要でないなら「無理ナル選定」であると断言していた。

その理由は交通の便にあった。入植地には一九三六年までに鉄道が敷設されるというが現時点では鉄道がないため六〇キロ離れた佳木斯との連絡はトラックしかない。そのトラックは吉林軍より受けた報酬約八万元から購入したものと吉林軍から無償で借り受けたものだが、ガソリンは団負担となっている。佳木斯往復の場合、ガソリン代は軍隊用を分与してもらっても五円二五銭となるが、団ではとても負担できないため「政府ノ特別保護」を受けざるを得ず、結果的に「無用ノ補助金」が必要になるというのである。

このような経済的観念は移民団にもっとも欠けるところであった。第一次移民団を率いた市川益平隊長は、責任感は強いが「典型的武人」なので「経営ノ方面ニ聊《いささ》カ欠クルノ憾《うらみ》」がある。その隊長自身が酒本に対して、警備費が巨額にのぼることや現時点で開墾事業は相当な資金助成がなければ絶望的であること、集団家屋をつくり治安が良くなればすべての問題は改善するというのは誤りで、「食物ト女性」がすべての問題の根源にあり、それを無視して「神ノ生活ヲ俗人ニ強ユルハ木ニヨツテ魚ヲ求ムル」ようなものだと弱音を吐いていた。

なお、酒本の報告書は団経営にまで及んでいたが、そのなかで図らずも土地買収の実態を明らかにしていた。第一次移民団の予定面積は山林原野も含めて約四万町歩(四万ヘクタール)。そのうち可耕地は五〇〇〇町歩、牧畜用地一万町歩。可耕地五〇〇〇町歩のうちで民有地は三〇〇〇晌[15]でその他は官有地とされているが「真偽ノ程ハ量リ難シ」。

また、民有地三〇〇〇晌のうち既墾地は一五〇〇晌で、今春にその大部分を一反(一〇〇〇平方メートル)当たり哈爾浜《ハルビン》大洋票(哈洋)二円で買収、未墾地は一反哈洋六〇銭の予定価格。買収地域内の現地民は八〇戸で立退料は一人国幣五円(立退者は付近一帯に移住)。今春の土地買収の総額は哈洋一万七〇〇〇円程度だが詳細は不明。予定地内の水田可能地はわずか一〇〇町歩にすぎず、陸稲《おかぼ》の成績も芳しくない。将来的には一戸当たり耕地一〇町歩、牧畜地二〇町歩(ただし共有)、その他はすべて共有とする予定だが、正式測量も行っておらず土地区分の方法も未定。家屋も団員が新しく建築するまでは立ち退いた現地民の家屋を利用することにしたが、新家屋建築は山崎芳雄農事指導員の意気込みが空回りし、必要な木材も匪賊の襲撃で焼かれたため、団員の「嘲笑的反感」(16)を買い、建築計画も二転三転して結氷期にまでずれ込んでいる。農法も当初は機械式農業を予定していたが、修理などの関係から断念し在来農法にとどまっている。もともと農耕適地が少なく生産力も高くないので収入不足は否めず、牧畜に依存しなければならない。

酒本は第二次移民団についてもまとめているが、それによると第一次移民団の失敗を学んだ家屋建築を除けば基本的には第一次移民団と同じような問題を抱えていた。土地買収に関しても予定総面積一万町歩のうち三三〇〇町歩は既墾地、その他は荒地か湿地だが四二〇〇町歩は開墾可能。将来的には一戸当たり耕地一五町歩と牧畜地五町歩を割り当てる予定。また第一次と異なり第二次予定地のすべてが民有地であり、買収価格は既墾地が一反三円、未墾地が一反一円五〇銭。総額一九万九五〇〇円となるが、測量費などの経費を合算すれば二〇万円を超す。[17] さらに、「地代ハ漸次騰貴ノ傾向ニアル」ため買収は「相当ノ困難ヲ伴フ」と予想されるが、現時点では買収事務も行われず「全ク実力占領ノ態」になっていると多くの問題を指摘していた。

酒本報告は、冷静に現状分析を行ったうえで問題点を具体的に挙げたものであった。しかし、入植地の確保にあたっている東亜勧業内部からこのような批判があがったにもかかわらず、翌年一月二七日付でこの報告書を生駒管理局長に伝えた小河は、永田報告書とおぼしきものと同一の「誤解ニ基ク点尠《すくな》カラズ」としてまともに取り上げるべきことではないと上申していた。小河も移民部の一員であったが、官庁の寄り合い所帯であった移民部では所属先の利害が優先され、問題意識の共有を図ることは困難となっていたのである。[18]

拓務省内の急進的移民推進派であった生駒は、かつて第一次試験移民送出直後の一九三二年末に満洲視察に向かう堤康次郎《つつみやすじろう》拓務政務次官に対して、現地民も歓迎する「移民ハ全ク可能」かつ「現下ノ急務」であり、反対者は一部にすぎないと伝えるほどであった。[19]

移民政策を強引に進めてきた生駒にとって、小河の報告を待つまでもなく、どのような事態が起きようとも政策の見直しはおろか修正すらあり得なかったのである。

ただし、移民政策の見直しを求めた永田報告書は、永田稠が個人的に作成したものではなく、一九三三年末に参謀本部第二部から作成者を伏せて発表されたものであった。すなわち、参謀本部第二部長だった永田鉄山の意向を受けたものだったのである（『力行五十年』）。

陸軍中央（とくに永田鉄山を中心とした統制派）は、移民団の動揺と現地の反発を危惧し、政策の一元化を選択肢として考えていたことが推測されよう。この時期は必ずしも陸軍中央と関東軍、さらには関東軍内部においても移民政策の方向性が一致していたわけではなかったのである。

永田報告書は現地に大きな衝撃を与えた。移民政策を推し進めた東宮は、一九三四年一月二七日付で「屯墾移住地視察報告ノ誤レル点（満洲移民国策ノ大着眼）」と題する激しい反論文を発表した[20]。

東宮の反論は、具体的な事例を挙げての反論というよりも精神論一色であり、現在進めている試験移民政策には何の問題点もなく、永田報告書は単なるいいがかりにすぎず考慮に値しないものと断じていた。こうした東宮の反論に対して、永田は一つ一つ反証したものの、議論はまったくかみ合わず平行線のままであった。

5　土竜山事件の勃発

第一次移民団の動揺が収まらず、移民団の方針をめぐって永田と東宮の対立が顕在化するなか、すでに第二次移民団(一九三三年度実施)が入植していた。この段階では移民団の方針をめぐる対立はもちろん、土地買収をめぐる現地民との軋轢は依然として解消されていなかった。そうしたなかで、ついに謝文東による土竜山《どりゅうざん》事件(依蘭事件)が起きる。満洲移民の初期に起きた大規模な現地民の叛乱となった土竜山事件は、移民団の入植に対する現地の反発の大きさを象徴する事件となった。

謝文東は依蘭県第三区八虎力屯の豪農であった。謝のような郷村の実力者は、区長にあたる保董《ほとう》を務めると同時に自衛団長でもあり、財力と政治力を背景に自衛力も握ることで自救自衛的な郷村自治を確保し、中央政府からの自立性を保っていたといえる。とくに中央の警察権力が及びにくい満洲の地方では、馬賊を中心とした匪賊が跋扈していた。郷村は彼らの襲撃を防ぐために独自に武装する一方、時には自らも馬賊的な集団となって他村を襲撃していた。ある意味において日本の戦国時代の村落のようなものであり、郷村のリーダーはそれなりの人望と才覚が求められていた。

満洲事変の際、各地の郷村では関東軍に対する警戒心が強く、協力よりも抵抗姿勢が目立ったなかで、謝の周囲は協力的であったため日本側から信頼を受けていたとされるが、日本人の移民団が入植を始めると動揺が広まっていった。その結果、第二次移民団入植後の一九三四年二月になって第三区の住民三〇〇余人が蜂起、謝はこの蜂起団のリーダーに担がれ、土竜山に蜂起軍の司令部を置く頃には近隣住民の加勢もあって七〇〇人にまで膨らんだ。

そして、三月九日に蜂起軍は土竜山警察署を襲撃し、これを聞きつけた佳木斯駐屯の歩兵第六三聯隊の飯塚朝吉聯隊長が説得のため、翌一〇日にわずか二〇人の護衛兵を引き連れて土竜山に赴いたところ、蜂起軍の待ち伏せ攻撃を受けて全員戦死するという事態にまで発展した。

叛乱の背景となった入植地は、拓務省・満鉄・東亜勧業・満洲国などから派遣された調査員による土地調査に基づいて移民部が買収地を決定し公表される。そして、買収が決まった地域で土地買収の具体的な手順が進められるが、まず、県公署によって保董会議が開催されて、関係郷村の保董に誓約書・委任状・土地調査表および地券を提出させた。しかし、保董のなかには文字が書けなかったり軍の説明が理解できない者もあり、書類不備が目立っていた。

まだ地籍整理はおろか土地の実測すら行われていない現状では、買収地の面積は地券に記載されているものを基に計算されるので、地券の提出は絶対に必要であった。そのため、逃亡したり所在不明になって所有者が不明な土地に関しても、保董が処分願を県公署に提出したうえで、実地調査なしの自己申告に基づいた地券を発行して買収を行った。さらに、地券を喪失した者には再下付願を出させて再発行したり、地券が担保となって債権者に渡っている場合は所有者を特定し提出させるなど、買収の基礎となる地券に関わる事務的な処理は厳格に行われていた。

しかし、買収対象地の地券を集めたうえで買収価格が発表され、発表と同時に売買契約が結ばれるので、買収価格に対して土地所有者が異議を唱える余地はなかった。そして、具体的な契約に移るが、まず委任代理人として県長が承諾し、そのうえで保董に買収価格を認めさせて保董から関係する郷村の農民に伝達するという流れであった[21]。

このように土地買収において保董は、満洲国政府と現地民との結節点として重要な役割を担っていた。そのことは、現地民と直接接点を持っているがゆえに両者の板挟みに苦しむ立場に追い込まれることも意味した。さらに、満洲国は強力な中央集権国家を目指していたため、謝のような郷村実力者のあいだでは、郷村が満洲国の地方行政の末端に組み込まれて、これまでの自治が否定されることへの警戒心が高まっていた。事変前まで中央政治権力に対する不信感が根強く、自衛力こそが自分たちを守る唯一の手段と信じていた謝ら満洲の土着勢力が、満洲国政府というできたばかりの新しい政治権力が郷村自前の武器を没収し自衛力までもコントロールしようとすることに対して、強い拒否感を示すのは当然であった。

謝文東の叛乱は、単なる土地を追われた現地民の不満の表出ではなく、郷村実力者の立場が、中央集権化を進める満洲国が出現したことで不安定化し、それが土地買収という混乱を機に一気に表面化したものといえる。

聯隊長を葬り士気あがる蜂起軍は、周囲の農民から馬賊までも加わって一時は三〇〇〇人を超える勢力に拡大し、第一次・第二次移民団への襲撃を断続的に加えた。なかでも第二次移民団は当初の入植地であった七虎力を放棄して、湖南営八虎力に退却したが、そこでは二カ月間も攻囲にさらされた。しかし、関東軍の来援によって攻囲作戦が失敗した後、その勢力は減退し、年末には治安が回復したことで移民団も本来の営農作業へ復帰した。

謝文東は、その後もわずかな手兵を従えて抵抗を続け、一時は中国共産党系の抗日ゲリラ部隊に合流していたが、一九三九年三月に関東軍に帰順し、それ以降は、密山《みつざん》炭鉱の把頭(人夫頭)を経て東安省林口県内の模範村で村長を務めた。その後、敗戦により満洲国が崩壊すると謝は国民党と繋がって共産党軍に抗戦したが、一九四六年末に捕らえられ、佳木斯で処刑された。

謝のたどった生涯からは、日本人移民に対する現地の反発の本質をうかがうことができる。すなわち、土竜山事件とは、土地を追われた農民と愛国心に燃えたリーダーによる「抗日英雄」物語ではなく、在来の土地所有形態から郷村自治にいたる伝統的な満洲の郷村社会が、強力な中央集権国家を目指す満洲国の出現によって解体の危機にさらされ、これに対する拒否反応として起きた事件と捉えるべきであろう。

土竜山事件を機に関東軍は土地買収から手を引き、爾後は満洲国政府が責任を持つことになったが、その一方で事件が終息に向かうと、これまでに表面化した移民団内部の問題はうやむやに処理されてしまった。事件の展開とは関係なく、国内では第三次移民団の送出も決定しており、試験移民が中断されることはなかった。この問題はすでに現地事情で左右されるものではなくなっていたのである。

6 対満事務局の設置と満洲移民政策の転換

拓務省は一九三四年四月に第一次・第二次移民団について総括を行っている。この資料は大蔵省へ呈示されたものであることから、前年度に承認され今年度実施される第三次移民とそれに続く第四次移民関連予算の年度内承認に向けて作成されたと推測されるが、第一次移民団は総数四九三人のうち死亡者一三人(戦死九人・病死四人)・除名者六四人、補充者一六人で現在は四三二人(一割強減少)、第二次移民団は総数四九四人のうち死亡者一二人(戦死一〇人・病死二人)・除名者五四人、補充者二二人で現在四五〇人(一割未満減少）となっている。彼らの衛生状況は「概ネ佳良」で風土病などにも罹患していない。また、第一次移民団の耕作面積は四五一・〇八町歩、収穫高は五一七・四九石にのぼっており、招致家族も増加しているとなっていた[22]。

拓務省は、こうした良好な試験成績を根拠として、一九三四年三月に拓務省内で「昭和九年度満洲自衛移民実施要綱」を決定し、第三次移民団は五〇〇人、募集地域も温暖地域である中部地方以西に拡大し、一六県（山形・福島・宮城・長野・山梨・新潟・岐阜・鳥取・島根・広島・山口・高知・福岡・佐賀・熊本・鹿児島）での募集、と強気の計画を立てていた[23]。

一九三四年一〇月に黒龍江省（のち浜江省→北安省）綏稜県北大溝《ほくだいこう》に入植した第三次移民団は、土竜山事件の影響から現地との融和が強く意識されており、第一次・第二次移民団が武装移民団（屯墾隊）と呼ばれていたのに対して、団員には在郷軍人以外の一般農民も加わり、また妻帯者であることを前提とし、武装移民的性格はほとんど除かれていた。「第三次特別農業移民団綏稜開拓組合」と呼称されたこの移民団は、武装移民から普通移民へ転換する第一歩と位置づけられていたのである。

しかし、大蔵省へ呈示された総括よりも二カ月前の二月一〇日に拓務省が調査・作成した部外秘の資料では、第一次移民団総数四九二人のうち死亡者は変わらないものの、除名者四〇人・退団者六六人で現在三八〇《ママ》人（二割強減少）。第二次移民団は総数五一七人のうち死亡者四人(戦死二人・病変死二人)・除名者二六人・退団者九九人で現在三八八人(一割五分減少)と、大蔵省に呈示された資料と比べて減少幅に著しい食い違いが見られた[24]。なかでも移民団にとって不都合な事実を示す退団者の数はまったく伏せられており、実際上、大蔵省へ呈示された資料はデータが改竄されたものといえた。

一九三四年度実施の第三次移民に関しては、土竜山事件の有無にかかわらず一九三三年末に閣議で移民経費四八万円が承認されていたが、その後に発生した土竜山事件の原因も移民政策の実効性も検証されていなかった。しかも、一九三五年度予算の編成方針では、財政強化と収支均衡の回復を柱として各省の新規経費は緊急事項を除いて極力抑え、一九三二年度以降の時局匡救費は一九三四年度で原則打ち切ることが決定されていた(一九三四年六月二六日閣議決定)。

一九三五年度実施予定の第四次移民の予算要求を通すためには、財政支出の抑制を図る大蔵省を納得させる実績が必要であった。だが、現実は試験移民をめぐって問題が噴出し、第一次・第二次移民団の農業経営は軌道に乗らないままで、拡大どころではなかった。そうしたなかで、一九三四年九月になって大蔵省は広瀬豊作大臣官房文書課長を佳木斯へ派遣し、状況視察を行った。

広瀬は、第一次・第二次移民団長に対して、①僻地を移民地に選定した理由、②匪害状況、③匪害発生の理由、④今後の移民継続の意向の有無について問い合わせた。これに対して、移民負担の軽減を図ることができるとともに生活費を必要とせず、また東宮が実情を知悉していることから当地を選定したこと、匪賊は単なる盗賊と抗日ゲリラとに分類されるが、いずれも屯墾隊の武器弾薬と馬や財物を狙ったものであり、加えて数十年前のロシア移民への襲撃と同じく異民族への伝統的な排斥意識が要因であること、将来の経済発展の可能性と日本人農民の精神鍛錬にとって当地は移民の好適地であって、匪害を防止する唯一効果的な方法は密集部落をつくることで、さらに多数の移民が必要と回答した(25)。

広瀬の視察はわずか一時間しかなく、どこまで現状を把握できたか疑問であるが、移民団側の説明も現状の問題には一切触れず、試験移民の有効性と将来的な拡大の必要性を主張するだけであった。

広瀬の視察は、一九三五年度実施予定の第四次移民団に関して、拓務省が予算要求を行っている最中に行われたものであるが、抑制的な大蔵省とは逆に、各地方庁からは第四次移民団の割り当てを求める声が高まっていた。

例えば、山形県はすでに第三次までに二四二人の移民を送っていたが、一一月に拓務省に対して、今夏の冷害凶作によって五割以上の減収となった農家は全体の四割にも達し、人口も年二万人も増加する一方、土地利用価値も低いなかで農家経営も悪化しており、移民しか解決策は見当たらない、是非とも第四次満洲移民の割り当てを特別に増加して欲しいと要望していた(26)。

また、山形県以外にもこれまでに実績のない静岡県や奈良県、長崎県などからも割り当ての要望が寄せられていた。これらは移民実施にともなう助成金を期待したものでもあったが、第三次移民を西日本まで対象を広げて全国規模にしたことが、各県の競争心を煽ることになったといえる。こうした各府県間の移民をめぐる競争意識は、のちの本格移民の拡大を推進する原動力となる。

このように、地方から移民拡大を求める声が高まったことは、拓務省にとって追い風となったが、その一方で拓務省は満洲移民よりも深刻な問題に直面していた。一九三四年にブラジルでヴァルガスが大統領に正式就任すると憲法議会では日系移民を制限しようとする動きが顕在化したのである。拓務省にとって中核事業であるブラジル移民規制の動きは、組織の存続に直結する事態であった(27)。

さらに、国内政治において拓務省の立場は弱まる一方であった。満洲移民政策に関して拓務省と関東軍とは相互の利害が一致していたが、それ以外の面では対立する関係にあった。日露戦争を機に満洲経営に乗り出した日本であったが、経営の推進主体が複数存在して政策の一元化が図られない、いわゆる三頭政治(陸軍の出先機関である関東都督府、外務省の出先機関である奉天総領事館、満洲経営の実行機関である満鉄)または四頭政治(一九一九年の関東都督府解体後の民政部門である関東庁、同じく軍事部門である関東軍、奉天総領事館、満鉄）といわれる弊害が解消されないまま満洲事変を迎えていた。

拓務省は、関東庁と満鉄に対して業務監督権限を握っており、四頭政治を解消して満洲国の支配強化を目論む関東軍にとって、厄介な存在であった。一九三二年に日本が満洲国を承認して「外交関係」を樹立すると、駐満洲国大使を関東軍司令官が兼任することで、関東軍はこれまで外務省が満洲に持っていた権限（おもに領事館警察による在満日本人・朝鮮人に対する保護・取り締まり）を吸収、あわせて関東長官も兼任することで関東庁を実質的にコントロール下に置いた。

このように関東軍司令官が駐満大使と関東長官を兼任することで三機関を統一運用することは「三位一体」と呼ばれたが、人事面での統合でしかなく、駐満大使は外務大臣の、関東長官は拓務大臣の指揮監督を受ける制度面は変わらず、関東軍にとっては中央政府の影響力を完全に排除するまでにはいたらなかった。しかも、満洲国建国初期の人材と資金の供給面で不可欠な存在となっていた満鉄に対して、関東軍は直接コントロールする権限を持っていなかった。

満洲移民政策において、土地買収や経営資金の融通などを担当した東亜勧業は満鉄の系列会社であったが、入植に関わる資金は満鉄から東亜勧業へ融通されたものであり、実質的に移民政策を支えていたのは満鉄であった。

前述したように関東軍は、第一次移民団が正式発足後に策定した「日本人移民実施要綱案」において移民実行機関の設立を構想し、それが実現されるまでは東亜勧業が代行することとしていたが、一九三三年三月二九日に小磯参謀長は八田嘉明《はったよしあき》満鉄副総裁に対して東亜勧業へ移民経費三〇〇万円を融通するよう求めた。この場合、満鉄の事業計画に関わる事案であるため、満鉄の監督官庁である拓務省の認可が必要となる。この事案は八月一九日付で拓務省の認可を受けたが、その後に関東軍から二〇〇万円の追加融通が申し出されたこともあり、最終的に決着したのは翌三四年三月九日、この間、一年近くを費やしたことになる(28)。

関東軍は、移民政策も含めた満洲国開発政策に満鉄の資金を必要としていたが、拓務省が満鉄の事業に対して許認可権を握っているため、迅速な政策実施が妨げられていたのである。

この事案が検討されていたのは、ちょうど移民団に動揺が広がっていた時であった。さらに重要なのは、関東軍による満鉄改組問題が表面化した時期とも重なっていたことである(一九三三年一〇月以降)。事変を機に巨大コンツェルンとなった満鉄を警戒した関東軍が、鉄道・炭鉱事業のみへ業務の縮小を図った満鉄改組問題は、関東軍と拓務省の満鉄監督権限をめぐる争いでもあった。

満鉄改組問題に対する関東軍の計画は、満鉄と拓務省の反発によって一度は頓挫したが、一九三四年七月に成立した岡田啓介内閣が、陸軍の要求を容れて在満機構改革を断行したことで実質的な決着が着いたといえる。すなわち、分立していた在満機構の一本化を図ったこの改革によって、同年一二月二九日に対満事務局が設置され、日本政府による対満洲国政策の窓口が統一、あわせて関東庁が関東局へ縮小されて駐満大使館の一部局となり、拓務省はこれまで維持してきた関東庁と満鉄に対する監督権限を失った。

このように一九三四年は、拓務省にとって組織存亡の岐路といえる年であった。主力事業の南米移民が先行き不透明になる一方、満洲国の主要な権限を失って移民事業のみが残された拓務省にとって、組織存続のためにも試験移民の成否がどうであれ満洲移民に傾斜していかざるを得なくなっていたのである。

一方、対満事務局の総裁は陸軍大臣が兼任、満洲国にあるすべての日本側出先機関を関東軍司令官が掌握し、中央官庁の影響力を排除したことで、満洲国は名実ともに陸軍・関東軍の影響下に置かれることになった。そして、当初は認識や方針の相違が見られた陸軍中央と関東軍だったが、陸軍中央が対満事務局を押さえたことで総力戦体制構築を軸に利害の一致が図られるようになった。

陸軍にとっても一九三四年は大きな岐路であった。陸軍で隆盛を極めていた皇道派の重鎮荒木貞夫が影響力を失って陸相を辞任し、代わって総力戦体制構築のために日満一体化を推進する統制派の永田鉄山が、軍務局長になる時期にあたっていたのである。

対満事務局設置によって、拓務省は名目上は政策の実施機関へと「格落ち」したが、実質的には陸軍の政策の一翼を担うことで、満洲移民への関与を維持できたといえる。しかも、これまでは他省庁からの支援も期待できずに閣内で孤立しがちだったが、今後は陸軍から全面的な支援が期待でき、とくに予算獲得の面で大きなメリットとなったのである。

このような変化を受けて、一九三五年四月に拓務省は官制を改正して、満洲移民の主管を管理局から拓務局へ移した。試験移民をめぐる混乱は、何の実績もノウハウもない管理局が主管だったことが一因でもあった。その点において、主管が移民行政に実績のある拓務局へ移ったことは、拓務省が政策面から実務面での関与へと軸足を移したことを意味していた。

こうして、移民政策も陸軍中心の満洲国産業開発の一環に組み込まれ、日満一体を具体化する重要国策として拡大していくのである。

そのような意味において、対満事務局の誕生は満洲移民政策にとって大きな転機となったといえよう。

第3章

百万戸移住計画と本格移民の実施

対満農業移民会議(1934年)　前列右2人目から那須，西尾寿造参謀長，鈴木梅太郎，橋本，2列目左から2人目加藤

一九三四年一二月、関東軍は「満洲農業移民根本方策案」を策定、試験移民から本格移民への拡大を目論んだ。そして、第四次移民からは対象も全国規模に拡大し、府県への割り当ても行われるようになった。さらに、入植地の買収と管理を行う満洲拓殖株式会社(のちに満洲拓殖公社)、日本国内で移民斡旋を行う満洲移住協会が設立されると、満洲移住協会理事長となった大蔵公望が積極的な活動を展開、実質的に試験移民から集団移民へと転換した第五次移民からは満洲移住協会が中心的な役割を果たすようになった。このようにして移民政策は拡大していったが、その過程で加藤・那須らの推進派が重要な役割を果たしていた。ただし、政策決定の主導権は関東軍が握り、しかも立案は満鉄経済調査会が担っていた。実際の移民政策は移民推進派ではなく、満鉄経済調査会によって作られていたのである。しかし、一九三五年以降、関東軍と満鉄との関係に変化が起き、満鉄経済調査会の政策関与は後退する。そうしたなか、百万戸移住計画が突然浮上する。一般的にこの計画は二・二六事件の結果として生まれたとされているが、実際はそれ以前から関東軍内で検討されていた。百万戸計画は、関東軍と極東ソ連軍との軍事バランスが崩れつつある危機感のなかで生まれたものであり、対ソ戦を前提とした軍事的要請に基づくものであった。

1　「満洲農業移民根本方策案」と関東軍の主導権掌握

一九三四年六月、関東軍では移民部が解散となり、特務部第三委員会がその業務を引き継ぎ、移民政策も過渡的なものから本格的なものへと転換していった。

第一次・第二次移民団の動揺が収束に向かい、第三次移民団が送出される頃になると、関東軍と満洲国軍による国内治安粛正工作が一定の成果を収めつつあった。そうした成果を踏まえて、一〇月に「満洲国陸軍指導要綱」の一部を改正、満洲国軍の任務の再定義と組織の拡充によって、単なる関東軍の補助部隊からの脱皮が図られた(『満洲国軍』)。満洲国内の治安が安定に向かい、満洲国軍が一定の実力を備えるようになると、建国初期の応急措置的に実施された半農半兵型の武装移民の必要性は低下し、普通移民への転換が検討されるのは必然であった。

満洲国の経済政策の基本方針であった「満洲国経済建設綱要」(一九三三年三月一日公表)は、日満経済ブロック形成と経済の国家統制を掲げていたが、移民を含む農業部門に関しても強力な国家統制によって行われるものとされていた。当初から日本人移民は満洲国経済に不可欠なものと位置づけられていたのである。

しかし、いくら関東軍や満洲国が日本人移民を必要としていても、送り出す側となる日本国内がこれに十分応え得る体制を構築していなければ机上の空論で終わってしまう。関東軍としては、できるだけ早く武装移民から普通移民へ転換して量的拡大を図ると同時に、日本国内の体制構築を働きかけなければならなかった。

そうしたなかで、一九三四年一一月二六日から、関東軍特務部において「対満農業移民会議」が開催された。会議では、これまでの試験移民の成果を踏まえて、日本人移民政策の基本方針の修正を図ることを目標とし、一一日間にわたる会議の結果、「満洲農業移民根本方策案」が策定された。

根本方策案では、日本人移民政策は日満一体を体現する国策的意義を有するものであり、南米移民など他の海外移住よりも「絶対的に重要かつ緊急を要するもの」と位置づけられた。満洲移民政策は単なる試験的性格を超えて、重要国策として再定義されたのである。

具体的には、移民政策は集団的自作農移民に重点を置いて、入植地は北満各地・南満遼河流域・京図線（新京―図們《ともん》）沿線などの人口希薄地とすることとし、日満両国政府は日本人移民に関する公文を交わすこと、移民事業実行助成機関として日満合弁の特殊会社（満洲拓殖株式会社）、移民助成機関として日本内地での公益法人（満洲移住協会）の設立などが列挙されていた（『満洲開拓史』）。

満洲移民政策を拡充して本格的に軌道に乗せるためには、まず入植予定地を確定して買収を開始しておく必要がある。それと並行して、移民政策遂行の両輪となる、満洲国内で用地確保から入植支援にいたる移民の定着実務を担う機関、そして日本国内で移民の送り出しを斡旋する機関を設立することが不可欠であった。以後、関東軍にとっては、これらの実現が目標となった。

こうして、関東軍において本格移民は既定路線となっていった。そして、年末の対満事務局設置によって陸軍中央と関東軍との利害調整が図られるようになった。

一九三五年一月二九日、陸軍中央は、関東軍が策定した根本方策案について軍内部で研究のうえ、拓務省を通じて新設されたばかりの対満事務局に提議させて年内に国策として決定すること、在満大使館に移民事務を主管とする領事官を置くこと、土地保有等を目的とする日満合弁の拓殖会社を設け、満洲国政府内に移民事務取扱機関ならびに日本国内に移民助成機関の設立などを急ぐことを認めた。これを受けて関東軍は政策の具体化を図るための満洲拓殖委員会を設置した。

委員会は、委員長に関東軍参謀長、委員に軍参謀部第三課長・軍司令部顧問のほか、満洲国側からは総務庁次長・民政部総務司長・財政部総務司長・実業部総務司長、そのほかに関東局司政部長、駐満大使館書記官、満鉄経済調査会副委員長が任命され、幹事に軍・満洲国・関東局・大使館の実務者のほか、拓務省から今吉敏雄《いまよしとしお》書記官が任命された。

委員会では至急処理すべき重要事項として、①移民適地調査、②適地買収計画、③満洲拓殖会社創設、④移民担当総領事および満洲国墾務局設置、⑤一九三五年度予定の「大量移民入植」、⑥これまでに入植した移民の「定着性補強」が挙げられた。また、拓殖会社の資本金には満鉄・満洲国・日本内地からの出資約九〇〇万円のほかに、拓務省のブラジル移民補助費からの転用二五〇万—三〇〇万円を充当し、これに対して新規買収費五五〇万円(一〇〇万町歩・単価五・五円)と既買収地への入植費六〇〇万円(約二〇〇〇戸で約一万人、補助金二五〇万円・貸付農耕資金三五〇万円)を計上した。(1)

さらに、委員会では拓務省の移民政策への関わり方も審議されていた。関東軍は、「満洲移民ハ軍ノ強力ナル指導援助ナクシテハ実現困難」との立場から、これまでの拓務省が新京に出張所を設けて移民事務を行う「微弱」な方法ではなく、駐満大使館内に移民を専管し満洲各地の領事を指揮命令する総領事を設けて現地機関の強化を図ろうとしたのである。(2)

駐満大使は関東軍司令官が兼務し、実質的に大使館は関東軍のコントロール下にあったことから、この方策案は移民政策の立案にとどまらず、その実施や移民事務の指導面までも関東軍が独占することを意味していた。

また、移民の実行機関となる満洲拓殖株式会社(満拓)に関しては、当初の二年間で日本人移民三〇〇〇戸(毎年一五〇〇戸・一戸当たり二〇町歩)をすでに買収済みの三江省(一九三四年一二月に奉天・吉林・黒龍江・熱河《ねっか》の四省は、奉天・浜江《ひんこう》・吉林・龍江・三江・間島《かんとう》・安東・錦州・熱河・黒河《こっか》の一〇省となった)の一部(密山・虎林・宝清《ほうせい》・樺川《かせん》・勃利《ぼつり》の五県にわたる約一〇〇万町歩)に入植させると同時に、移民適地を調査して買収することとされた。(3)

移民政策の拡大が慌ただしく進められたのは、これまで帝政ロシアからソ連が引き継いで経営していた中東鉄道(北満鉄路)の満洲国への売却交渉が、大詰めを迎えていたからである。ロシア(のちにソ連)の満洲経営の実行機関であり、満洲において満鉄のライバル企業であった中東鉄道は、満洲国の出現によって経営が悪化していた。また、関東軍にとって満洲国内にソ連系企業が存在することは軍事的にも経済的にも厄介な問題であった。そうした両者の思惑のなかで売却交渉が始まり、紆余曲折の末、一九三五年三月二三日に中東鉄道は満洲国へ売却されることで妥結した。

中東鉄道の買収の結果、北満が完全に日本の支配下に置かれたことで、北満地域の経済開発が急務となってきた。日本人移民も旧来の治安維持機能から踏み出して、開発の一翼を担うことが期待されたのである。

一九三五年になると満洲移民をめぐる政治環境は大きく変わった。対満事務局の設置によって関東軍が完全に政策の主導権を握ると同時に、中東鉄道買収によって北満地域の開発が急務となった。開発主体として大量の日本人移民が急速に必要とされるようになったのである。

2　満洲拓殖株式会社と満洲移住協会の設立

満洲国をめぐる変化のなかで、拓務省は移民の主管を管理局から拓務局へ移し、対満事務局設置後には新京出張所へ書記官を派遣して移民政策に関与させる方式を改め、殖産局農林課長の稲垣征夫を関東軍顧問として派遣し、関東軍が決定した政策の実施機関としての性格を強めていった。そして、関東軍による「満洲農業移民根本方策案」策定に呼応するかたちで、一九三五年五月七日に「満洲農業移民根本方策に関する件」を決定した。

根本方策では、人口問題解決および農村匡救対策の一環として、農業移民を大量に満洲へ送り出すための第一期計画を掲げていた。具体的には、①日満両国政府間で移民に関する協定の締結、②第一期計画として一九三六年度から一五年間で一〇万戸の集団移民を実施(初年度は二〇〇〇戸)、③駐満大使館内に移民事務を専門とする部局、日本国内に移民助成機関である満洲移住協会(満移)、新たな移民特殊会社の設置、④一九三六年度から一五年間で満洲および朝鮮北部に朝鮮人移民一〇万戸および自由移民六万戸の入植助成のため満鮮拓殖株式会社の設立、以上四点の実現を目指すものであった。

このような移民政策の拡大を図る動きが活発になるなか、財政的理由から政策の拡大に消極的な大蔵省の説得も行われていた。南次郎関東軍司令官(一九三四年一二月一〇日任命)は児玉秀雄拓相(一九三四年一〇月二五日任命。日露戦争時の満洲軍総参謀長児玉源太郎の長男)に対して、児玉の「移民根本条件」に対する賛意と協力姿勢を示したうえで、高橋是清蔵相の「移民に関する認識と熱意を深からしむる」ことが最も重要だと伝えていた。(4)

南と児玉との個人的な深い繋がりに加えて、関東軍と拓務省との連携は、稲垣征夫書記官の関東軍顧問就任や高山三平《たかやまさんぺい》拓務局長の満洲視察など人的交流面を基礎として、政策面での協力関係が深まっていた。対満事務局設置の際、関東庁の廃止をめぐって対立した拓務省(関東庁の監督権を握っていた)に対して、陸軍が強力な支援を寄せることは、これまでに見られなかったことであった。

そして、拓務省は根本方策を実現化するため、海外拓殖委員会を設置し、委員会での議論を経て満洲移住協会と満洲拓殖株式会社が設立されることになる。

満移の理事長に就任した大蔵公望《おおくらきんもち》は、父の陸軍中将大蔵平三から男爵を襲爵した貴族院議員であった。政党内閣期には憲政会と近い関係にあり、満洲への関心が高かったこともあって、加藤高明・若槻礼次郎憲政会内閣の時に満鉄理事を務めた経歴を持つ。満洲事変後は労働運動家で政界浪人とも呼ばれた矢《や》次一夫《つぎかずお》が主宰する国策研究同志会(のちに国策研究会)や拓殖大学と関係の深い東洋協会に参加、貴族院では満洲問題について積極的な発言を繰り返していた。

　満移設立の話が大蔵に伝えられたのは、関東軍が満洲拓殖委員会を設置して移民政策の具体化が進んでいた一九三五年二月二〇日であった。この時、会食した橋本傳左衛門と永雄《ながお》策郎《さくろう》拓殖大学教授から満移理事長の引き受けを依頼された。以後、那須皓や日本国家社会党の山名《やまな》義鶴《よしつる》、拓務省からは森重千夫・中村孝二郎などが大蔵に接触し、三月二〇日には設立委員会が発足した。初回は大蔵のほか、那須・橋本・永雄・山名に加えて加藤完治・佐藤貞次郎（満鉄東亜経済調査局理事）・平井豊一（陸軍省軍務局付一等主計）が集まった(5)。

　この後、協会発足に向けて拓務省・陸軍との調整が紆余曲折するが、中心になったのは大蔵のほかには那須・橋本・加藤・永雄・佐藤、そして山名である。このなかで永雄は、新渡戸稲造の弟子で、満鉄を経て拓殖大学で植民政策学を担当していた。満洲移民政策には多くの新渡戸門下生が関わることになるが、永雄はその代表例でもある。なお、大川《おおかわ》周明《しゅうめい》とは第五高等学校時代の同窓であった。また、大川は東亜経済調査局の理事長であったことから、永雄と同じく理事となる佐藤はその部下にあたっていた。

　加藤を除けば学者肌の面々が並ぶなかで、山名は特異な存在である。応仁の乱の西軍総大将だった山名宗全の末裔で男爵家の生まれだが、第三高等学校時代から社会問題に興味を持ち、東京帝国大学では新人会に参加、卒業後は大原社会問題研究所に入り、日本労働総同盟を経て日本労農党の創設にも関与した。しかし、満洲事変後は国家社会主義に傾斜し、赤松克麿《あかまつかつまろ》らが率いる日本国家社会党の中央常任執行委員になっていた。ちなみに、日本国家社会党は、一九二二年に賀川豊彦・杉山元治郎《すぎやまもとじろう》らが結成し、第一次世界大戦後に盛んになる小作争議を指導した日本農民組合(日農)が支持団体となっていた。満洲移民の実現を後押しした農村救済請願運動では、社会大衆党などの無産政党も関わっていたが、満洲移民が本格化するなかで、山名(そして賀川も)のような社会運動家らも積極的に関与していったのである。

満洲移民斡旋のための公益法人設立は既定路線であったが、満洲移民専門の新たな法人を設立するか、すでに南米移民を扱う海外移住協会を活用するかは意見が分かれていた。関東軍は海外移住協会が扱う移民は民間事業であって、満洲移民は国策である以上、別組織で行うべきとの立場をとり、大蔵らも同じ意見であった。一方、拓務省は首脳部の方針が定まっていなかった。

協会設立の早期実現に熱心な大蔵は、しばしば児玉拓相を訪問して新法人設立を求め、時には林銑十郎《はやしせんじゅうろう》陸相に対しても満洲移民の強力推進を意見するほど移民政策の拡大に積極的であった(6)。

そうしたなかで、一九三五年六月一日に拓務省は海外発展の根本政策を審議する海外拓殖委員会を設置した。拓殖委員会は児玉拓相を会長とし、委員には拓務省幹部(入江海平次官・桜井兵五郎政務次官・佐藤正参与官・高山三平拓務局長）、外務省からは東郷茂徳欧亜局長と堀内謙介亜細亜局長、大蔵省からは賀屋《かや》興宣《おきのり》主計局長、その他に永井柳太郎元拓相や林博太郎満鉄総裁、高山長幸東洋拓殖総裁、そして大蔵らが任命され、これ以外にも永田鉄山陸軍省軍務局長と川越文雄対満事務局長らが特別委員として加わっていた。

満洲移民に関しては、委員会内に設けられた特別委員会で審議された。その第一回委員会は七月八日に開催されたが、それと同時に同月一九日には第一回の「一部事務官会議」が対満事務局において開かれた。これは特別委員会に加わっている拓務省や大蔵省などの実務担当者による政策調整の場であった。その席上、拓務省の森重書記官は第一期（一五カ年）計画として一〇万戸五〇万人くらいを必要としていると発言していた。

さらに、第二回特別委員会が開催された同月二二日の翌日、二回目の事務官会議で森重は、すでに買収したものの未利用地になっている一〇〇万町歩の土地（新設される満拓が管理）に五カ年で二万戸を入植させると述べている。しかし、財政的見地から大蔵省は大量移民に対して難色を示した[7]。

その後、九月一〇日の第三回特別委員会において答申案が決定されたが、その内容は、関東軍による満洲拓殖委員会での結論をほぼ踏襲したものであった。答申案では、満洲移民政策は、日満両国の特殊性を鑑み、かつ現在の諸情勢下で極めて重要な政策であるので、「周到なる調査に基づき樹立されたる根本的国策に則り、相当大量に送出するの計画を樹《た》つるの要あるものと認むるも、これが具体策は追て答申することとし、右国策樹立にいたるまで」、まずは焦眉の急務として、①試験移民の実績を踏まえて一九三六年度に「相当数量」の移民送出、②移民に対する世論の喚起と発展を企図するために政府助成による公益団体の設立、③大移民会社設立までの暫定措置として買収土地管理と移民への資金貸付を行う暫定的会社の設立、以上三課題の即時実現を求めていた（『満洲開拓史』）。

この答申案は、大量移民の必要性を認識しつつも具体策は「追て答申」と事実上の先送りとし、取り急ぎ一九三六年度送出移民の拡大と満拓および満移の設立を急ぐものであった。これは、慎重な姿勢を崩さない大蔵省との妥協の産物ともいえた。

この答申案を実現するためには、一九三六年度予算案に移民計画を計上しなければならない。そこで、一一月上旬に、陸軍省・拓務省・大蔵省三者の意見調整が図られ、ついで他省もこれに追随した。ただし、その過程で大蔵省側は「近く企画せらるべき国策に基く大規模移民云々」の削除を求め、不可の場合はこの点を留保すると主張した。(8)

こうした妥協が図られた結果、岡田啓介内閣は、一二月召集の第六八通常議会で一九三六年度予算に本格的移民団一〇〇〇戸の送出予算を提出し、議会を通過させた。

大蔵省は財政的理由から移民拡大に慎重であったが、実質的には移民政策の実行機関となる満拓と満移が誕生したこの段階で、移民政策の拡大は既定路線となったといえよう。一般的には、二カ月後に起きる二・二六事件で移民政策に反対だった高橋蔵相が殺害されたことで、本格移民への道が開かれたといわれるが、事実は事件が起きる前に移民拡大路線が始まり、大蔵省も追認せざるを得なくなっていたのである。

こうした経緯のなか、議会召集前の一〇月一九日に満移の発起人会が開催され、大蔵が初代理事長となり、その後、会長に前首相の斎藤実(内大臣就任のため辞退した後は、児玉拓相に代わる)、副会長に結城豊太郎(日本興業銀行総裁)が就任した。

一方、満洲国政府では一二月一三日に満洲国法人である満拓を設立し、元拓務次官の坪上貞二《つぼがみていじ》が初代総裁となった。満拓は資本金一五〇〇万円で、満洲国政府五〇〇万円、満鉄五〇〇万円のほか、三井と三菱から各二五〇万円と、これまで財閥系資本を排除してきた満洲国の方針転換があらわれていた。

満拓は、移民政策を本格化させて日本人を大量入植させるために不可欠の組織であった。大量移民の実現には、それに見合った大量の入植地を買収し、また入植地の整備や資金融資など移民団の経営の安定化も図らなければならないが、それには膨大な資金が必要となる。しかし、満鉄子会社である東亜勧業では資金的に限界があった。そこで、東亜勧業を吸収する巨大移民会社が必要となるが、巨額の資本金を必要とする国策会社の設立に対して大蔵省は反対であった。そのような経緯から満拓は日本政府の出資を求めず、満洲国の特殊会社として設立されることになったのである。

満拓設立の計画は、一九三三年四月に関東軍特務部が「日本人移民実施要綱案」を策定した際、「満洲移住協会設立要綱案」などと同時に「満洲拓殖株式会社設立要綱案」として浮上したのが最初である。この時点では資本金が一五〇〇万円となっていたが、一九三四年一二月に策定された「満洲農業移民根本方策案」では、五〇〇〇万円にまで膨れあがっていた。

関東軍はこの案で政府関連機関と協議を行ったが、意見はまとまらなかった。結局、東亜勧業が大量移民用に買収した三江省内の一〇〇万町歩におよぶ管理地が放置されてしまうことを避けるため、暫定案として一五〇〇万円の株式会社案で一九三五年一一月になってようやく妥結したという経緯があった[9]。

こうして誕生した満拓は、これまで移民事業を取り扱ってきた東亜勧業の事業を継承することになったが、日満合弁とはいえ日本側は民間出資である一方、満洲国側は国策会社であることを強調して営利事業性を否定するなど細部ではいくつかの矛盾が見られた。しかも、朝鮮人移民事業に関しては、所管とする朝鮮総督府によって京城(現・ソウル)に一九三六年九月に鮮満拓殖株式会社(満洲国には新京に満鮮拓殖株式会社を置く)が別に設立されたため、移民事業において日本人移民と朝鮮人移民とは別系統で実施されることになった。

3 試験移民から本格移民への発展

関東軍の「満洲農業移民根本方策案」策定が進むなか、一九三五年度予算において第四次移民団が認められると、一九三五年五月に拓務省は移民団の募集事業に着手した。この事業は新たに所管となった拓務局の初仕事となっただけでなく、これまで前面に出ていた在郷軍人会は間接的な協力にとどまり、拓務省が直接、全国の道府県に対して指示するものとなった。

第四次移民団の募集対象者は、満三三歳までの農民で既婚者を原則とし、労働可能な家族が多ければ多いほど良いとされた。また、渡満の供託金として一戸当たり三〇円と入植後一年間の小遣銭が準備できる者に限られていた。募集地域は沖縄県を除く全道府県、募集人員は五〇〇人、募集締め切りは一九三五年五月末とされた。

移民の銓衡《せんこう》も初期の頃に比べて厳しくなり、道府県で人物考査と身体検査を行って候補者を選び出し、拓務省において書類銓衡のうえ、六月末までに仮採用者を決定、その後、国内で一カ月間の訓練によって二次銓衡を行い、正式採用者を決定する流れであった。二次銓衡を行う訓練は、加藤完治の日本国民高等学校に委嘱され、茨城県西茨城郡宍戸《ししど》町および兵庫県加西郡北条町の日本国民高等学校のほか、山形県北村山郡大高根村の青年修養道場、熊本県球磨郡免田《めんた》村の球磨《くま》農業学校で実施されることになった。
また、募集開始と同時に拓務省の中村孝二郎（拓務技師）が入植予定地の踏査を実施し、関東軍との協議を行った。入植地選定に関しては関東軍が最終決定権を握っており、八月一〇日に城子河《じょうしが》地区（林密線鶏西《けいせい》駅）に三〇〇戸、哈達河《ハタホ》地区（林密線東海駅）に二〇〇戸、先遣隊一〇〇人が九月中に、本隊は翌年三月中に入植することが決定された（『満洲開拓史』）。

入植地の選定に関しては、相変わらず調査から決定までの期間が短いことに注意しなければならない。試験移民初期の現地民の反発が入植地選定の杜撰《ずさん》さが原因であったことを考えると、依然としてこの問題が解決されていないともいえる。しかし、国内治安粛正が山場を越し、日本人移民の入植が満洲国の開発に不可欠な「国策」として位置づけられた以上、関東軍にとって現地民の反発を顧慮する必要性は低下していた。

また、日本国内での募集も第四次に関しては、各道府県に配当数が定められていた。これは実質的には割り当てであって、最大配当数の一〇を割り振られたのは、北海道・京都・群馬・茨城・栃木・奈良・三重・静岡・岐阜・岩手・青森・秋田・福井・石川・富山・岡山・広島・山口・和歌山・香川・愛媛・高知・福岡・佐賀・鹿児島の二五道府県、そのほかは四―五が東京・大阪・神奈川・兵庫・長崎・埼玉・千葉・愛知・滋賀・鳥取・島根・徳島・大分・宮崎の一四府県、三―四が新潟・山梨・長野・宮城・福島・

山形・熊本の七県であったが、実際には配当数を超えた府県は一六にとどまり、北海道・東京・大阪は合格者がゼロであった。

その一方、長野県は応募者が六三人、そのうち被推薦者となったのは四四人、最終的に合格したのが三九人。宮城県は応募者五五人、そのうち被推薦者は四二人、最終合格者は三四人。熊本県は応募者四五人、そのうち被推薦者となったのは三三人、最終合格者は三一人。山形県は応募者数不明だが、被推薦者は六三人、そのうち合格者が五五人と全国最多。この四県が突出し、これに新潟県(応募者三四人、合格者二二人)が続いていた(『満洲開拓史』)。

このように、拓務省が直接道府県に対して募集を指示するようになった第四次移民募集の段階ですでに割り当てが行われていたのである。

国策という大義名分を掲げることで、日本人を強制的に移民に送り出すことも、現地民を強制的に立ち退かせることもすべてが許容される構図がすでにできつつあった。

そして、第四次移民団が送り出される頃には、前述したように満移と満拓が誕生し、さらに第六八通常議会(一九三五年一二月召集)において一九三六年度予算に基づく第五次移民団一〇〇〇人の送出が決定された。

第五次移民団は、これまでの「試験移民」から「集団移民」へと改称され、募集人数も倍増したことからも分かるように、大量入植を見据えた本格移民の第一歩であった。

あった。

そして、募集には新設の満洲移住協会が中心的な役割を果たした。しかも、協会が募集内容の作成にも関与していたが、その中心となったのは大蔵・那須・加藤・広瀬《ひろせ》寿助《じゅすけ》であった。

協会内での議論によると、第五次移民団は入植先の移民団のうち、一部落は一県から構成し、従来の移住者募集で成績の良かった、またはその可能性が高い県に注力することにした。具体的に主力とされたのは、第四次の上位を占めた①長野県、②山形県、③宮城県、④福島県、⑤熊本県、⑥新潟県の六県、その他の県には若干の例外を除いて三〇人を下回らない数の応募者を割り当てる計画であった。(10)

試験移民期の各県応募状況は、第二次以降になるとバラツキが発生していた（表1参照）。一貫して移民団の主力となっていた東北地方のなかでも、秋田県は第一次の応募者が一二八人と突出していたが、第二次は三九人と三分の一以下に激減、土竜山事件処理による予算不足から、募集が少なかった第三次では割り当てがなく、第四次では五人しか応募者がなかった。また、岩手県も第一次は四六人と他県と同じ程度を数えたが、第二次は九人、第三次はゼロ、第四次は一二人にとどまっていた。青森県も同じく第一次四三人から第二次三二人と減り、第三次はゼロ、第四次はわずか一〇人であった。一方、福島県は第一次四四人から第二次七七人へと大幅に増加し、第三次で二六人に減少したものの、第四次で三三人とそれなりの数を達成していたが、合格者数がそれぞれ四

表1　満洲農業移民応募状況

種別／府県別	応募人員				銓衡合格人員			
	第一次	第二次	第三次	第四次	第一次	第二次	第三次	第四次
北海道	—	—	—	—	—	—	—	—
青　森	43	32	—	10	40	23	—	4
岩　手	46	9	—	12	42	4	—	4
宮　城	44	52	38	55	42	44	30	34
秋　田	128	39	割り当てなし	5	43	35	—	3
山　形	48	46	41	68	42	36	33	55
福　島	44	77	26	33	42	45	25	19
茨　城	45	49	—	26	41	25	—	13
栃　木	42	46	—	18	41	24	—	12
群　馬	45	30	—	15	42	20	—	13
埼　玉	—	10	—	12	—	10	—	4
千　葉	—	18	—	4	—	10	—	2
東　京	—	10	—	1	—	6	—	0
神奈川	—	15	—	13	—	10	—	6
新　潟	44	111	24	28	41	50	16	22
富　山	—	54	—	3	—	38	—	2
石　川	—	49	—	20	—	32	—	5
福　井	—	70	—	6	—	41	—	2
山　梨	—	81	12	24	—	40	8	5
長　野	44	45	31	63	41	30	21	39
岐　阜	—	—	27	14	—	—	11	12
静　岡	—	—	—	13	—	—	—	10
愛　知	—	—	—	19	—	—	—	8

三重	—	—	—	4	—	—	—	2
滋賀	—	—	—	20	—	—	—	4
京都	—	—	—	13	—	—	—	2
大阪	—	—	—	1	—	—	—	0
兵庫	—	—	—	5	—	—	—	2
奈良	—	—	—	16	—	—	—	10
和歌山	—	—	—	10	—	—	—	6
鳥取	—	—	13	6	—	—	6	4
島根	—	—	8	5	—	—	4	3
岡山	—	—	—	15	—	—	—	9
広島	—	—	17	20	—	—	9	4
山口	—	—	10	9	—	—	4	4
徳島	—	—	—	11	—	—	—	5
香川	—	—	—	9	—	—	—	5
愛媛	—	—	—	10	—	—	—	10
高知	—	—	35	12	—	—	20	8
福岡	—	—	7	—	—	—	1	—
佐賀	—	—	36	10	—	—	32	6
長崎	—	—	—	11	—	—	—	3
熊本	—	—	68	36	—	—	51	31
大分	—	—	—	6	—	—	—	3
宮崎	—	—	—	5	—	—	—	2
鹿児島	—	—	23	27	—	—	16	9
沖縄	—	—	—	—	—	—	—	—
合計	573	843	416	723	457	523	287	406

「第五次募集ニツキテノ修正 那須」(「那須文庫」)より作成．なお，各種資料によって数字は若干異なる

二人→四五人→二五人→一九人と振るわなかった。こうしたなかで、山形県と宮城県はコンスタントに応募者も合格者も出し、しかも第四次で山形県は応募者六八人(合格者五五人)、宮城県は同五五人(同三四人)と応募者で過去最高の数字をあげていた。

また、長野県と新潟県、さらには第三次から募集の熊本県も応募者数・合格者数は波がなく、コンスタントに成績をあげているのが特徴であった。

これに対して、他県はムラが多かった。加藤完治のお膝元の茨城県も第一次四五人、第二次四九人、第三次ゼロ、第四次二六人と関東地方では最も多くの応募者を出したが、合格者は四一人→二五人→一三人と低下、この傾向は東宮の地元群馬県も同じであった。

このように、全国レベルでは移民に対する積極性にバラツキが見られ、本格移民期以降になっても基本的には変わらなかった。

一九三五年以降、移民政策の主導権を関東軍と陸軍が握るようになると、関東軍によって移民政策の基本方針が決定され、拓務省が政策の肉づけを行って予算を獲得し、各道府県に対して移民募集を指示、満移が道府県と連携しつつ募集目標の達成を図るという基本構造が形づくられたのである。あとは、中長期の計画を立てて移民の数値目標を上げれば、いくらでも移民政策を拡大できるようになったといえよう。

その一方、移民政策の主導権を握っていた陸軍内部では大きな動揺が起きていた。拓務省による海外拓殖委員会が設置され、特別委員会で移民政策の具体化が図られていた最中の一九三五年八月一二日、統制派リーダーの永田鉄山が、対立する皇道派の相沢三郎中佐に陸軍省内で殺害されるという前代未聞の事件が突発する。

永田は、第一次世界大戦後の軍事潮流となっていた総力戦体制構築のため、日本と満洲国との一体化路線を推進してきた人物である。満洲事変を引き起こしたのは、石原莞爾ら関東軍の幕僚たちであったが、事変拡大を国内から側面支援していたのが永田であった。

永田にとって満洲国の産業化と資源開発は、日本の高度国防国家化に不可欠であったが、農業生産の拡大による食糧供給基地化もそのなかの一部であった。また、石原莞爾の腹心で満洲産業開発のブレーンであった宮崎正義《みやざきまさよし》(満鉄経済調査会員)も、移民は生産拡大を担うものとして重視しており、やがて満洲産業開発五カ年計画を支える重要な要素として位置づけられるのである。しかし、永田は特別委員会の答申が出されて満洲移民政策が本格化する前に殺害されていた。

もともと満洲移民政策は、拓務省の省益拡大という思惑と加藤完治ら農村問題解決に熱心な者たちの近視眼的な動機から開始され、やがて関東軍・陸軍の対ソ軍事戦略と中長期的な総力戦構想に取り込まれて本格化していった。そして、それを主導してきたのは永田であった。しかし、永田という戦略の司令塔を失った陸軍も中長期的視野を欠くようになり、移民政策の迷走が始まるのである。

4　国策移民と自由移民

移民政策が国策として本格化する一方、移民部が廃止になったことで永田稠は嘱託を解かれた。第一次・第二次移民団をめぐる問題がうやむやに処理された結果、東宮鉄男らと対立していた永田の立場は、不利なものとなっていた。関東軍で「満洲農業移民根本方策案」の具体化が進んでいた頃、関東軍参謀部第三課の鈴木栄治一等主計大尉は那須皓に宛てた書簡のなかで、方策案の具体化への助力を依頼する一方、満洲移住協会設立に関して「例の永田や海外協会の連中が何か策動しある様」なので「充分御警戒」するよう忠告していた。(11)

加藤と並んで試験移民導入に積極的な役割を果たした那須は、関東軍による「対満農業移民会議」に参加するため満洲へ渡り、会議後は鈴木の案内で第一次・第二次・第三次移民団の状況を視察し、「日本農業移民の成果に就いて充分なる確信」(12)を得たと、満洲移民の実現性に対して有識者の立場からお墨付きを与えていたのである。

また、永田と近かった梅谷光貞も「対満農業移民会議」が終了した後の一九三五年二月に関東軍顧問を解かれ、満移設立が進むなか、大蔵にしばしば接触を試みていたが、最終的には協会メンバーから外された。永田や梅谷は移民政策そのものに反対だったわけではないが、政策の有効性・効率性と現地民との共存に関して一定のチェック機能を果たしていた。しかし、東宮・加藤路線に批判的であったグループは移民が本格化するなかで排除され、チェック機能が失われたことで政策の硬直性が顕著になっていくのである。

梅谷は満洲を去った後、失意のなかで一九三六年に病死する。梅谷も永田もともにブラジルのアリアンサへの移民事業で苦労を重ねた経験から、移民政策は現地との融合がもっとも重要な課題であり、そのためには国家をバックにした国策移民よりも個人を前面に押し出した経済移民でなければならないとの考えをいだいていた。一方の加藤は、朝鮮への移民事業の経験から、経済移民では現地民に太刀打ちできず、国家の全面支援がなければ移民政策は成功しないと確信していた。

それぞれブラジルと朝鮮での移民事業の経験から導き出された考えであったが、植民地への移民しか経験のない加藤の主張は、まったくの外国であるブラジルへの移民には応用できないものであった。両者の考えのどちらが有効性を持っていたのかは、敗戦直後の開拓団をめぐる悲劇のなかで証明されることになる。

満洲を去った梅谷とは異なり、永田は満洲にとどまった。彼は政府の国策移民とは一線を画した蔬菜園芸を主とする集約農業を目指し、松田喜一の協力を得ながら日本力行会員による新京力行村の建設に取り組むことになる。

満洲移民政策は、政府主導の「普通移民」と、民間による「自由移民」の二本立てで進められた。永田の新京力行村は後者の部類に入る。そもそも満洲事変直後は、民間のあいだで移民熱が高まり各地で移民計画が浮上したが、ほとんどが頓挫し、最終的に入植が行われたのは天理教団による天理教移民と天照園による天照園移民――通称「ルンペン移民団」であった。

天理教移民は、事変後に思いつきに近い移民計画が乱立するなかで、当初から周到な計画性を持って実行された数少ない移民団である。

早くも一九三二年四月に天理教青年会の主導で計画され、八月には移民適地調査に乗り出すと同時に陸軍中央とのあいだで折衝が開始されていた。天理教は教祖が国家への貢献を重んじていたことから、満洲国建国に率先して協力しようとしたのである。一九三三年二月には用地買収も決定されたが、その後、関東軍とのあいだで用地買収について紆余曲折があり、最終的には一九三四年一一月にハルビン郊外の阿什《アシホ》河右岸に第一次移民四三戸二〇四人が入植、一九四三年度からは集団第一二次第一天理村・第二天理村となった。

この天理村は資金が潤沢で、教会・学校・派出所・診療所・共同浴場などの公共施設や短波無電機・電話・電灯も整備、さらに、匪賊対策用に軽機関銃などを配備、ハルビンから二〇キロの軽便鉄道までも敷設されていた。

　また、ハルビンという大消費地向けの蔬菜農業・食品加工を中心として現金収入を図ると同時に、農業分野での現地民との競合を避け、あわせて布教活動も行うなど共存も図った(一九四二年には現地民信徒は二五〇〇人近くに達した)。

　天理村も力行村と同じく蔬菜農業に重点を置いた農家経営の安定化と現地民との共存に関心を払っており、自由移民のほうが国策移民よりも柔軟性を持ち、農家経営も安定していた。そして、このような宗教移民はのちに他の宗教団体も追随するようになる。

　天理教と同じ時期に始まった天照園移民は、東京市深川区塩崎町(現・東京都江東区)で失業者の無料宿泊施設であった天照園を経営していた小坂《こさか》凡庸夫《ぼんようふ》(福岡県出身)が計画実行したものである。

　小坂は事変前の昭和恐慌期に天照園の経営を始めていたが、単なる社会救済だけでは失業者の自立は図れないと考えるようになり、満洲国が誕生すると満洲での失業者の帰農を計画するようになった。そして、関東庁・東京市などの補助金を得て大連近郊に移民実習所を開設、早くも一九三二年六月には内地から第一期入所生四二人を送り込んだ。

　この実習所の特徴は、満洲の在来農法を習得し、食事も現地民と同様にするなど、徹底的な現地主義をとった点にある。実習生は一七歳から四一歳までと幅広く、なかには大卒者も含まれていた。実習は一年弱、修了後は通遼県銭家店《せんかてん》の東亜勧業所有地に入植したが、一九三四年三月に銭家店近くの一棵樹へ移転、一九三六年までに一〇〇人の実習生が入植した。入植後は洪水などの自然災害に苦しめられたが、一九三五年には一棵樹開拓組合と改称、一九三七年以降は一般の集合開拓団として満拓の助成を受けるまでになった。

初期の自由移民は、天理教や天照園のような特殊な団体が中心であったが、この他にも青年主体の移民として国士舘専門学校が計画した鏡泊《きょうはく》学園村と東宮鉄男が中心となって創設された饒河《じょうが》少年隊大和村北進寮が代表的なものとして挙げられる。これらは第4章で後述する満蒙開拓青少年義勇軍に繋がるものとなる。

また、この他にも満鉄が鉄道沿線に建設した鉄道自警村も移民の範疇に入る。第1章で触れたように満鉄の移民事業は成功しなかった。しかし、満洲事変後は満洲国全域に鉄道網が拡大、沿線の治安確保を図る必要が生じた。当時、治安粛正に忙殺されていた関東軍は広大な満鉄沿線の守備まで手が回らなかったため、満鉄は独自の治安対策として一九三二年四月に日本人と現地民から成る鉄道警備隊を編成して沿線警備に当たらせていたが、一九三五年度以降、鉄道自警村を建設し警備体制の強化を図った。

鉄道自警村とは、停車場に近接する土地に一〇—三〇戸の小部落を建設し、これを沿線沿いに広範囲に分布させるものであった。村員は日本人の除隊兵から募集、彼らは家族をともなって満鉄が指定する自警村に入植、鉄道警備隊の補助として近接する駅および路線の警備に当たるとともに農業経営によって自給自足生活を図った。また、満鉄からは警備手当が二―五年間支払われ、農業経営に対する支援も行われた。

鉄道自警村は、一九三七年度までの三年間で二三カ村、入植戸数四五〇戸、総員一五〇〇人を数えたが、停車場近接という利便性と手厚い補助という好条件によって順当に拡大していった。しかし、一九三八年度以降は青少年義勇軍の訓練事業の一部を満鉄が引き受けることになり、新規の自警村創設は中止となった（『南満洲鉄道株式会社第三次十年史』『同第四次十年史』）。

5　満洲移民政策立案と満鉄経済調査会

関東軍は、一九三六年四月に二回目となる「対満農業移民会議」を開催した。会議には移民関係機関の代表者の他、石黒忠篤・那須皓・加藤完治・東宮鉄男らが参加して関東軍側から提案された大規模移民計画案にお墨付きを与え、五月一一日に関東軍は「満洲農業移民百万戸移住計画案」および「暫行的甲種移民実施要領案」を公表、七月九日には「日本人移民用地整備要綱案」を通達した。

すでに、移民会議開催前の四月四日に関東軍は陸軍省に対して、大規模満洲移民実現の閣議決定を求め、移民会議を経た六月には百万戸移住計画案を伝えて、その実現を図るよう申し入れていた[13]。

関東軍の動きは急であったが、陸軍省は関東軍案をそのまま受け入れ、拓務省も七月三一日、海外拓殖委員会特別委員会にて二〇カ年で一〇〇万戸を送出させる諮問案を提議、八月一九日に計画案は「満洲農業移民百万戸送出計画」として可決された。これを受けて拓務省は翌年度予算案に百万戸送出計画の第一期五カ年計画のうち、第一年度六〇〇〇人送出の経費を計上、第七〇通常議会では全面的な賛成を受けて予算案は通過した。

二・二六事件によって退陣した岡田啓介内閣に代わって登場した広田弘毅内閣は、馬《ば》場《ば》鍈一《えいいち》蔵相による軍備拡張を軸とした財政拡大路線を受けて、八月二五日に七大国策を打ち出し、そのなかの六つめに「対満重要策の確立――移民政策および投資の助長策等」を掲げた。こうして満洲移民政策は、日本政府による「国策」として動き始めるのである。

しかし、わずか一年前の拓務省では、移民拡大が協議されていたものの、一〇〇万戸送出という大計画ではなかった。いくら政府が積極財政に方針転換したとはいえ、あまりにも唐突な数値目標といえた。

実際、百万戸計画は、拓務省にとって突然持ち上がったものであった。その事情について、大蔵公望は前田米蔵鉄道大臣から聞いた経緯を日記に記している。そのなかでは、永田秀次郎拓相が前田に対して「急に満洲へ百万戸送ると云ふても急には実行し難く、来年一万戸出す事も到底六ヶ《むつか》しいと思うが、何にせ陸軍からの熱心な要求があるので仕方なくあの計画案を作ったのだ。あと二、三年工作したら本当に実行出来るだろう」と語っていた。これに対して、もともと移民拡大に積極的で、関東軍の秋永月三《あきながつきぞう》参謀からも大規模移民実現に努力することを依頼され、海外拓殖委員会でも集団移民数をもっと増やすべきと主張していた大蔵は、永田の認識不足を非難し、「今でも実行可能」と前田に断言していた(14)。

大蔵にとって、百万戸計画は設立間もない満洲移住協会の活動拡大に直結するものであるから歓迎すべきものであったが、計画そのものは永田が懸念したように、あまりにも急な話で、二、三年後ならともかく、現時点でそれを成功させる基盤は何一つ整っていなかった。

百万戸計画は、満洲移民政策のなかでも最も重要な転換点といわれる。しかし、この計画が浮上した背景については、今なお不明な点が多い。一般的に二・二六事件で移民政策に反対していた高橋蔵相が殺害されたことで、移民政策拡大の障害が取り除かれ、陸軍主導で百万戸計画が実行されたといわれる。しかし、このような見方は短絡的であろう。そもそも百万戸計画は二・二六事件を機に急遽立案されたものなのか、事件前から準備が進められていたものなのかも定かではない。

二・二六事件によって岡田内閣が総辞職し、広田内閣が成立したのが一九三六年三月九日、積極財政派の馬場鍈一が蔵相になり、これまでの歳出抑制の高橋財政を転換し、対満政策の遂行・国防の充実・農山漁村の経済更生などに関しては増税によって実現を図るとの財政方針が示された。しかし、それらを具体化する一九三七年度予算編成に着手したのは五月末である。

一方、関東軍が四月に開催した移民会議で百万戸移住計画の素案ができていたことを踏まえると、馬場蔵相による財政方針転換を受けてわずか一カ月余で百万戸移住計画を立案することは不可能に近い。むしろ、二・二六事件が突発する以前から関東軍内部で百万戸移住計画の立案作業は始まっていたと考えるほうが自然である。

やや煩雑になってきたので、この過程を解明するために、これまでの移民計画の流れを整理しておく必要があろう。そのなかで、満洲移民政策において登場してきた加藤や那須・橋本といった民間人グループや拓務省の官僚以上に重要な役割を果たした政策立案グループ——満鉄経済調査会⒂(経調)の存在、そして最終的な政策決定権を握っていた関東軍の意図が浮かび上がってこよう。

第1章で触れたように、移民政策のきっかけとなったのは、一九三二年一月に開催された「満蒙ニ於ケル法制及経済政策諮問会議」での議論を受けて二月に策定された「移民方策案」「日本人移民案要綱」「屯田兵制移民案要綱」である。ここでは、一五カ年で一〇万戸(第一年度から第五年度は毎年五〇〇〇戸、第六年度から第一五年度は毎年七五〇〇戸)

の普通移民と毎年一〇〇〇人で一〇カ年計一万人の屯田兵制移民が計画されていた。

この案は、那須皓と橋本傳左衛門が積極的移民論を展開した一月の諮問会議を経て策定されたものだが、実際は会議と同じ月に満鉄地方部農務課が策定した「満洲に於ける移民策要綱(邦人の部)」をベースにしていた。この要綱では二〇カ年で一〇万戸(約五〇万人・毎年約五〇〇〇戸)を目標とし、さらに一戸当たり一二町一反(畑作地一二町・宅地一反)を割り当てる計画であった。実際の諮問会議は参加者の意見を開陳させ、移民政策実現の第一歩とする場でしかなく、原案は満鉄によって策定されていたのである[16]。

そして、この会議の最中の一月二六日には満鉄経済調査会が発足する。経調は単なる経済調査機関ではなく、「直チニ実行シ得ル経済計画ヲ立案」することを目的とし、表向きは満鉄の機関だが「満鉄ノ利益中心主義ニ堕スルコト」なく「国家的利益ヲ主眼」とする、関東軍の求めに応じた「企画機関」であった。そして、日満経済一体化のための満洲国第一期経済建設計画を具体化することを目標としたが、そのなかに「大規模邦人移植政策(農業及工業植民政策)」が挙げられていた[17]。

すでに、関東軍と経調のあいだでは、大規模な満洲移民計画が重要な政策として位置づけられていたのである。

その後、国内で試験移民がスタートしたことにともない、九月一三日付で関東軍特務部は「満洲における移民に関する要綱案」を策定した。そこで満洲移民は、武装移民と呼ばれた「特別農業移民」と一般的な移民である「普通農業移民」の二種類へと整理された。そして、短期的には「特別農業移民」に重点が置かれるが、中長期的には「普通農業移民」へ移行し、移民の拡大を図ることが早くも構想されていた。

この構想は、翌一九三三年四月八日付で特務部が策定した「日本人移民実施要綱案」にて具体化された。ここでは、一五カ年で特別移民一万戸（初年度から五年度まで）・普通移民一〇万戸（初年度一〇〇〇戸、二年度二〇〇〇戸、三年度二〇〇〇戸、四年度三〇〇〇戸、五年度四〇〇〇戸、六年度七〇〇〇戸、七年度以降計八万一〇〇〇戸）の合計一一万戸を目標とした。これは特別移民が五年で一万人と期間が短縮されたほかは前年策定された「日本人移民案要綱」と同じである。さらに、これに加えて特務部は「満洲拓殖会社設立要綱案」「満洲移住協会設立要綱案」「満洲農業移民訓練所設置要綱案」も策定し、移民の入植と斡旋を実際に推進する二つの重要機関（満拓・満移）の骨格を明確にした。これら具体案も含めて、実施要綱案はその後の移民政策の方向性を規定したものといえよう。

実は、この「日本人移民実施要綱案」も前々月の二月に満鉄経済調査会第二部第一班（主任佐《さ》藤《とう》義《よし》胤《たね》担当）が立案した「日本人移民対策案要綱」がベースになっていた。しかも、対策案要綱は、満洲国内の理想的とされる移住地帯はすでに既墾地となっていることが正確に認識されたうえで策定されていた。その結果、移住地を確保するためには強制収用もしくは合法的買収以外に手段はないが、現地民の反発や地価高騰の可能性を考えると両方法とも困難であり、残された方法は、未耕地もしくは現地民が少なく土地取得が容易な地域への移住しかなく、その候補地として、吉敦(吉林—敦化)および敦図(敦化—図們)沿線、牡丹江流域および延依《えんきつ》(延吉—依蘭)沿線、松花《しょうか》および烏蘇里《ウスリー》両江中間地帯が挙げられていた。これらは後の大量入植地とほぼ重なる。

その後、土竜山事件の混乱を経て、一九三四年八月二八日付で関東軍は「満洲農業移民根本方策案」を策定し、武装移民から集団的自作農移民に重点を置くことを明確にする。そして、年末に対満農業移民会議(一九三四年一一月二六日から一二月六日)を開催し、根本方策案の検討が行われ最終案が確定する。

会議には加藤・那須・橋本といったいつもの顔ぶれに加えて、鈴木梅太郎(東京帝国大学教授)・木村修三(九州帝国大学教授)・木下通敏(三菱東山農事株式会社)・今吉敏雄(拓務省書記官)・郡山智(満鉄理事・元拓務省拓務局長)・田所耕耘《たどころこううん》(満鉄経済調査会副委員長)・向坊盛一郎(東亜勧業株式会社社長)・遠藤柳作(満洲国総務庁長)ら委員のほか、関東軍移民部の梅谷光貞(委員)や永田稠(幹事)も参加していた。

会議は有識者の意見を踏まえて最終的な政策を決定する場とされていたが、実際は、方策案を立案した満鉄経調の思惑通りに進められ、国内から招聘された委員は方策案にお墨付きを与えるだけのお飾りにすぎなかった。経調は「参列諸員今更乍《なが》ら満鉄調査の広汎、周到なるに驚嘆し居れり」と調査立案能力の高さを自画自賛するとともに、「特に大学教授連は一抱に余る調査資料を得て大悦びの態なり」と那須ら有識者の無邪気ぶりを冷ややかに見ていたのである(18)。

この会議で決定された方策案は、陸軍の同意を得、翌一九三五年には関東軍は満洲拓殖委員会を設置して方策案の具体化を図った。また、これに呼応するかたちで拓務省も五月七日に「満洲農業移民根本方策に関する件」を策定する。ここでは、一九三六年度より一五年間で一〇万戸と移民計画が大幅に拡大されていたが、この目標数値は二年前に関東軍が策定した「日本人移民実施要綱案」で提示された数値と同じであり、実際は関東軍の要綱案を拓務省が追認して日本政府として取り組む姿勢を明らかにしたものにすぎない。

ただし、入植地を確保し移民団に割り当てを行う実行機関がなければ、いくら移民の目標数値を掲げても絵に描いた餅である。したがって、この時期の拓務省に期待されていた役割は、政府内部で移民政策拡大の実行機関(満拓・満移)設立の同意を取り付けて実現を図ることであった。そして、六月一日には拓務省に海外拓殖委員会を設置し、満洲移民の大量送出とそれを可能にする満拓・満移の設立が審議されることになる。

その後、九月には答申案が出され、年末に一九三六年度予算に計上されたことで大量移民の道が拓けたのである。しかし、この段階では具体的な移民送出計画は確定しておらず、拓務省としては一五カ年で一〇万戸、差し当たり既買収地の一〇〇万町歩に五カ年で二万戸を入植させる計画であった。しかもこの計画の原案は関東軍(実質的には経調)が立案していたものであった。それが、わずか半年と経たずに二〇カ年百万戸移住計画へと飛躍するのである。百万戸移住計画では第一期(五カ年)で一〇万戸が目標とされていたが、これは一五カ年で一〇万戸だった計画を三分の一の期間に圧縮したものであった。

この突然変異がどのように起きたのかは不明な部分が多い。そもそも関東軍や加藤・那須ら国内移民推進グループは、満洲国の開発促進と日本国内の人口過剰問題解消を図るために一〇〇万戸または二〇〇万戸の移住を構想しつつも、資金などの現実問題から五カ年二万戸で妥協せざるを得なかったが、二・二六事件によって岡田内閣から広田内閣へ交替したことを機に本来求めていた百万戸移住計画の実現を図ったとする見方もある(『満洲開拓論』)。

しかし、これまで見てきたように五カ年二万戸計画は決して妥協の産物ではなく、関東軍内部で満鉄経調を中心に合理的に立案された政策であった。また、百万戸移住計画は入植地の確保と現地民との関係を考えると非現実的な構想であって、関東軍内部でも一〇〇万戸という数字はこれまであらわれてこなかった。

さらに、これまで移民政策立案の中心であった経調が、「満洲農業移民根本方策案」策定まで関与していたことは明らかであった。しかし、実質的に関東軍の組織であった経調は、一九三四年七月までにこれまでの満洲経済政策関連の立案作業が一段落し、同年後半にはやがて本格化する華北分離工作に呼応するかたちで華北へ活動の場を移していった。それにかわって同年一二月には満洲国国務院実業部に臨時産業調査局(産調)が設置され、開拓適地調査を含む北満資源調査が経調から移管された(産調は一九三七年七月廃止)。

人材的にも産調が経調に依存する構造は変わらなかったが、産調設置以降、経調は満鉄の一組織としての性格を強め、従来の関東軍との関係にも変化が生じていった。また、経調を実質的に創り上げた宮崎正義が、石原莞爾の参謀本部作戦課長就任に合わせて東京で日満財政経済研究会を組織し、日満ブロック経済確立に向けて総力戦体制構築に邁進し始めると、経調の関心は移民のような個別的問題より総合的かつ包括的な満洲国の経済開発へと向かっていったのである。

6　日ソ軍事バランスの崩壊と百万戸移住計画の浮上

これまで移民政策において一致していた経調と関東軍との認識は、一九三五年末には乖離が顕在化していた。それは、百万戸移住計画が浮上する同時期に経調が構想した「北満農地開拓会社」をめぐる議論でうかがえる。

一九三五年八月、経調第二部第一班主任の佐藤義胤が「国鉄を中心とする満洲農業開発方策要綱案」を未定稿として作成した。佐藤は満洲移民政策の方向性を規定した「日本人移民実施要綱案」の原案を作成した人物である。そして、この未定稿を基に同じ第二部員の藤原賢一が翌月に「北満農地開拓会社」設立を計画、年末までに「北満農地開拓会社設立要綱」の原案が完成した。

この要綱案は、朝鮮を中心に土地経営を行っていた国策会社である東洋拓殖株式会社の満洲版ともいえる北満農地開拓会社を設立し、北満(主に北黒・洮索・平斉地方)に一五年間で一五〇万町歩の農地を取得し、そのうち三分の一にあたる五〇万町歩は日本人用として満拓へ分譲、残りは会社直営として現地民と朝鮮人用の小作地とするとしていた(19)。

経調は、のちの満洲産業開発五カ年計画に繋がるような大規模かつ総合的な満洲の開発計画を構想していた。その一環として、北満開発を目的とする特殊会社を設立しようとしたのである。経調の意図は、一九三五年一二月に開催された関東軍経済調査会懇談会(第三回)における、提案者の奥村慎次(第二部主査)の次の発言に明瞭となっている。

奥村は、この要綱案は経調で決定されたものではなく、あくまでも私案であると断ったうえで、満洲農業は大豆などに見られるように市場依存性が強く、貿易港から遠い北満は地理的にハンディを背負っているので、強力な政治主導による開発が必要である。それに加えてソ連との国境に接しているため、人口増殖と耕地開発は治安上も急務である。これらの目的を達成するために北満農地開拓会社の設立を構想したという。

この懇談会では、奥村の提案を受けて活発な議論が行われたが、結論としては満鉄(経調を含む)と関東軍とのあいだの北満開発をめぐる認識の相違が明らかになったといえる。すなわち、満鉄としては、「国線」と呼ばれる満洲国から委託経営を受けた鉄道路線の多くが北満に集中していたが、経営的には赤字であった。そこで、農業開発を進め農産物の出荷量を増やすことで鉄道運賃収入を増加させたいという思惑があった。ただし、農業開発を進めるためには農業労働力を移入しなければならない。奥村は労働力の主力は満洲国内、そして山東半島からの漢人移民であり、これらの移入を積極的に図るべきと主張した[20]。

満洲では事変前から山東省を中心とした華北から移民が流入し、事変後も農業労働力(工業労働力も)を華北に依存する構造は変わらなかった。関東軍は治安維持の観点からこのような山東移民流入を制限し、日本人移民の増加を図ろうとしていたが、日本人移民の増加は遅々として進まず、農業開発を進めれば進めるほど山東移民の需要は高まるという矛盾に陥っていた。

事実、本格移民前に東亜勧業が北満で買収した土地一〇〇万町歩にも漢人移民が早くも入り込み、日本人移民が急がれる一因にもなっていた。

満鉄鉄道総局次長の伊沢道雄は、将来予想として国線である北黒線(北安—黒河)は一て、このままでは経営が成り立たない。索温線（索倫―哈倫阿爾山《ハロンアルシャン》《阿爾山温泉》）も同様の赤字であって、このままでは経営が成り立たない。事変前後は中国本土から年間一〇〇万人の移民を数えたが、現在は移民が制限されているため、奥地人口が増加せず開発も進まない。満鉄にとって北満開発は「必死ノ問題」であるから、早急な具体策を採ってほしいと要望した。

奥村も日本人移民だけに依存していては北満開発は進まないと主張したが、その根底には、「満洲ハ漢民族ニヨッテ一色ニ塗ラレテヰル土地」であって、「日本人タケノ地域ト謂フモノハアリ得ナイ」との認識があった。これに対し、関東軍参謀部第三課第三班の鈴木栄治主計は漢人主体の急速開発に否定的で、あくまでも日本人移民主体にこだわり、同班の秋永月三中佐もこのような積極的開発策を急ぐ理由が分からないと述べ、国線の経営救済のための計画では駄目だとの立場であった(21)。

結局、「北満農地開拓会社案」は、一九三六年二月までに何度か改訂が加えられ、三月には経調委員会で可決された。しかし、百万戸移住計画が実施されることが決まった後の一九三七年二月に構想案そのものが解消され、実際には実現されなかった。満洲の歴史的経緯と漢人労働力に依存せざるを得ない現状を前提として、経済的合理性から漢人を活用した北満開発を進めようという満鉄と政治的・軍事的思惑によって日本人主体の北満開発を進めようという関東軍との方針の違いが、この頃に明確になっていた。そして、建国初期に人材と資金の供給源として重きをなしていた満鉄とそれに依存せざるを得なかった関東軍との関係も一九三五年以降、大きく変化していた。対満事務局設置によって、関東軍は満鉄監督権を掌握したことに加えて、同じ頃から満洲国に国内官庁から転入する官僚が増加、満洲国の財政的・経済的自立化も進み、これまでの資金と人材の供給源であった満鉄への依存度は相対的に低下していった。事変直後の関係は逆転し、満鉄の関東軍への従属性が強まっていたのである。

このような政治状況のなかで、百万戸移住計画は浮上した。これまで移民政策を主導的に立案してきた経調がこの計画に積極的に関与した形跡は見られない。計画は軍事的要請のなかから生まれたもので、その中心は関東軍参謀部第三課であった。そして、それを急がせたのは、満洲国をめぐる軍事環境の急激な変化であった。

前述したように一九三五年は政治的には関東軍・陸軍が満洲移民政策の主導権を握った転換点であったが、軍事的には日ソ軍事バランスが崩れ、極東ソ連軍に対して関東軍の劣勢が明らかになった年でもあった。

満洲事変直後から関東軍は満洲国内の治安粛正に忙殺されていたが、その一方で、満洲国の出現にもっとも危機感をいだいたのがソ連であった。事変直後の日ソ軍事バランスは日本側に有利で、ソ連は日本に対して不可侵条約を提議して極東の安全保障を図ろうとしていた。中東鉄道の売却もその延長線上にあったのである。

しかし、ソ連はそれと同時に極東方面の兵力大増強に取りかかり、一九三四年六月頃には極東ソ連軍の総兵力は二三万と推定されるほどになった。この兵力は当時の日本陸軍の全兵力(平時)と同じであり、そのうち関東軍の兵力はわずか五万、朝鮮半島に駐屯する朝鮮軍をあわせても極東ソ連軍の三割にも満たなかった(『大本営陸軍部〈1〉』)。

さらに、一九三五年になると戦力差はますます拡大し、関東軍による対ソ攻勢作戦はおろか防衛作戦さえ危ぶまれるようになった。結局、関東軍の軍備増強と有事の際の日本国内からの兵力輸送能力の向上を急務とすると同時に、現地における作戦実施に必要な人的・物的動員体制の強化が急がれるようになった(『関東軍1』)。

こうしたなか一九三六年一月、満洲移住協会理事の広瀬寿助予備役陸軍中将が一つの意見書を作成した。ここでは、満移と満拓が満洲移民に関する重要事項について速やかに協定を結ぶことを求めていたが、具体的には、①移住者の規模は「百万家族」を目標とすること、②一五〇〇万町歩の土地の確保を図ること、③移民は二五歳以上五〇歳以下、一〇年以上の農業従事者、身体堅固者、妻帯者、非土地所有者または僅少な土地所有者であること、④移民を国策として位置づけ、移民には当分のあいだ他の国策を「強要」せず、なるべく他の義務も課さず、予後備役兵には勤務演習召集を免除すること、⑤移民募集地を限定しないこと、⑥移民および指導者に対する訓練について理念・方針を決定すること、⑦今後は集団移民とし、土地を分割支給すること、⑧日本人と朝鮮人の移住地を決定して朝鮮人の「乱離ナル進入」を防止すること、⑨移民方式は複数にして宗教団体などの移民事業も同様の援助を与えること、⑩一九三五年七月に作成された拓務省の「北満ニ於ケル移民ノ農業経営標準案」は再検討する必要があること、以上一〇点の条項を挙げていた[22]。

広瀬は、満洲事変の際に第一〇師団長として作戦を指揮した経歴を持つ。しかも、佳木斯方面で第一次武装移民団の入植地買収を行ったのはこの師団であり、土竜山事件拡大のきっかけとなった第六三聯隊は第一〇師団の指揮下にあった。

一九三四年三月に第一〇師団が帰還すると広瀬は予備役となったが、これまでの功績を買われて満移の理事に就任、一九三七年四月に満洲電信電話株式会社総裁に就任して協会を離れるまで、大蔵を支える実質的な副理事長として協会内部の組織づくりや活動方針に中心的な役割を果たしていた。この広瀬の意見書は二・二六事件以前に作成されたものだが、同時期に広瀬は全国経済調査機関連合会東京支部会において、国防・人口問題・経済開発のうえから一〇〇万家族を送出目標として大規模な計画移民を実行すべきと主張していた[23]。

広瀬のこのような考えは、半年前の一九三五年七月に行われた栃木県農会主催の農会技術員講習会において早くもあらわれていたが、広瀬を中心とする満移の移民拡大論は、関東軍が策定する百万戸移住計画案に何らかの影響を与えていたと推測される[24]。

また、内務省の外郭団体であった人口問題研究会でも一九三六年三月二四日の理事会で人口問題解決のために「満洲移民事業ノ国策的重要性ヲ確認シ、之ニ応ズベキ大規模且ツ周到ナル計画ヲ樹立実行」するための建議案を政府に提出することが承認されたが、この原案は理事の那須皓によって作成されたものであった(25)。

人口問題の権威である那須は、この研究会にも深く関わっていたが、過剰人口の解決策として満洲移民を位置づけたことは、その実効性はともかく、社会問題を扱う内務省にとっても満洲移民政策に関与する大義名分となるものであった。

満洲移民政策は、すでに移民政策として関与していた拓務省に加えて、農村政策として農林省、社会政策として内務省(のちに厚生省も)、教育政策として文部省、産業政策として商工省と、それぞれの官庁にとっても権限(＝縄張り)拡張のチャンスとなるものであった。事実、国策として大規模化するにつれてこれらの官庁は積極的に満洲移民に関与していくのである。

このように、百万戸計画は、経調が満洲国内の経済開発中心の視点から立案してきたこれまでの移民政策とは異なり、満洲移住協会を中核とした日本国内の移民推進グループの政治的動機が絡み合うなかで、対ソ軍事的要請を優先とする関東軍参謀部第三課によって策定され、省益拡大のチャンスと捉えた国内行政官庁が積極的に呼応していったことで国策となったといえよう(26)。

政治環境の変化と複雑な過程を経て、「満洲農業移民百万戸移住計画案」が生まれた。計画案の大要は以下の通りである。

①二〇カ年で約一〇〇万戸(五〇〇万人)の日本人農民の入植を図ること
②移民は農民に限らず漁業や山林業に従事する者や、都市失業者までも対象とすること
③移民用地は満洲国政府が整備し、現地民との関係を考慮して、逆産土地を含む国有地・公有地・不明地主の土地・その他未利用地を優先的に充当すること
④移民は政府主導の甲種移民と、民間主導の乙種移民の二種類とし、甲種移民を要所に配置すること
⑤五カ年を一期として第一期一〇万戸(うち甲種七万戸)、第二期二〇万戸(うち甲種一二万戸)、第三期三〇万戸(うち甲種一四万戸)、第四期四〇万戸(うち甲種一八万戸)を予定すること
⑥政府は甲種移民に対し渡航費・農具・家屋および土地購入などのため一戸当たり一〇〇〇円以内の補助、乙種移民に対し渡航費・土地購入のため一戸当たり三〇〇円以内の補助を、満拓は移民に対し低利の融資を行うこと
⑦日満政府は計画実施のための資金を民間から誘致するよう努めるとともに、必要ならば不足財源を公債に求めること。ちなみに計画実施に必要な資金の概算は、第一

期二億円(うち政府補助金七二〇〇万円)、第二期三億八〇〇〇万円(うち政府補助金一億三二〇〇万円)、第三期五億四〇〇〇万円(うち政府補助金一億六〇〇〇万円)、第四期六億八〇〇〇万円(うち政府補助金一億九二〇〇万円)

関東軍が立案した移住計画案は、陸軍の同意を経た後、拓務省を通してほぼ関東軍案のまま「百万戸送出計画」として広田内閣の閣議に提出された。そして、関東軍司令官から陸軍大臣を通して、「内地人大量移民政策」は「在満兵備ノ増強問題ト共ニ現下ニ於ケル我カ対満政策ノ二大国策」であるので、「日満不可分関係ノ実質的強化並ニ国防上ノ重要性等ノ見地」から速やかに政府の国策として決定するよう要求が伝えられるなか(27)、満洲移民政策は広田内閣の七大国策の一つとして位置づけられたのである。

関東軍は対ソ兵力劣勢を補うために、大量の人的戦力と有事の際の軍事拠点を満洲国内で確保しなければならなかった。そのためには、ソ連軍の攻撃を受けた際に動員できる日本人移民を大量に入植させ、軍事補給拠点となり得る移民村をソ満国境周辺に増設することが急がれたのである。すなわち、関東軍にとって日本人移民を中心とした北満開発は、満洲国の発展という経済的理由以上に対ソ戦という軍事的理由から急務となっていた。

さらに、一九三五年八月に石原莞爾が参謀本部第一部第二課長(作戦担当)に着任してから日満一体化の具体策が急がれていた。石原は、対ソ作戦を意識して単純な軍事力増強ではなく、強力な国家経済力を基礎とした国防力強化を唱え、満鉄経済調査会員で石原の経済ブレーンであった宮崎正義を中心に日満財政経済研究会を東京で組織させ、総力戦体制構築に向けた日満一体の産業開発計画の立案を進めていった。

一方、広田内閣で七大国策が決定されるのと同時期の一九三六年八月一〇日、陸軍省と関東軍とのあいだで「満洲国第二期経済建設要綱」が決定され、そのなかで漢人移民の制限とともに「大和民族ノ大量的移住国策ヲ樹立スルコト、即チ二十年間百万戸ヲ目途トシ、第一期五年間ニ自由移民ト集団移民ト合計十万戸ノ移住ヲ実施スルコト」が明記され、ここに満洲移民政策は日満両国の国策として強力に推進されることになった(『満洲建国十年史』)。

そして、この要綱は一一月に「満洲産業開発五カ年計画」として具体化され、翌年度からスタートすることになる。さらに、これに対応するかたちで日本国内用として重要産業五カ年計画の立案が始まり、日満一体の総力戦体制の構築が本格化しつつあった。

こうした流れのなかで、満洲移民は単なる農村救済の一方策ではなくなり、総力戦体制を支える重要な「国策」の一つと位置づけられるようになった。しかし、皮肉なことに本格移民が開始される一九三七年度以降、関東軍とソ連軍との戦力差は縮まるどころか拡大の一途をたどっていく。しかも、同年に開始された日中戦争が、始まったばかりの国策をつまずかせる要因となるのである。

第4章

経済更生運動と分村計画の結合

満洲分村移民に踏み切った大日向村を特集した『アサヒグラフ』第31巻第4号(1938年7月)より

一九三七年度から満洲産業開発五カ年計画と同時に百万戸計画が始まった。国策となった満洲移民の成果をあげるために、中央官庁と地方との連携強化が図られることになり、拓務省は内務省や農林省との連携を築きながら、地方に対して積極的な送出を求めていった。一方、農林省は経済更正計画による農村建て直しを図っていたが、土地所有制度を改革しなければ実績はあがらないという矛盾に陥っていた。また、省内でも満洲移民に対しては消極的意見が強かった。

そうしたなかで農林省経済更生部長の小平権一は関東軍顧問として満洲国の農業政策に関与するようになり、関東軍と農林省との関係強化の橋渡し役となった。また、次官を退任した石黒忠篤が理事長となった農村更生協会では、杉野忠夫が中心となって農家適正規模論を基にした分村計画を構想するようになった。そして、長野県大日向村による分村計画が社会的に注目を浴びるようになると、農林省も積極姿勢へと転換、ついに経済更正計画と分村計画が連結することで大量移民送出のメカニズムが完成した。

一方、関東軍は有事の際の兵力補充の観点から青少年を対象とした移民を計画する。これに加藤完治の構想が絡み合い「満蒙開拓青少年義勇軍」が誕生する。しかし、義勇軍制度は当初から軍事目的であって本来の移民政策からはかけ離れた異質なものであった。

1　農林省と満洲移民政策

農林省において、経済更生運動の実現に大きな役割を果たした石黒忠篤は、一九三四年七月に次官を退官し農林省を去っていた。石黒退任の要因となったのは、外地米移入をめぐる政治対立であった。

石黒は、大正期に地主による意図的な米価つり上げを防止するため、植民地であった朝鮮や台湾から米を内地に移入して米価を調整しようとした。そして、米価下落に反対する内地の抵抗を押し切って外地米移入を実現させた。しかし、これを機に植民地では米穀増産が拡大、満洲事変後になると大量に外地米が内地に移入されるようになり、米価は暴落、これが農家経営の悪化に繋がってしまった。石黒は米価安定のために今度は外地米の移入を制限しようと図ったが、米穀増産を進めようとする朝鮮総督府・台湾総督府の猛烈な抵抗に直面した。

首相の斎藤実は元朝鮮総督、農林大臣の後藤文夫も前台湾総督府総務長官であったことから、石黒は両総督府の反発が抑えられることを期待した。しかし結果は逆で、斎藤らは総督府側に立ったため、失望した石黒が岡田啓介内閣成立直後に辞任することになったのである。

こうして、石黒は自らが手がけた経済更生運動が軌道に乗りつつあった時期に農林省を去ることになった。彼の部下らは無官となった石黒を気遣い、農林省の外郭団体として経済更生運動を全国規模で推進することを目的に設立した農村更生協会の理事ポストを用意して、運動への影響力を維持できるように図った。

農村更生協会は、一九三四年一〇月二九日に設立された社団法人で、三井・三菱・安田の財閥系の寄付金と農林省の補助金をあわせた五〇万円が設立資金となっていた。協会の役員には那須・小平のほかに青年団運動の旗振り役であった田澤義鋪《たざわよしはる》(日本青年館・大日本連合青年団理事長)と田澤に近く後藤文夫前農相の秘書官であった橋本清之助が、監事には橋本傳左衛門と有馬頼寧が就いた。そして、協会職員には那須と橋本傳左衛門の門下生が集まった。

協会は当初、経済更生運動を民間側から自発的かつ強力に推進しようというものであって、とくに農家簿記の普及による家計建て直しや村の青年層を通じた経済更生計画の実地指導などに力を入れていた。しかし、満洲移民が国策となるにつれて当初の活動から、農家経営の適正規模研究に基づいた分村計画の提唱へと変化していくことになる。

一方、石黒次官の下で経済更生部長であった小平は、一九三四年七月八日に岡田内閣が成立した後も留任し、山崎達之輔《やまざきたつのすけ》農相のもとで経済更生運動の強化を図った。とくに救農議会で予算化された時局匡救土木事業費を転用した農村経済更生特別助成施策を大蔵省に認めさせたことで、これまで資金不足から計画が滞りがちであった各町村への低利融資を実現し、一九三六年度から三年間で毎年五〇〇町村に特別助成を行うことになった(『小平権一と近代農政』)。

この特別助成制度は、経済更生運動の推進力になったばかりではなく、のちに農林省が町村を通じて満洲移民政策に影響力を及ぼすうえで重要な役割を果たす。

こうしたなか、小平に対して関東軍が顧問就任を要請してきた。一九三六年九月二一日、小平は経済更生部長のまま関東軍顧問となって満洲国へ渡った。当時の農林省内では、農民が満洲へ集団移住することに対して批判的な空気が強く、とくに農林省の中枢部局である農務局と米穀局で根強かった。その理由は、ただでさえ朝鮮や台湾からの米穀移入が問題となっている時に、満洲へ渡った日本農民が生産する米穀が日本内地に輸出された場合、外地米以上に制限することは難しく、結果的に米価の下落を招き内地の農業を圧迫すると危惧されていたからである(『小平権一と近代農政』)。

このような考えを持つ代表的な幹部が米穀局長で「米の神様」と呼ばれていた荷見安《はすみやすし》であった。農林省内で一貫して米穀政策に関わってきた荷見は、米穀の過剰生産をおさえて米価を安定させることにこだわり続けていた。そのため、満洲の米穀生産拡大に繫がる日本人農民の大量入植に批判的で、満洲移民へと傾斜していく経済更生部とはまったく逆の立場をとっていたのである。

農林省は、石黒や小平のような生え抜きの幹部よりも荷見のような内務省出身の幹部が多く、組織として一枚岩ではなかった。農家負債整理に対しても農務局農政課と経済更生部の捉え方は異なっており、小平が獲得した特別助成制度に対しても農務局耕地課からはバラ撒きとの批判があがっていた。実は一九三四年に東北地方は冷害による大凶作に見舞われ、西日本では大雨による水害が深刻な被害をもたらしていた。国内的には東北地方に対する重点的な振興策や全国的な河川改修が喫緊の課題となっていたのである。

さらに、満洲移民に関しても対満事務局に農林省から出向し満洲の事情に通じていた角替吉平《つのがえきっぺい》が批判的な意見を本省に伝えており、その後に展開される分村移民に対しても、耕地課は河川改修による災害対策と水利系土地改良事業を中心とした国内開拓優先を主張した。また、大蔵省との繋がりが深く国際経済論的な発想が強かった農政課の若手官僚のあいだでは、満洲よりも国内開発に投資し、農村の過剰人口を大都市の新興産業に吸収させるとともに都市部での農産物消費の拡大を図るべきとの意見が強かった。(1)

一方、小平の経済更生部では更正計画を立てるにしても農家が過剰で、零細経営は免れないという限界に直面していた。さらに、商工業界の景気回復によって労働賃金が上昇し始めると農村経済の建て直しは急務となり、生活改善などではなく、より具体的な速効性が求められるようになってきていた。

実は、経済更生運動が目指した農村近代化や協同組合化も、マクロレベルでは強固な地主制を基盤とした土地問題、ミクロレベルでは昭和期以降顕在化した中小地主・上層自作農の経済的没落を解決しなければ、中途半端なものとなることは予想されていた。しかし、そのためには一切の政治的妥協を排除した政治権力によって、強制的に土地所有制度を改革して富の再分配を行い、農民意識の近代化を強行しなければならず、そのような改革は社会の根底を覆す「革命」にほかならなかった。

このように、経済更生運動が本質的な部分において限界を抱えていることは、生みの親であった石黒自身も内心では気づいていた。戦前から戦後にかけて日本の農業政策に大きな役割を果たした農林官僚の多くは、石黒がその才能を見出し育てた者たちであった。腹心の小平はもちろん、正反対の立場にあった荷見の才能も評価しており、のちに石黒が農相になった際に荷見は次官に抜擢される。自己のことしか考えない並の官僚と違って名伯楽ともいえる石黒の下には、戦後の片山哲内閣で経済安定本部長官となり、その後は社会党の代議士になる和田博雄のような異質な人材もいた。とくに、和田は早くから経済更生運動が土地問題を解決しない限り成功しないことを見抜き、それを公言していた数少ない農林官僚であった。しかも、石黒もその考えに内心では同感する手紙を送っていたのである(『石黒忠篤の農政思想』)。

しかし、現実はそれを可能とする状況ではなく、「革命」によらないで土地問題を根本的に解決する方策を考えなければならなかった。その唯一の方策が日本の外に土地を求めることであり、その外とは満洲しか存在しなかったのである。このように、経済更生運動の実効性を求めれば求めるほど満洲移民という選択肢は魅力的なものとなっていった。

また、経済更生運動はその実効性はともかく、全国津々浦々にまで農民の組織化を進めたという効果はあがっていた。なかでも、負債整理など金融面で運動の一翼を担うことを期待された産業組合に関しては、一九三二年に産業組合法が改正されて産業組合拡充五カ年計画が開始されると、金融を通じてこれまで弱体であった農民の組織化が強化されていった。さらに一九三三年には米価の安定を図った米穀統制法が制定されたことで、全国の農会を通じて米の流通がコントロールされるようになり、農民の農会への依存度が高まっていった。

経済更生運動は、必ずしも十分に成果をあげられなかったが、農民の組織化によって国・地方を通じて農民個々人を統制するシステムを作り出すことは成功していた。そして、このシステムが満洲への大量移民実現に不可欠な役割を果たすことになる。

関東軍顧問となった小平は、一九三六年九月二七日に着任するや満洲国の農業基本政策となる「満洲農業政策要綱」の策定に取りかかり、関東軍側との協議を重ねながら一カ月半後の一一月一〇日に脱稿した(『小平権一と近代農政』)。

小平は満洲国の農業政策の根本方針を定めることで、農林省と満洲国とを繋ぐ役割を果たした。以後、小平は新京と東京を何度か往復するが、一九三七年二月に経済更生部総務課長であった五十子巻三が満洲国実業部農務司長として着任すると、要綱に基づく実務的な作業は五十子を中心に進められていった。

この要綱は、一九三七年五月に開催された農業政策審議委員会で正式決定となった。審議委員会は関東軍参謀長東条英機が委員長であったが、実際は小平が代理を務め、委員も石黒・加藤・那須・橋本らいつもの顔ぶれであり、小平の原案がほぼそのまま委員会答申となった(2)。

要綱では、まず地籍制度の確立によって耕作者である農民の権利を確保して農業経営の安定化を図ることを謳い、将来的には「相当革新的」な土地制度の樹立を目標としていた。さらに、行政組織と連動した農事協同組合による農民の組織化、農民道場における農民指導者の育成、指定村を設けることと合わせて模範的日本人移民村を建設してその成果を満洲農村に普及、零細農民への無担保金融機関として農事協同組合を活用、農事協同組合による農具・種子の配給と農産物改良増殖の奨励および主要農産物の生産販売の統制、農産物輸出の国家管理などが掲げられていた。

これは、小平が農林省で尽力してきた経済更生運動の満洲版ともいえるものであり、日本内地では手が付けられない封建的土地所有制度の解体を目指している点では、ラディカルな一面もあったが、一方で日本内地以上に強力な国家統制が働く仕組みになっている点において、農業経営の経済的自立性や農民個々人の主体性は著しく制限されていた。しかも、不可思議なことに要綱作成の際には議論されていた日本人移民は、できあがった要綱にはほとんど反映されておらず、対象は現地民に限られていた。

日本人移民政策は、あくまで関東軍の専管事項であって、農林省が主体的に関与できる余地は当初から限られていたのである。小平は満洲移民政策にも深く関与できると考えて関東軍顧問を引き受けたが、やがて自身がいだく構想と関東軍が求める現実とのギャップに苦しむことになる。

そもそも小平の顧問招聘が浮上したのは、一九三六年五月二八日、軍顧問の更新について関東軍が陸軍省の承認を求めた際であった。その時の計画では、農林省(小平)のほかに大蔵省・商工省からも人材供給を求めるとともに、小平には彼ら関東軍顧問団の「統制」的役割を果たすことも期待されていた。その一方、これまで顧問として拓務省と関東軍とのパイプ役を果たし、百万戸移住計画策定にも関与していた稲垣征夫については、「機ヲ見テ解任」する方針であった(3)。

すなわち、百万戸計画実現を境に関東軍は、移民政策は一つの区切りを迎えたと判断、国内基盤が弱い拓務省よりも農業技術や実務に精通し、地方とのパイプも深い農林省との関係強化に軸足を移そうとしていたのである。

関東軍にとって、満洲事変以前と比べて目立った成果のあがっていない農業生産力を拡充することは急務で、産業開発五カ年計画でも農業部門は重要な柱とされていた。移民政策はすでに国策として軌道に乗った以上、有事の際の兵站物資供給源となる農業生産力を高めるため、農村再編や農民の組織化、さらには土地改良や干拓による農地拡大、農業技術開発などで農林省が持つノウハウを必要としていたのである。石黒直系で農林省本流ともいえる小平を招聘したのは、彼を通じて農林省との関係を強化し、彼の部下らを満洲国へ呼び寄せるためであった。しかし、それはあくまでも満洲国の農業政策のためであって、小平らがもっともこだわっていた日本内地の農村問題解決は、関東軍にとって関係のないことであった。

小平は中将相当の待遇を受けたが、実際の関東軍の態度は「慇懃《いんぎん》無礼」であった。第四課の参謀が「おい小平、何か案はないか」といって部屋にやってくるような次第で、しかも秘密主義のため実質的な部分は軍が独り占めしていた。農業政策審議委員会での政策決定後、顧問の具体的な仕事はなくなり、小平は内地から優秀な人材を満洲国へ呼び込むためだけの存在でしかなかった(4)。

しかし、小平は経済更正計画では増えすぎた農家の零細経営を改善するには限界があり、満洲移民によって打開するしかないと考えていた。そのため、一九三八年九月に農林次官になっても関東軍顧問の肩書きは残し、一九三九年五月に次官辞任後は満洲糧穀株式会社理事長として再び渡満、その後も興農合作社中央会理事長(初代)を兼任、一九四一年三月の満洲国経済顧問を経て八月には満洲国参議となった。一九四二年四月に長野県三区から衆議院議員に当選して帰国するまでの三年間、満洲国農政界の中心的存在となり、満洲移民政策にも大きな影響を与え続けた(『小平権一と近代農政』)。

2　大量移民送出と中央省庁の関与拡大

百万戸計画が一九三七年度から開始されるのに合わせて、送出側の満洲移住協会は同年四月に財団法人となって組織的な拡充整備が行われた。満移の一九三七年度計画では、五カ年計画第一期一〇万戸送出のスタートとして六〇〇〇人(第六次集団移民五〇〇〇人・自由移民一〇〇〇人)が目標とされていたが、実質的には前年度に第六次集団移民の先遣隊(団長、農事・畜産・警備各指導員以下五〇人から六〇人の若手が中心。本隊の二割程度)としてすでに送出されていた一〇〇〇人を差し引いた本隊四〇〇〇人と一九三九年度送出の第八次移民先遣隊三〇〇〇人をあわせた集団移民七〇〇〇人、自由移民一〇〇〇人の合計八〇〇〇人、すなわち前年度比二倍以上の移民を募集しなければならなかった(第七次先遣隊二〇〇〇人は前年度募集済み)。

集団移民の場合、一挙に移民団（二〇〇戸ないし三〇〇戸から構成）を送り込むのではなく、まずは本隊の先遣隊応募者が各府県で銓衡訓練を受け、合格者は一カ月のあいだ茨城県の日本国民高等学校または各府県の内地訓練所で行われる精神・技術訓練を経て先遣隊として選抜され満洲へ先発、現地訓練所で教育訓練を一年受けた後、本隊到着一年前に満拓が用意した現地に入植、本隊の受け入れ準備を行うことになっていた（先遣隊入植は紀元節の二月一一日が通例）。このように、現地訓練所で教育訓練を一年間受けるため、先遣隊の実際の渡満は本隊入植の二年前となる。すなわち、大量移民計画がスタートした一九三七年度は、第六次本隊・第七次先遣隊・第八次先遣隊が混在する状態で慌ただしく行われたのであった。

ちなみに、全国に設置された内地訓練所は、農林省が経済更生運動で設置していた農民道場を活用し、拓務省が設置助成金を交付、農林省は訓練責任者の人選を行った（大半が地方農林主事または農林技師）。一九四〇年度までに北海道を除くすべての府県に訓練所が設置された。

このように移民送出のスケジュールが決定していったのに合わせて、満移は大規模移民送出のために東日本に偏重していた募集を全国的に均等化するため、これまでほとんど移民が送出されていなかった二九府県において、町村長・青少年学校長に加えて、農会・産業組合・在郷軍人分会・方面委員・処女会・婦人会といった町村内で組織されていた各種団体の代表を集めて積極的な宣伝活動を開始した。

ちなみに、百万戸計画策定と同じ年に日独防共協定が結ばれたが、これを記念して日独合作映画「新しき土」が制作された。原節子の初主演作となった作品であり、全国的に大ヒットを記録したが、そもそも国策映画としてのタイトルが示す通り、この映画のラストは原節子が夫となった主人公と満洲へ移民団として渡るという筋書きであった。鍬を握ったこともない良家の子女が移民として満洲へ渡る——それは、貧しい農民の救済という当初の意図からかけ離れて、国策となった満洲移民は国民すべてが対象となることを暗示していたのである。

満移は宣伝活動を活発化させるだけでなく、さらには全国を九つのブロックに分け、東北三県、東山（山梨・長野・岐阜）・中国・九州各二県、関東・北陸・東海・近畿・四国各一県を選別し、各選別県内から数十の町村を集中村に指定、移民送出を積極的かつ計画的に働きかけるようになっていった（『満洲開拓史』）。

この集中村は、すでに一九三六年度末の経済更生計画のなかに満洲移民を組み入れている村が半数を占めていたことから分かるように、早くも満洲移民送出は経済更生計画と密接に連動しており、経済更生運動の推進組織である農村更生協会との強固な協力関係が前提となっていた。

さらに、大規模移民送出の課題となるのが、移民団の中核となる指導員（団長・農事指導員・畜産指導員・警備指導員）をいかに効率よく大量に育成するかであった。国内よりも過酷な環境となる移住地での農業経営の成否は、指導員の能力に大きく左右される。満移は指導員養成を拓務省から委託されており、国内では日本国民高等学校、満洲では哈爾浜訓練所で指導員の育成を図った。

こうして満移を中心に移民送出が整備されていったが、受け入れ側となる満洲国においても満洲拓殖株式会社が一九三七年八月に日満両国政府合弁の特殊法人満洲拓殖公社（資本金五〇〇〇万円）となり、移住用地の取得を急ぐことになる。なお、満拓の新しい総裁は株式会社時代からの坪上貞二が続投、理事には管理局長時代に試験移民実現に主導的役割を果たした後に石川県知事になっていた生駒高常が就任した。

送出側の満移と受け入れ側の満拓の組織拡大が図られたことで満洲移民送出の基本的メカニズムは整ったといえる。さらに、これをより強固にするために日満両国政府の関係官庁の機構拡充が行われた。

拓務省はすでに拓務局東亜課が主管となっていたが、一九三七年四月から東亜第一課（移民の保護指導・助成）と第二課（宣伝・募集・訓練・輸送）に拡充が図られ、翌年四月には総務課が新設されて予算関係と満拓の監督事務を扱い、東亜第一課（一般開拓民の計画樹立・宣伝・募集・訓練）と第二課（青少年義勇軍）と合わせて三課体制となった。

また、満洲国でも主管であった民政部拓政司の拡充が一九三七年五月に行われ、総務・管理・第一拓政・第二拓政の四科制となった。これに合わせて大量移住先となる龍江省・浜江省・三江省の各民政庁内にも拓政科が設置され、移住受け入れ体制の強化が図られた。

このように、移民関係機関の体制が整ったことで大量移民送出がいよいよ可能になっていったが、これに加えて政策に関与する国内省庁も拡大していった。省庁にとって政策に関与すればするほど省益(縄張り)は拡大し、政策への影響力も拡大する。政府の国策として位置づけられた満洲移民政策に関与すれば、それに応じた予算配分に与ることができ、結果的には省益の拡大に繋がる。そして、一度拡大した省益は縮小されることはないのが日本の官僚制度の特質でもある。こうして満洲移民政策はもはや後戻りのできない国策として固定化されるのである。

満移と満拓の拡充、拓務省と拓政司の拡大はそれぞれ重要な政策上の意義を持っていたが、それだけで国内から移民を大量に送出できるほど事は単純ではない。国内基盤が脆弱な拓務省が地方行政組織(府県・町村)を動かすためには、内務省の協力が不可欠であった。一九二九年の新設から一〇年も経たず、自前の幹部が育っていない拓務省は、中堅幹部以上は内務省や大蔵省など他省庁出身者で占められており、満洲移民政策に深く関与した生駒高常や小河正儀、今吉敏雄らは内務省出身であった。このようにもともと拓務省と内務省は人的な繋がりが深かったのである。

拓務省は一九三六年末に内務省と協議を行い、満洲移民の募集と送出に関して緊密な連携を図ることを申し合わせた。そして、一九三七年五月に開催された地方長官会議で、河原田稼吉《かわらだかきち》内相から府県知事に対して満洲移民政策を内務・拓務両省と協力して積極的に推進するようにとの訓示が行われた（『満洲開拓史』）。さらに、会議では内務省に続き拓務省と農林省からも満洲移民への尽力が指示された(5)。

毎年東京に全国の知事を集めて開催された地方長官会議は、中央政府の方針と指示が地方庁へ直接伝達される重要な会議であった。以後、地方長官会議では毎年満洲移民への協力が取り上げられた。それに合わせて、内相の地方視察の際には県内での募集状況や取り組みが報告され、府県側からも積極的なアピールが行われていったのである(6)。

現在と異なり当時の知事は官選であって、内務官僚が独占していた。政党内閣期には内務官僚は政友会と憲政会（民政党）それぞれの政党色が強く、政権交代によって知事も入れ替わるのが常であった。しかし、政党内閣が崩壊すると政権交代の影響も薄らぎ、知事ポストの安定とともに地方行政の継続性が強まっていった。これはある面で長期的政策遂行を可能にする利点もあったが、反面、反対勢力の消滅と政策変更の緊張感の喪失によって政策の地方的主体性は失われ、地方は中央の指示に従うだけの硬直した構造を生み出すことにも繋がった。満洲移民政策が短期間で全国的に拡大していった背景には、このような地方行政の変化も影響していた。

地方長官会議で満洲移民への協力が指示されたのを受けて、六月になると、拓務省は文部省による各府県学務部長会議、内務省による各府県社会課長会議において満洲移民送出への協力を要請した（『満洲開拓史』）。府県の学務部・内務部社会課は移民送出に重要な役割を担うことが期待される組織であり、これらの組織との意思疎通は欠かすことができないものであったからである。

このような関係機関との調整を経て、一九三七年六月二四日に拓務・内務・農林・陸軍各省と在郷軍人会・満拓・満移等の関係機関の代表者が集まって百万戸計画の第一陣となる「第六次集団移民募集要綱」が決定された。この決定に参画した省庁は満洲移民という国策を強力に推進する主体であるが、のちには青少年義勇軍を通じて文部省、転業移民を通じて商工省も加わることになる。

ただし、この段階で拓務省と農林省との関係は微妙であった。先述のように、第六次移民から拓務省は先遣隊の訓練施設として全国に内地訓練所を設置していったが（一九四〇年度までに全府県に設置）、多くは農林省が経済更生運動で設置した農民道場を転用していた。また、一九三七年になると各地の農民道場長の満洲視察も行われた（『満洲開拓史』）。

農林省は地方長官会議でも満洲移民への協力を求めていたが、それよりも経済更生運動への尽力が主であって、この時期は経済更生運動と満洲移民は連動するものとして扱われておらず、ある意味、二股をかけているような状況であった。農林省にとって中核事業である経済更生運動と傍系事業である満洲移民が結びつくにはもう一段の飛躍が必要であったのである。

3　農村更生協会と分村・分郷計画の浮上

農村更生協会は、経済更生運動を地域から強力に推進するためにつくられた組織であった。協会に集まった職員が比較的若かったことと、石黒忠篤という大物官僚が中心にいたため、その活動は活発であった。なかでも協会主事の杉野忠夫がその後の経済更生運動と満洲移民を繋げる重要な役割を果たすことになる。

杉野は、東京帝国大学法学部在学中に新人会に参加、マルクス主義の影響を強く受け、労働運動の闘士として名を馳せていた。しかし、一九二五年に大学を卒業すると京都帝国大学大学院で農業経済学を志し、那須皓の紹介で橋本傳左衛門の門下生となり、静岡県下での一年間の農村実地調査などを通じてマルクス主義から離れていった。(7) 元来の感受性の強さと身体の虚弱さ、そして青年期の思想遍歴という点では加藤完治と似たような軌跡をたどっている。

大学院修了後は助手から講師を経て助教授となったが、一九三〇年に橋本の勧めで加藤完治と知り合い、加藤の思想に強い感銘を受けた杉野は、一九三二年春に加藤が渡満した際にも同行、ここではじめて満洲を実見して、課題としていた農村問題解決の方向性を見出した。

杉野は、農村人口の増加を吸収できる農地が絶対的に不足している以上、国外に未開墾地を求め、勤勉な農民に分け与えることが最善であると考えた。そして、満洲移民は国内では都市への農業人口の流入を防止し、労働力の飽和状態を解消させることで労働条件が向上、単純工業から精密工業へ産業構造の転換が図られる一方、移住地では現地民が顧みない未利用地を活用することで日本農民と現地民との自作農同士の平和共存が実現する、といった一石三鳥にもなる政策と確信したのである。

そして、一九三四年に農村更生協会が創設されると京大助教授の職を擲《なげう》って協会の主事(調査部長)に就任した。杉野にとって社会的な肩書きよりも彼の理想を実現することが重要だった。しかし、その前提となる満洲に対する理解は決定的に欠けていた。日本の農村社会に対しては、深い愛情と経験的知識に基づいて理論的な分析が行われ、合理的な課題解決策が導き出されている一方、満洲の農村社会に対しては知識も理論もないまま一方的な思い込みで片づけてしまうのは、杉野に限らず加藤ら満洲移民推進派に見られる最大の欠点であった。

杉野が参加した農村更生協会は、発足当初から農家簿記運動を推進していた。これは、農村経済の建て直しは、まず各農家が簿記を導入して自家の生産経済と家計の実態を把握して自らの力で経済更生の途を探る一方、農村指導者がそれらを集計したデータに基づいて農村指導を図ることによって実現できるとの考えによっていた。

当初は帝国農会や農林省経済更生部と連携して簿記推奨を行っていたが、農会や農林省は指導者の目線であって、農家自身の立場に立っていないという批判が起きた。そこで一九三六年度から協会は、分かりやすく役に立ち、しかも継続可能な独自の農家更生簿（農家経営簿と家計簿を複合した日記帳と農家自身で「計画経済」を行える仕訳帳からなる）の配付を計画、調査対象として一三府県一九カ町村（のちに二四カ町村）の農家組合を選定した。

こうした農家簿記運動の中心となったのは杉野であったが、簿記運動によって村落および全国のデータが集計され、「黒字農家（標準農家）」と「赤字農家」それぞれの実態と要因が分析された結果、その地方の平均経営面積の二倍程度（適正標準面積）を耕作すれば生活が安定することが実証された。そして、この結論から耕作面積を二倍にすること、すなわち新規の耕作地拡大が望めない以上、現戸数を半分に減らす――半分を移民として村外へ送り出せば残った各家の耕作面積は二倍になるという計算が成り立ち、この適正規模論が分村移民の理論的根拠となったのである(8)。

こうした流れのなかで協会の活動は、農家簿記運動から分村運動へと飛躍することになった。しかも、たまたま同時期の一九三六年中に全国に先駆けて宮城県遠田郡南郷村(現・遠田郡美里町)が分村計画を打ち上げていた(9)。

南郷村は鳴瀬川沿いの山林原野のない平坦地で水田経営に偏重し、経済的自給度が極端に低かった。にもかかわらず人口は急増しており、過去三〇年で農家戸数は約二倍に膨れあがる状態のなかで昭和農業恐慌の直撃を受けた。経済更生運動が全国展開される前から村の建て直しに積極的に取り組んでいたが、更生策は農村教育の向上に重点が置かれていた。南郷村の対策は、近視眼的な経済策ではなく、人材育成という長期的視野を持っていた点で評価される面があり、村内に各三つあった農業補習学校と青年訓練所を合併して国民高等学校を新設すると、宮城県加美農蚕学校教諭の松川五郎が校長に赴任した。

熱心な教育者であった松川は、農村更生にも積極的に関わろうとしたが、教え子が耕すべき土地も就職先もないという現実に直面した。これは加藤完治が山形時代に直面した課題と同じであったが、松川も打開策としてブラジル移民に活路を見出そうとした。

一九三四年になって松川が計画したブラジル移民は、村がブラジルに土地を購入し、呼び寄せ方式で順次独身青年を送り出し、共同経営が軌道に乗ると個々人に分譲するというものであった。松川自身も渡航する準備をしていたところ、加藤完治の突然の訪問を受ける。

加藤の松川訪問は、当時仙台第四聯隊長であった石原莞爾の要請によるものであった。石原は関東軍参謀から聯隊長になると兵士の出身農村が恐慌にあえぐ現状に直面し、篤農講演会を開催するなど農村問題解決に強い関心を示していた。そのなかで旧知の加藤に対して南郷村訪問を勧めたのである(『南郷町史 下巻』)。

松川は、加藤がブラジルよりも満洲への移民を強く推したため方針を転換、男子生徒五人を加藤の元に送り、彼らは饒河少年隊として渡満、また女子生徒五人も第一次移民団の弥栄《やさか》村へ「大陸の花嫁」として渡っていった(『満洲開拓史』)。

松川の影響を受けて、村では満洲移民熱が高まり、百万戸計画前に早くも三八人が渡満していた。そして、送出家族を中心に結成された南郷村満蒙後援会によって一九三六年三月に作成された移民計画案は、全戸数一〇〇五戸、全耕地面積一八〇〇町歩、適正標準面積三町歩と算出、一戸当たりの平均経営面積は一町八反しかないため、過剰となる四〇五戸を四カ年(第一年五〇戸、第二年一〇〇戸、第三年一〇〇戸、第四年一五五戸)で送出し、北満に第二南郷村を建設するというものであった[10]。

南郷村の場合、四年かけて少数戸を順次送り出し、現地に独立村ではなく宮城県送出移民団の一つを構成するというものであったが、村内の熱心な中心人物によって移民が推進されたこと、適正規模論に基づいた分村による大量移民であること、のちの青少年義勇軍および「大陸の花嫁」のような青少年・少女が移民の一部を構成していたこと、など国策として全国的に推進される満洲移民の重要要素が、ただ一つ(経済更生指定村)だけ除いてすべて含まれている点でも特異な存在であったといえる。

4 経済更生計画と分村計画の結合

南郷村を嚆矢として、一九三七年になると山形県東田川郡大和村(現・庄内町)で分村計画が浮上した。これは南郷村とは異なり、満洲に単独で分村を建設するというものであり、後述する長野県大日向《おおひなた》村と同じ形態であった。

農村恐慌によって疲弊していた大和村は、経済更生指定村となっていた。しかし、特別助成まで受けながら目立った成果もあがらず、村の指導的人物であった富樫直太郎を中心に原因を分析したところ、土地問題を解決しなければ経済更生は成功しないとの結論に行き着いた。そこで富樫を中心に分村計画が進められたが、この動きは庄内全域に広がり、結果的に庄内三郡(東田川郡・西田川郡・飽海《あくみ》郡)二万四〇三七戸を包摂する分郷計画に発展した。庄内三郡の耕地面積は約四万六〇〇〇町歩、適正標準面積を三町歩とすると包容可能農家数一万五三〇七戸に対して過剰農家数は八七三〇戸となる。これを三期(第一期五集団一五〇〇戸、第二期一〇集団三〇〇〇戸、第三期一四集団四二三〇戸)に分けて送り出すというものであったが、この数字は百万戸計画の一%を占める途方もない大型計画であった(『満洲開拓史』)。

このように分村・分郷計画は百万戸計画の前後から早くも浮上していたが、なかでも急進的であり、その後の大量移民に大きな影響を与えたのが長野県南佐久郡大日向村(現・佐久穂町)の分村計画であった。

大日向村は、総戸数四〇六戸、山林原野がほとんどを占め耕地面積が全体の一五%しかなく、しかも水田は極小で米を自給できないという、南郷村とは対照的な村であった。養蚕と林業によって経済的利益を確保していたが、昭和恐慌で壊滅的打撃を受け、村政も混乱を極めた。こうした村の窮状を見かねた村出身の浅川武麿《あさかわたけまろ》が東京から舞い戻って村長となり、役場・学校・農会・産業組合の各幹部を集めた「四本柱会議」を主宰して現状把握と村政方針の徹底を図った。そのなかで満洲移民問題が取り上げられ、一五〇戸を送出(このほか分家による五〇戸を加え総計二〇〇戸)、一九三七年七月の先遣隊渡満から一九三九年四月の第三次本隊渡満までに完了することが決定された。これにより農家一戸当たり平均六反一畝が一町一反三畝となって自給生活が可能となり、さらに山林利用者が半減するので一戸当たりの薪炭原木採取量が増加して経済的利益も向上するとの目論見であった(『満洲開拓史』)。

大日向村の特徴は、村役場が中心となって産業組合などと密接に連携して進められた点にある。多くの村では村役場や産業組合、農会との連携が不十分なまま移民計画がバラバラに進められがちであったなか、大日向村は組織連携のモデルケースであった。団長には産業組合専務の堀川清躬《ほりかわきよみ》、その他の幹部にも村役場の税務主任や村会議員、小学校主席訓導、前青年会長などが加わり、さらに分村団員は地主層から小作層まであらゆる階層を含んでいた。また、二年という短期間で予定数二〇〇戸に近い一八七戸を送出し目標をほぼ達成した。

このような成功事例ともいえる大日向村を中央が放っておくはずがなかった。長野県は早くから中央に対して、大日向村の分村計画をアピールしていたが、一九三七年六月一七日には県主催で満洲農村建設協議会を開催、安井誠一郎拓務省拓務局長と大蔵公望満移理事長が講演し、大蔵は大日向村分村計画に興味を示すとともに長野県は「日本一の満州移民県」であると高く評価していた(11)。

大日向村が全国的に注目を浴び始めると、朝日新聞社が石黒忠重《いしぐろただしげ》経済更生部長・小平権一農林次官・加藤完治らによる座談会を企画し、ルポルタージュを交えて『新農村の建設——大陸への分村大移動』を刊行した(一九三九年四月刊)。さらに農民文学作家の和《わ》田伝《だでん》の『大日向村』(一九三九年刊)を前進座が上演(一九三九年一〇月初演)、大阪と東京で行われた公演は農村団体の観劇も多く、興行的にも成功した。満洲分村運動には、政府よりも一般社会のほうが強い関心を示していったのである。

この時、朝日新聞社・前進座の対応にあたったのは農林省であった。担当したのは小平関東軍顧問の随員だったが一九三八年に本省経済更生部総務課に戻っていた斉藤忠であった。斉藤は総務課で新設された移民事務を扱う係に配属されたが、担当は斉藤一人、予算もなく、「満洲帰りの〝農林属〟のはけ場」と見られていた(12)。

南郷村・大和村・大日向村とその後の分村・分郷移民のモデルとなる地域はいずれも上からの強制的指導ではなく、村内からの自発的な計画であった。満洲移民は、必ずしも中央からの押しつけばかりとはいえない側面も持っていたのである。ただし、南郷村は大和村・大日向村と決定的に異なる点があった。それは経済更生指定村ではなかったということである。南郷村は、農林省からの経済更生指定を三度も断ったといわれるように、あくまでも村役場などの組織ではなく、村内有志で進められた計画であった。しかも、松川が進めた路線は村内に政治対立をもたらし、松川の校長辞任へと繋がっていった(『南郷町史 下巻』)。

和田伝『大日向村』の表紙

この点が全国最初の分村計画であったにもかかわらず、南郷村ではなく大日向村が脚光を浴びた要因であった。すなわち、農林省としては経済更生指定村ではない南郷村では分村モデルとするわけにはいかなかったのである。

経済更生部は一九三七年には経済更生計画と分村移民を結びつけた構想を持ち、石黒忠篤が中心となって拓務省と農林省の満洲移住協会に対する権限事項の調停が行われていた。(13) ここでは農林省側がむしろ積極的に満移への業務監督を通じて満洲移民計画全体に関与しようとしていたが、省全体となると一九三八年までは依然として移民計画に消極的であった。しかし、社会的に大日向村の事例が大きく注目されると農村更生協会や満移がこれを大々的に活用していった。とくに更生協会は分村運動の火付け役となり、杉野忠夫がその中心であった。そして、社会的に分村移民がブームのようになると農林省もようやく重い腰を上げ、省全体で経済更生計画と分村移民を結びつけて大々的に満洲移民を推進する方針に転換したのである。(14)

農林省は一九三八年度より経済更生計画の一環として分村計画の樹立実行を図るために二七五カ町村を指定し助成を開始、翌一九三九年度には新たに二八八カ町村を指定、前年度からの継続指定を合わせると四五六カ町村となった。(15)

このような過程を経て農林省は、経済更生計画と分村計画を結びつけ、各町村の分村計画を指導することで満洲移民政策に強い影響力を及ぼすことになった。地方庁にとってもこの事態は歓迎すべきことで、これまで地味だった経済更生運動が「移民国策と合体して果然見事なる実を結び「分村計画による集団農業移民」は「経済更生運動の結

論」として県下諸地方にその萌芽をあらはし」、移民事業を「奇跡的爆発的」に推し進めたと評価されたのである。(16)

一九三八年度(第七次)の大日向村・庄内郷の分村・分郷が開始されると、翌三九年度(第八次)は長野県富士見村・読書《よみかき》村・泰阜《やすおか》村、香川県栗熊村、埼玉県中川村など八つの分村と秋田県男鹿郷、山形県村山郷、石川県町野郷、長野県下伊那郷など九つの分郷へと大幅に拡大し、一九四〇年度(第九次)には分村・分郷の割合が全移民団の八〇%を超すまでになった。そして、最終的には分村一八〇団・分郷一八三団を数えたのである(『満洲開拓史』)。

5　満蒙開拓青少年義勇軍の創設

一九三七年七月三一日、加藤完治が大蔵公望に対して「少年移民訓練大計画」を披瀝した。これを受けて翌月九日の満移理事会で加藤が移民計画を説明、早速翌日には大蔵が大谷尊由《おおたにそんゆ》拓相を訪問し、青少年義勇軍の実現に尽力するよう依頼した。さらに大蔵は文部省にも掛け合い、九月九日に満移に安井英二文相以下幹部一〇人ほどを招き、青少年義勇軍について意見を陳述、翌一〇日には馬場鍈一内相を訪問し、青少年義勇軍に対する同意を取り付けた。(17)

文部省は満洲移民に乗り気で、大蔵に対して一一月になると山形県立高等女学校や盛岡高等農林学校などで満洲移民の講演を依頼、さらには新設する教育審議会への委員就任を求め、大蔵も「満洲移民の為」に同意した。(18)

こうしたなかで一一月三日付で「満蒙開拓青少年義勇軍編成に関する建白書」が政府に提出された。建白書に名を連ねたのは、石黒忠篤(農村更生協会理事長)・大蔵公望(満洲移住協会理事長)・那須皓(満洲移住協会理事・東京帝国大学教授)・橋本傳左衛門(満洲移住協会理事・京都帝国大学教授)・加藤完治(満洲移住協会理事・日本国民高等学校長)・香坂昌康(大日本聯合青年団理事長)の六人であった。

この建白書は杉野忠夫が起草したものであり、人口・就業問題解決の方策と位置づけられてはいるが、その根底は満洲国の対ソ防衛が強く意識されたものであった。そして、翌日には加藤が有馬頼寧農相を訪問し、義勇軍計画への同意を取り付けた。(19)加藤らが提出した建白書は、拓務省によって「満洲に対する青年移民選出に関する件」として立案され、同月三〇日、近衛文磨内閣の閣議決定となった。なお、この間の一四日、満洲移民計画の発案者でその後の移民政策にも深く関与し、歩兵第一〇二聯隊大隊長として日中戦争に従軍していた東宮鉄男が上海郊外の戦闘で戦死した。東宮がもともと目指していた武装移民は、青少年義勇軍というかたちで引き継がれていく。

閣議決定を受けて、拓務省は一二月二二日に関係機関担当者を集めて「青少年開拓民実施要領及理由書」を策定した。これが義勇軍制度の骨子となったものであるが、対象はおおむね一六歳から一九歳、一九三八年度に五万人送出(のちに、三万人に修正)、満移・大日本聯合青年団と協力して募集を実施、国内に満移所管の訓練所(内原訓練所)を開設し応募者は二カ月間心身を鍛練、現地では満拓経営の訓練所を開設し二〇歳まで精神教育と農業技術の習得にあたることなどが決められた(『満州開拓と青少年義勇軍』)。

後年、日中戦争が泥沼化するにつれ満洲移民を確保することが難しくなり、結果的に青少年義勇軍が不足分を補う役割を果たすことになる。しかし、当初に加藤が義勇軍を構想した段階では、移民政策がスタートしたばかりで日中戦争による影響はまだ顕在化していなかったことから、移民数を埋め合わせるために義勇軍が考え出されたわけではない。

実際、加藤が義勇軍構想の具体化に着手したのは、友人である小平が関東軍顧問であった頃で、関東軍に対して義勇軍計画を披瀝し、その同意を取り付けてから国内での具体化に取りかかっていた。加藤の義勇軍計画は、農家の次男三男は耕す土地もなく「都会に出て酒屋や洗濯屋の小僧になって希望のない日日を送っているのは全く可哀そう」だという、かつて山形県時代に朝鮮移住を思いついた時と同じ理由であったとされる[20]。

加藤としては彼の個性からわき上がる感受性の強さから義勇軍を思い立ったともいえるが、すでに百万戸計画が開始されている時点で新たに一〇代の青少年を対象とした義勇軍計画を立ち上げる必要性についてははなはだ疑問である。

実際、加藤は関東軍とのあいだで義勇軍計画を具体化していき、関東軍参謀部第三課は一九三七年七月九日に移民関係各機関を召集して会議を開催、会議最終日の一五日付で「青年農民訓練所（仮称）創設要綱」を決定していた。そこでは、一九三七年八月より一六歳から一九歳までの男子を対象として募集（満移委託）、満洲国内に設置した訓練所（満拓経営：龍江省嫩江《のんこう》県靠山《こうざん》屯）で満二〇歳になるまで訓練を行い、退所後は集団移民または自警村移民として独立することを目的とし、一九三九年一二月までに三万人を訓練所に収容するとされていた（『満洲開拓史』）。

要綱が決定されてから三カ月後に訓練生先遣隊三〇〇人を入所させ、二年間で三万人を訓練生とするという、試験移民期の無理な募集計画よりもさらに無謀ともいえる計画であった。しかし、この要綱を受けて加藤は国内での同意を取り付け、前述した建白書が提出されたのである。しかも、この建白書では収容する訓練生は五万人となっていた。

加藤はこの時、八月前後に城子河（宮城県出身一六人）と哈達河（山形県出身一四人）、さらには伊拉哈《イラハ》（長野県出身一〇〇人）に青少年移民の先遣隊をすでに送り出していた。すなわち、義勇軍は建白書よりも早く実質的に始まっていたのである。

もともと青少年を対象とした移民は、満洲事変直後に国士舘専門学校が開設した鏡泊学園村が嚆矢であるが、治安不良と経営難で一九三五年一一月に学園は閉鎖され、三〇人ほどの残留者が開拓団に移行するにとどまっていた。

このほかにも、東宮の部下であった西山勘二《にしやまかんじ》(私兵集団である蘭軍常勝隊の隊長)の献策をきっかけにして生まれた饒河少年隊がある。実際は、一九三四年六月に戦死した西山の遺志を継いだ東宮が、吉林省饒河県に大和村北進寮を建設し、一五歳から二二歳までの青少年を入植させた。この時の青少年は大谷光瑞《おおたにこうずい》(浄土真宗本願寺派門主)が大連郊外で開設していた学校(浴日荘)の生徒(大谷学生)が中核となっていた(『饒河少年隊』)。

この学校は、実業教育を重んじて世界で活躍できる人材の養成を目的としていたが、饒河少年隊(総数八四人)は、別名ウスリー地方移民突撃隊と呼ばれていたように、対ソ戦用の武装移民団であり、のちには白系ロシア人五五人も加わっていた(『満洲開拓史』)。

少年隊創設に際して、東宮は加藤完治の協力を得ていた。精神訓練に比重が置かれていたことなど、のちに加藤が中心となって推進する青少年義勇軍はこの少年隊の事例を参考としていたといえる。

もともと精神性の強い移民論を唱えていた加藤であったが、移民が国策となるとともにますます精神性へと傾斜していった。しかし、加藤の薫陶を受けた指導員が中心となった初期の試験移民と異なり、大量移民となると加藤の思想的影響力が移民団すべてに浸透することはない。むしろ、加藤が理想とする移民像とは無縁のごくありふれた農民が送り出されていくことになる。こうしたなかで、加藤は思想的影響を及ぼしやすい一〇代の多感な青少年に「期待」をかけたのである。

義勇軍送出が決定されるとすぐさま更生協会の職員が各地へ飛んだ。小学校六年生を対象に協会職員一人につき少なくとも三〇人を確保するノルマが課せられていた。義勇軍は翌年からの実施であるが、小学校は冬休みに入るため、年内に先遣隊員を確保しなければならず、更生協会のほかに満移も人員集めに奔走した。こうした活動を通じて更生協会と満移の関係は密になり、やがて協会職員は満移の嘱託を兼ねるまでになる（石黒はのちに満移理事長となる）[21]。

また、義勇軍に対しては、全国の府県も敏感に反応した。鳥取県では一九三七年度の第七次七虎力開拓団に対して三〇人の割り当てがあり、県社会課も移民奨励強化を図ったものの、「応募者は皆無」と報じられるほど低調であった。こうしたなかで一九三八年一月一五日に拓務省・満移主催の満蒙開拓青少年義勇軍編成地方協議会が鳥取市で開催され、鳥取県の割り当ては全体で八〇〇人、そのうち一〇〇人を年内に先遣隊として派遣することになった。募集期限は二月二五日だったが、一二日までに一四二人の応募者を数え、最終的には一八一人にのぼった（銓衡の結果一七四人が参加）。実際は学校の教師が奔走した結果であったが、家族などが絡む普通移民よりも独身の青少年を対象としたほうが短期間かつ大量に人員を確保できる見本ともいえた（『満蒙開拓と鳥取県』）。

拓務省・満移主催の協議会は全国を地区別ブロックに分けて八カ所（盛岡市・浦和市・

静岡市・富山市・和歌山市・鳥取市・松山市・大分市）で開催され、県ごとに募集人員の割り当てを行った。初年度募集で最多だったのは山形県・長野県・宮城県の各三五〇人、次いで新潟県二五〇人であり、最少は福井県三〇人、募集目標は五四六〇人であったが、応募者が殺到し、二月一五日時点で八九六五人を数えるほどであった（『満州開拓と青少年義勇軍』）。

このように義勇軍は、府県の教育会などを通じて大々的に展開され、短期間に拡大していった。そして、その原動力となったのは、茨城県内原に大規模な義勇軍訓練所を建設し、精神的指導者として義勇隊員に絶大な影響力を与えた加藤であったのは事実である。しかし、白取道博が『満蒙開拓青少年義勇軍史研究』で指摘しているように、加藤は計画の実現に一役買っているもののすべてを計画して実行したわけではない。実際は陸軍と関東軍の思惑のなかから生まれ、加藤が推進役となったにすぎない。これは百万戸計画と本質においては同じであった。しかも、義勇軍はより軍事色が前面に出ているという点で特異な計画だったのである。

内原訓練所の中央広場

義勇軍計画の初発は、一九三六年九月、満洲事変時の関東軍参謀で当時は陸軍省軍務局にいた片倉衷《かたくらただし》少佐が満洲国を視察した後に報告書を作成、そのなかで徴兵適齢前の青少年を移民とし、将来的に現地徴集の途を取るべきとの意見を開陳したことである（『回想の満洲国』）。

片倉の渡満前、陸軍省は「満洲開発方策綱要」を作成していたが、そのなかで「在満兵備の画期的増強充実」の必要性が強調されていた。これは百万戸計画の立案過程でも触れたように関東軍の兵力不足を移民で補うことを意味していたが、さらに「在満日本人の在満軍隊への徴集及召集を容易且便益」にする方策が求められていた(22)。

当時の日本の兵役制度では本籍地の聯隊に入営するのが基本であった。当時、満洲国には国籍法がなく移民は日本国籍のままであった。そのため、満洲国に入植した移民も本籍地で徴兵検査を受け、召集令状を受ければ本籍地の聯隊に入営した。関東軍としては、満洲の兵力を補いたくても現地の日本人移民を直接召集することはできなかったのである。有事の際に迅速な大量動員ができないのであれば大量移民の意味はない。そこで現地召集の検討を始め、片倉が渡満して調査を行ったといえる。そして、片倉は、徴兵検査前の青年を入植させ、現地で徴兵検査を行い、関東軍指揮下の現地部隊に直接入営させる方策が適切であると判断したのである。

実際の義勇軍はこうした動機から生まれたのであり、あくまでも関東軍の現実的要請によるものであった。しかし、このような軍事機密事項は外部には絶対秘密とされる。片倉は自宅まで訪れた加藤と朝食を共にしながら移民計画について何度も議論をしたと回想しているが、軍事的要請までは話さなかった。しかも、加藤らが「満蒙開拓青少年義勇軍」と意気込んでいたのとは裏腹に、片倉は正式名称を「満洲開拓青年義勇隊」と改めさせた。これは「義勇軍」は軍隊ではないという陸軍・関東軍の独善かつ官僚的形式主義から出てきたものであるが、軍の義勇軍に対する見方を象徴しているともいえる(『回想の満洲国』)。

加藤は関東軍の真の思惑を知らされないまま、義勇軍計画に突き進んでいった。義勇軍をめぐる悲劇はすでに最初から胚胎されていたのである。

第5章

戦局の悪化と破綻する国策

高知県万山十川開拓団入植記念祝賀会．1943年4月20日

満洲移民政策は、二〇年で一〇〇万戸五〇〇万人の移住を目標としたものの、日中戦争が長期化し、農村の成年男子の召集、さらには軍需景気による都市への労働力流出が広がると、たちまち計画は行き詰まりを見せ始めた。こうしたなかで関東軍は政策の強化を図り、一九三九年末に「満洲開拓政策基本要綱」が決定された。日満両国の国策として位置づけられたこの基本要綱によって、青少年義勇軍の拡大や満洲建設勤労奉仕隊の創設にとどまらず、戦時体制のなかで仕事にあぶれた中小商工業者なども開拓民の対象とされ、帰農開拓団として満洲へ送り出されていった。しかし、開拓民の送出はますます困難になっていき、地方では送出割り当てのノルマが厳しくなるなか、なかば強制的な開拓民選出が行われるようになっていった。さらに、被差別部落民や空襲罹災者などに対する社会政策の一環として開拓政策が位置づけられるようになり、開拓政策の目的の拡大と対象者の拡大が顕著になっていった。一方、戦局の悪化により開拓団に対する食糧増産要求が厳しくなるとともに、有事の際の後方支援基地としての役割がますます重視されるようになった。結局、開拓政策は本来の目的を失い、ついに敗戦直前に終焉を迎える。

1　日中戦争と北辺振興計画

百万戸計画が始まった一九三七年の七月七日、北京郊外の盧溝橋で日中両軍が交戦し日中戦争が始まった。開戦当初は日本軍の圧倒的戦力によって短期間で決着するとみられていたが、年末に首都南京が陥落しても中国の抵抗は続き、翌年になると戦争は長期化の様相を見せ始めた。戦争の長期化は、満洲国に深刻な影響を与えた。満洲国では同じく一九三七年度より産業開発五カ年計画が始まっていたが、戦争の影響で早速計画の見直しを迫られることになったのである。

一九三八年五月、関東軍は計画第二年度以降の修正に関する要望をまとめ、関係機関との調整に入った。そのなかで移民計画についても「日満共同防衛ノ完成、満洲国開発発展ノ為ノ各種移民及ヒ之等ニ関連スル土地取得地籍整理等ノ問題ノ始末ハ其農政ニ関連スル所複雑ナルト共ニ民心ニ影響スル所微妙ナルモノアルヲ以テ機構ノ整理、運用ノ方法ニ更ニ画期的対策ヲ確立センコト」を要望していた(1)。

移民に関しては、満洲国政府が一九三八年五月にまとめた総括によると、百万戸計画の第一年度(一九三七年度)計画の集団移民五〇〇〇戸・自由移民一〇〇〇戸に対して、実績は集団移民五〇〇〇戸・自由移民九四八戸とほぼ計画戸数は達成されていたが、第二年度(一九三八年度)以降の計画は大きく変更されることになった。

まず、第二年度当初計画の集団移民一万戸・自由移民五〇〇〇戸を新計画では集団移民五〇〇〇戸・自由移民一〇〇〇戸と大幅に削減した一方、義勇軍三万人を新たに加え、減少幅を補うこととした。第三年度になると集団移民一万五〇〇〇戸・自由移民六〇〇〇戸と当初計画通りに戻され、義勇軍は五万人に増加、第四年度は集団移民二万戸・自由移民八〇〇〇戸の当初計画を集団移民は計画通りとする一方、自由移民は一万戸に増加、義勇軍は前年度と同じく五万人、そして、最終の第五年度は集団移民二万戸・自由移民一万戸をそれぞれ二万五〇〇〇戸・一万二〇〇〇戸と増加させ、義勇軍は五万人を維持、その結果、五年間の総数は集団移民七万戸・自由移民二万九九四八戸とほぼ当初計画通りとし、それに義勇軍一八万人を新たに加えることで、全体としての移民数は計画よりも大幅に増加することになっていた。(2)

しかし、このように最後の帳尻を合わせようとしても日中戦争終結の見通しが立たないなかで実現の可能性は疑わしかった。中国軍の捕捉殲滅を図った徐州作戦、中国に残された最後の要地占領を目的とした武漢作戦でも中国を屈服させるにいたらず、一九三八年末には長期戦を覚悟しなければならなくなっていた。

さらに問題となっていたのは、これだけの大規模入植計画を立てたものの、入植に必要とされた一〇〇〇万町歩の用地確保はまだ達成されていなかったことである。満拓は百万戸移住計画のために用地確保に奔走することになったが、計画では未墾地を対象としていたものの、現実はそれでは追いつかず、現地民の既墾地にまで手を広げなければとても一〇〇〇万町歩も確保することは不可能であった。

事実、試験移民政策が始まったばかりの一九三三年一二月時点の統計ですら、全国総面積八七〇七万二八六〇ヘクタールのうち、既耕地一三八〇万二三七〇ヘクタール・未耕地一七〇七万四八五〇ヘクタールとなっていたが、南満地方は既耕地が圧倒的に多く、北満でも浜江省は既耕地三四〇万三二三〇ヘクタールに対して未耕地三一二万一三九〇ヘクタール、吉林省は既耕地二九一万四九五〇ヘクタールに対して未耕地一五六万二〇〇〇ヘクタールと既耕地のほうが多く、龍江省(一九二万一七八〇ヘクタール対五九二万三七二〇ヘクタール)・黒河省(五万六八〇ヘクタール対一〇一万九八九〇ヘクタール)・三江省(六九万八二六〇ヘクタール対四四七万九七一〇ヘクタール)の三省では未耕地が多いものの、農業好適地はすでに既耕地化しつつあった(3)。

したがって、百万戸計画実施段階では、湿地帯の干拓や土地改良などの大規模土木事業を行って耕作可能地の拡大を図ることが必要であったが、そのような一大事業は短期間では不可能で、結果的に、拓務省の安井拓務局長が後年回顧したように、「従来満人が入地し相当に落付いて耕作しているような処でも日本人の入植に都合がよく、したがってその定着に便利のよい土地は無理してまでも買収」するケースが起き、「先住の満人、漢人達には非常に侵略的な印象を与え」たのである(『満洲開拓史』)。

しかも、満洲国内で起きていた現地民からの強制土地買収は、日本と戦う中国にとって格好の抗日宣伝材料となり、それが現地民の動揺を招く結果をもたらしていた。関東軍としても、前述した要望のなかで「民心ニ影響スル所微妙ナルモノアル」とあることから分かるように、土地買収をめぐる現地民の動揺は無視できない事態となっていた。

さらに、日中開戦前後から日ソ間の軍事的緊張は高まり、一九三七年夏に乾岔子《カンチャーズ》島事件、翌三八年夏には張鼓峰事件が勃発、関東軍にとってソ満国境防衛が急務となっていた。

関東軍は一九三八年一二月一〇日に「国境方面における国防的建設に関する要望事項」を策定、満洲国政府に対して北満開発に重点を置くことを求めた結果、翌三九年五月一五日には三年間にわたって国境地帯七省(東安および北安《牡丹江・浜江・龍江の三省から分離》・牡丹江・三江・黒河・間島・興安北)の総合開発事業を進める「北辺振興計画」が立案されることになる(『満洲国史 総論』)。

このように、関東軍は日中戦争後にソ連との軍事緊張が高まるなかで北満開発を急ぐ必要に迫られていた。よって、これに連動するかたちで移民政策は再検討されなければならなくなっていたのである。

2 「満洲開拓政策基本要綱」と移民政策の変容

一九三九年一月、関東軍参謀部第四課のもとで移民懇談会が開催された(4)。これは「移民根本国策基本要綱」を策定するために日満移民関係者が召集されたもので、日本側は石黒忠篤・加藤完治・橋本傳左衛門のいつもの顔ぶれに加え、労働者や農民の生活・栄養改善を対象とした労働科学の創始者で日本労働科学研究所長の暉峻義等《てるおかぎとう》のほか、企画院・対満事務局・陸軍省・農林省(西村総務課長以下一名)・拓務省(安井拓務局長以下三名)・朝鮮総督府・満洲移住協会(佐藤理事)・農村更生協会(杉野理事)、満洲国側は関東軍の下に設置されていた拓殖委員会(磯谷廉介《いそがいれんすけ》委員長《関東軍参謀長》)・稲垣征夫事務局長・小平農林次官・相馬大蔵書記官)・関東軍(各部長・片倉衷第四課長ほか各課長)・駐満大使館・関東局・満洲国協和会・満鉄・満拓などの関係機関と移民団(山崎団長・宗団長・佐藤訓練所長)から構成されていた(5)。

関東軍としては、予算編成期までに日満両国で移民政策の根本的再検討を行ったうえで具体的な成案を策定して、一九四〇年度から実行する方針であった。懇談会では「移民根本国策基本要綱」が配付され、そのなかで基本方針は、「東亜共同体具現ノ為ノ道義的新大陸政策ノ拠点ヲ培養確立」することを目標として、「日本人移民ヲ中核トスル民族協和ノ達成、国民組織ノ強化並ニ産業ノ促進」を図ると同時に「人口問題及農村問題ノ解決」にも役立たせることで日満一体を強化することとされていた。そして、具体的には日満間の分担協力の範囲と責任を明確にすること、移民の「数的拡充」を実行促進すること、日本側では官民一体となって「移民部門ニ於ケル総動員体制ヲ確立シ資質優良ナル者ノ大量移植」を図ること、満洲国側では移民事業の一元化を図り、入植地の取得と配分・営農方式・移民諸機関および日本人と朝鮮人の入植・現地民補導などに「刷新的方途」を講じて「民族協和ノ積極的達成」と「国民組織ノ強化」を目指すとともに「厳ニ民族別差別待遇乃至《ないし》割拠ノ弊ニ陥ルヲ戒ムル」ことが列挙されていた。

さらに、移民の形態として、①農業移民（集団・混住《集合・分散》）、②半農的産業移民、③商工鉱業その他の特殊移民、④青年義勇軍、⑤現地民の国内移動の五種類に分類し、日本人移民は「原則トシテ北満方面ヲ主トスルノ外《ほか》全満ニ於ケル交通、産業開発上ノ重要地点等ニ入植セシムル」こととする一方、「理想トシテハ広ク分散シ各地ニ於ケル民族協和ノ中核」となることも想定されていた。また、現地民の転住・国内移動に関しては、「積極的ナル助成補導」を講ずることとされた。

民族協和を主唱しながら、現地民の立ち退きを積極的に進めるということは矛盾しているが、大量の日本人移民の入植地を確保するために「未利用地開発主義」を採って湿地干拓やアルカリ性土地の土壌改良、森林原野の開拓を積極的に進めるとしたものの、結局は「原住民ノ転住助成、南満方面ニ於ケル集約農法化」を行わなければ入植地を短期間かつ大量に確保することは難しかったのである。実際、日本人入植地内に現地民が点在している場合、なるべく「移転セシメサルヲ原則」としていたが、基本要綱の細則となる「入植要綱案」では、それはあくまでも建前であって「過剰人口ハ国内工鉱労働者ヘノ転向」、「集約農法ニ依ル吸収」、さらには「北満各地へ移動」させることが推奨され、実質的には立ち退きが前提となっていた。

また、入植地整備は国営主義をとり、土地耕作は永代世襲を確保するが、土地私有権は制限するなど農地に対する国家主権が強いものとなっていた。移民募集に応じた農民の多くは、農地は自分のものになるのであって、自分の土地であれば何をしても自由と単純に理解していたが、満洲国と国内の土地所有概念とは決定的に異なっていたのである。このほか、農業経営は自作農を基本として協同組合的な互助制度によって行われることなどが定められていた。さらに、これまで拓務省の監督下にあった移民団は満洲国政府の指揮監督下に置かれることになり、行政の最末端として位置づけられていた。

なお、日本人移民に関しては、農業移民に加えて特殊移民が本格的に計画された。この計画は満洲産業開発五カ年計画に対応するかたちで日本国内で一九三八年度より開始された生産力拡充計画に沿って、満洲国の非農業部門や商業・鉱工業部門への人材供給と現地化を目標として林業・牧畜・漁業といった半農的産業移民や商工鉱業移民を実施することを目的として立てられたものであった。これら特殊移民は、林業移民などすでに実施されていたものもあるが、彼らの持つ技術を生かした職業に従事する者(半農的産業移民)か労働移民(商工鉱業移民)であって、後年になって大々的に展開される転業移民とは異なっていた。

さらに、女性の役割も明記されたことも初めてであった。これは日本人人口を伸張させるため「女性ノ積極的進出」が努力目標とされ、具体的には「花嫁、寮母、女子義勇軍」が取り上げられていた。国内では、日中戦争の長期化にともなって総動員体制が強化され、女性の活用が求められるようになっていたが、移民政策においても女性の役割は大きくなっていたのである。

このほか、これまで日本人移民とは別々にされていた朝鮮人移民に関しても政策として一元化された。

朝鮮人移民に関しては移民政策当初から懸案となっていたが、関東軍は満洲国内の治安問題から朝鮮人移民に否定的であった。また、国内の加藤完治ら移民推進派も日本人移民を優先したい思惑から朝鮮人移民に反対であった。これに対し、朝鮮総督府は満洲事変前から満洲に居住していた朝鮮人に加えて、朝鮮半島からも新たに移民を送り出すことに積極的であった。

そうしたなかで日本人移民を対象とした百万戸計画が立案・実施されたことで、朝鮮人移民に対しても関東軍と総督府とのあいだで年間移民数（約一万戸）や入植地（朝鮮国境沿いの間島・東辺道が中心、ソ連との国境地域への入植は禁止）、彼らの統制方式などについて合意が成立した。ただし、この時、朝鮮人移民に関しては満拓とは別会社の鮮満拓殖株式会社が設立されたように、朝鮮人移民に関わる方針は関東軍と朝鮮総督府との異なる思惑が妥協した結果でもあった。

このように、朝鮮人移民政策は満洲国において日本人移民政策と別に位置づけられていたが、基本要綱では日本人移民政策の枠内で位置づけられることになった。具体的には、満拓の拡充により鮮満拓殖を統合することが求められていた。そして、朝鮮人移民は集合または分散を中心とし、朝鮮半島内からの移入は「適宜統制」して在満朝鮮人の安定化が第一とされた。しかも、在満朝鮮人の安定化とは、「小作人トシテ分散」させることとされていた。ここでは誰の小作人となるかは明記されていないが、その後の経緯から見て日本人移民の小作人として位置づけられていたことは確実である。

懇談会は関係者からの意見を聴取し、「移民根本国策基本要綱」の修正を図るものとされているが、実質は形式的なものであることは、これまでの移民政策立案過程を振り返れば明らかである。しかし、今回はこれまで移民政策の推進役であった橋本や石黒から異論が噴出した。

橋本は、満洲国が移民団の統制強化を図ろうとしていることや、日本人・朝鮮人・現ているが行きすぎて地民を画一的に扱おうとしていることなどに対して、「画一的行政主義」が行きすぎていると批判した。橋本はまだトーンを抑えていたが、石黒にいたっては、土地国有制度が日本人移民のみに適用されるのは「姑息」であると批判、また鮮満拓殖の統合に関しても日本人移民と朝鮮人移民は別々に扱うべきであり財政面からも反対、移民訓練を満洲国経営に移すことも「他人の訓練をする資格のない役人や団体員」では無理として反対した。さらに、片倉第四課長が「質の悪い移民は要らぬ」と発言したことに対して、内地関係者の努力と困難を踏みにじる発言であり、日本人移民は「鍋と釜とを背負ってどんどん這入って来る者達とはわけが違う」のであり、五族協和ばかり唱えて日本人の閉鎖性を批判するが、満洲国建国の礎を造るために移民を送ってくれといわれ、「数万人の子供達まで送り出した」のだから、彼らを「受け取った以上、満洲国はこれを中核分子として迎えるに相応しい待遇施設等を講ずべき」と反論した。石黒の怒りはこれでも収まらず、現地民・朝鮮人と日本人を「混同して一束にする等《など》という法外な態度は止めるべき」で、「一万や二万の日本人が三千万の満洲民衆の中に渡って来て、やれ協和だ、五族連携だと役人がいいそうなことをしゃべっても原住民は鼻の先であざ笑うであろう」とまで発言していた(『満洲開拓史』)。

また、拓務局長であった安井は、未利用地開発主義を採ったため、これまでのように入植地の選り好みができなくなり入植後の営農が不利になるため、移民募集が予定通り集まるか疑問を持ったと後年に回想しているように、国内官庁にとっても関東軍の提案はあまりにも国内事情を無視したものであった(『満洲開拓史』)。

石黒や橋本、そして前章で触れた小平らに代表される国内官庁は、日本の国内問題から移民政策を構想し推進していった。一方、満洲国とそれを実質的に支配する関東軍は、満洲国の問題として移民政策を位置づけていた。両者の考えは、当初から根本的な部分において異なっていた。百万戸計画までは、表面的には両者の思惑は一致し移民政策の国策化まで実現された。しかし、満洲国が国家体制を固め始め、さらに日中戦争が始まったことで内外情勢が急速に変化していくなか、両者のあいだでもともと抱えていた深刻な断絶が表面化したのである。

だが、満洲国にとって産業開発五カ年計画と北辺振興策と並んで三大国策とまで位置づけられるようになっていた移民政策に対して、もはや日本国内の官庁や「有識者」が影響を及ぼせるような状況ではなくなっていた。

結局、石黒らの反対意見は採り上げられることなく懇談会は終了、二月には、基本要綱の細部を詰めるため、満洲国国務院総務庁企画委員会の一部門として開拓委員会が設置された。委員会は、「開拓用地ノ整備及改良造成並ニ開拓農民及現住民ノ処理ニ関スル主要方針及計画ヲ審議立案セシムル」ことを目的とし、特別委員は懇談会メンバーとほぼ同じ顔ぶれで構成された(6)。

すでにこの頃から、満洲国政府内では前述した北辺振興策の立案作業が始まっていた。立案を担当していた産業部では、「国境方面ニ於ケル日本内地人開拓民ノ入植ヲ更ニ積極化」することを方針とし、国境地帯の八省(黒河・三江・東安・牡丹江・北安・龍江・間島・興安北)に一九三九—四一年の三年間で開拓民六万六〇〇〇戸(うち朝鮮人五五〇〇戸)・義勇軍七万七四〇〇人を入植させ、農地造成は二三万六八〇〇ヘクタール、土地改良に二二〇二万六六〇〇円を投下する計画を立てていた。さらに、国境建設と食糧飼料の増産に寄与する満洲建設勤労奉仕隊を結成し、国境方面や開拓地に派遣(三年間で二一万人)することが提議されていた。のちに開拓民や義勇軍とは別に大規模に展開される勤労奉仕隊はこの頃から浮上していたのである。(7)

このように満洲移民政策の見直しは北辺振興策と連動するかたちで進められ、関東軍参謀部第四課によって立案された「移民根本国策基本要綱」の肉付けが図られていった。また、関東軍はこの作業について一九四〇年度予算編成期までと期限を区切っていたことから、日本政府との調整も急がれ、片倉と星野直樹総務長官が上京し、関係機関との協議を重ねた結果、一九三九年六月三〇日には「満洲開拓政策基本要綱案」が決定された。なお、この間にこれまで使用されていた「移民」は「開拓民(農業移民だけを指す場合は「開拓農民」)」、「移民団」は「開拓団」、「移民地・移住地」は「開拓地」、「移民政策」も「開拓政策」と改称された(本書も以降は開拓を使用する)。

政府は基本要綱案を審議するため、八月三日付で「臨時満洲開拓民審議会官制」を公布、会長(内閣総理大臣)・副会長(拓相および対満事務局総裁)のもと、各委員(関係官庁次官・対満事務局および企画院次長・朝鮮総督府政務総監のほか、石黒・那須・橋本・加藤・大蔵・暉峻ら)・各幹事(各省)による審議が八月一六日から開催され、一〇月三〇日には答申書を政府に提出、これを受けて政府は一二月二日に閣議請議を行い、二二日に閣議決定、ここに日満両国政府共同の国策として「満洲開拓政策基本要綱」が決定したのである。

「満洲開拓政策基本要綱」は、関東軍が立案した「移民根本国策基本要綱」の基本方針をほぼそのまま踏襲したものであり、百万戸計画と比較しても詳細かつ具体的であった。そのなかで、開拓民の種類も、①開拓農民、②半農的開拓民(林業・煙草・酪農・漁業・鉄道自警村)、③商工鉱業その他の開拓民、④開拓青年義勇隊(三年の訓練を経て中隊ごとに義勇隊開拓団へ移行)の四種に分類され、さらに開拓農民は、①集団開拓農民(二〇〇―三〇〇戸で一集団、五年を経て開拓協同組合へ移行)、②集合開拓農民(三〇―一〇〇戸で一部落、自由移民が発展したもの、一九四三年度で終了)、③分散開拓農民(集団・集合開拓団周辺または孤立して形成)に区分された。

以後、開拓政策はこの基本要綱に沿ったものとして展開されることになるが、制度や組織の整備も進められ、これまで議論のあった満拓と鮮満拓殖の統合も実施(一九四一年六月一日正式統合)、新たに未利用地開発事業・土地改良事業を担う満洲土地開発株式会社も設立された(一九四四年に満洲農地開発公社へ改組)。このほか、すでに満洲国側の機関であった拓政司が一九三九年二月一日に開拓総局(産業部外局。のちに興農部外局)に発展していたが、これをさらに拡充し四処(総務・土地・招墾・拓地)体制に整備、科学研究機関として国立開拓研究所を設置(一九四〇年六月二〇日)した。また、基本要綱で青年義勇隊の役割はますます重視されるようになったため、満洲開拓青年義勇隊訓練本部を新京に新設(一九四〇年四月一日)、満洲国内の訓練所の統轄を図った。

一方、満洲国内の整備に呼応して日本国内でも拓務省は拓務局を拓北局と拓南局に分離、拓北局(監理・開拓・青年・補導の四課体制)が満洲開拓事業を所管することになった。また、基本要綱で地方庁の開拓事務を担当する特設部課の設置が求められたため、一九四〇年一一月一五日付で政府は地方官制を改正し、地方庁学務部内に拓務課設置を決定、開拓運動が盛んであった山形・新潟・長野・広島・熊本の五県に拓務課を新設した。

このように、制度や組織といった器は立派なものになったが、中身がそれにともなったかは別である。審議会での審議が進んでいた一九三九年一〇月、関東軍が一九三八年度の開拓民送出に関して行った総括では、集団五〇〇〇戸に対し四〇六二戸、自由(集合)は一〇〇〇戸に対し六三三戸、義勇軍も三万人に対し二万一三〇〇人にとどまっていた。(8)

すでに当初の計画数を達成することは現実的に困難になっていた。しかも、審議会が開催された時期はノモンハンで関東軍がソ連軍と大規模衝突し、大敗した時期と重なっていた。そして、九月にはドイツがポーランドに進攻、第二次世界大戦が勃発していた。急激な世界情勢の変化はますます開拓政策を不透明なものとしていくのである。

関東軍でも大きな変化が起きていた。一九三七年九月、日中戦争不拡大を唱えたものの戦争拡大阻止に失敗し、参謀本部内で孤立した第一部長の石原莞爾が関東軍参謀副長に「左遷」された。満洲国を総力戦体制構築の要と位置づけていた石原にとって、日中戦争は満洲国の産業開発計画を狂わせるものでしかなかった。そのため盧溝橋事件勃発後の戦争拡大の阻止を図ったが、部下は彼の指示に従わず拡大に突き進んでいった。石原自身が満洲事変で下剋上的な行動を取って戦争を拡大していったことのしっぺ返しを受けたことになる。

翌一〇月に事変以来の満洲に着任した石原は、関東軍の満洲国支配がますます強化され、満洲国政府も官僚化したことによって、建国当初の理想主義的風潮が薄れ、民族協和の理念が失われている現実を目の当たりにした。さらに、満洲国に対する統治理念の相違から参謀長の東条英機との対立が顕在化、関東軍の政治権力の源泉である満洲国に対する内面指導撤廃を主張し始めると、事変以来の腹心で、この時期は開拓政策立案の中心人物であった片倉第四課長ですら反対に回り、関東軍内でも孤立化、翌三八年八月に無断帰国してしまい、以後二度と満洲の地を踏むことはなかった。

石原にとって「五族協和」として唱えられた民族協和思想は単なるヒューマニズムでも偽善的なものでもなかった。すなわち、総力戦とは国民が積極的に戦争を支持することがなければ成り立たないものであって、国民が政府に反発しているようでは戦争を勝ち抜くことは不可能という考えに基づいていた。戦争が長期化するなかで国民の不満が高まり、最終的に内部から自壊した第一次世界大戦のドイツの例を意識していたのである。

石原としては、多民族国家である満洲国を構成する各民族の政治的平等と生存権を保障することで、満洲国を支える自覚を持たせることが、満洲国の防衛と日満一体による総力戦体制構築に不可欠と考えていた。そして、関東軍が政治への関与を薄め、対ソ防衛に専念することを何よりも求めていたのである。

しかし、すでに巨大な官僚組織ともなっていた関東軍にとって、これまで拡大してきた政治権限を手放すことはあり得なかった。腹心の片倉は石原の民族協和思想を表面的には継承していたが、有能な軍官僚にすぎない片倉は、その本質的な部分まで理解することはできなかった。したがって、片倉が主導した「満洲開拓政策基本要綱」は民族協和が強調されていたものの、実態は単なるお題目にとどまってしまったのである。

「満洲開拓政策基本要綱」が策定される過程は、移民政策実現に大きな影響を与えてきた石原が政治の表舞台から去る過程とも重なり、開拓政策が本来の意図も目標も見失ったまま誰も止められなくなる起点ともなった。

3　拡大する開拓民と目的の喪失

「満洲開拓政策基本要綱」が策定されると開拓団の編成は全国津々浦々で展開されていった。すでに経済更生計画の一環として分村計画が位置づけられていたが、基本要綱によって分村計画を中心とした開拓民送出は日満両国の戦時体制を支える絶対的な国策となり、戦争前に策定された日本国内向けの経済更生計画よりも重要性が高まったのである。

実際、経済更生運動は戦時体制前の農村救済を目的として始まったものであったが、日中戦争が起こり戦時体制が強化された時代においては、政策としての意義も社会適合性も失われていた。また、その成果も思ったほどあがらず、それは戦時色が強まるなかでますます顕著になっていた。農林省も戦時体制に対応した新しい政策（食糧増産・自作農創設など）へと関心が移り、一九四一年一月に経済更生部は廃止、開拓事業は農務局経営課が引き継ぎ、転業対策は総務局総務課が所管することになった。そして、一九四二年一一月一二日に「皇国農村確立促進ニ関スル件」が閣議決定され、農家適正経営を中心とする標準農村の樹立が図られることになり、経済更生運動は皇国農村運動へと変容していった。もちろん、皇国農村運動には分村計画も含まれるが、全体としては自作農創設が中心であり、その比重は低下していた(9)。

経済更生計画と分村計画をリンクさせた適正規模論は、戦時体制下で労働力不足が顕在化したなかですでに限界が見えていた。農林省は一九四〇年頃から「農業要員指定」制度によって農業基幹労働力の流出に歯止めをかけようとしていた(『一農政学徒の回想上巻』)。実態として農林省は分村計画から一定の距離を置き始めていたといえるが、その意図を地方が理解することはなかった。

経済更生計画の変容とは別に、地方では競って経済更生指定村の満洲送出を計画するようになっていった。例えば、島根県では「分村計画ヲ経済更生計画ノ一部トシテ樹立実行セシムベク昭和十三年度以来特定村ヲ指定」と経済更生計画と分村計画を一体化し開拓民送出を強力に推進していった実績を地方長官会議で披露、府県間での競争意識が煽られていった(10)。

しかし、現実は日中戦争の長期化によって開拓民の確保はますます困難になっていった。まずは、戦争によって開拓団の中核となる成人男性が次々と召集されていったため、開拓団として予定されていた一家が辞退し、送出数に満たなくなる事態が起きていた。

また、軍隊への召集ばかりではなく、戦争によって都市部の軍需工場へ農村部からの出稼ぎが増加していった。農民の立場からすれば、満洲へ渡るよりも国内の都市に出稼ぎに行ったほうが魅力的なのは当然であった。

例えば、奈良県では政府の方針に従って、一九三九年度より経済更生計画の一環として満洲開拓民送出計画に注力するようになり、県内六カ村を分村指定して満洲への視察団の派遣を行い、その準備に取りかかっていた。ところが、「軍需殷賑《いんしん》産業ノ隆盛ニヨル労賃ノ高騰ト事変ニヨル労力ノ減退及不足トハ本事業ノ進展ヲ阻止スル事甚シク」なった結果、実際に送出計画が樹立されたのは、十津川村のみにとどまっていた[11]。

このように基本要綱を制定しても戦争の長期化による開拓政策への影響を食い止めることはできなかった。しかし、開拓民送出が至上命題のようになると、根本的な問題解決よりも目先の目標を達成することが重視されるようになっていった。そして、全国的に開拓民送出の動きが広がるなかで、そもそも開拓民の必要性に迫られていなかったり、寒冷地への入植は不向きな地域であっても例外が認められなくなっていった。

基本要綱では食糧増産を図るため農業の合理化も求められた結果、北海道農法が採用されることになった。そもそも北海道農法を満洲へ適用する案は、一九三八年二月から翌月にかけて行われた全国道府県農会幹事による北満開拓地視察において、北海道農会技師の小森健治が北海道式改良農法の採用を提唱したことによるものである。それに続いて北海道在住の篤農家三谷正太郎が満拓と農村更生協会の委嘱を受けて行った調査でも、在来農法を批判して北海道農法の採用を強く主張したことから注目が高まった。

しかし、拓務省は北海道農法の導入には消極的であったため、三谷らが直接満洲へ実験農家として入植し自家労力(家畜やプラウなどの改良農機具を使用)による大面積経営に着手、この実験は成功を収め、自家労力でも一〇町歩の耕作が可能なことを証明した。こうして基本要綱でも取り上げられて以降、主要開拓団のなかに開拓農業実験場を一つ設置して北海道農家を入植させることになった(実験場は一八カ所、入植戸数は一九一戸)(『満洲開拓史』)。

加藤完治は、日本国内でも満洲でも同じ農法を実践しようとし、「天地返し」に象徴されるような個人の内面性を重視した精神色の強い手法を推奨、大規模機械化や合理的農法などを徹底的に否定していたが、これでは満洲の広大な農地を耕作することは不可能であった。そうしたなかで現地の苦力《クーリー》や大がかりな機械にも頼らず、家族労働力のみで広域耕作が可能な北海道農法に取って代わられるのは必然ともいえた。しかし、北海道農法がすべての開拓団に広まったわけではなく、その範囲は限定的であった。官庁も軍も移民推進論者も当初から政策の拡大という政治的要求ばかりに関心を向け、農家経営と食糧増産をどのようにして安定させるかといった農民にとってもっとも肝心な課題を後回しにしてきたため、その課題に気づいた時はすでに対象となる開拓団が多すぎて改善策が追いつかなくなっていたのである。

北海道からの開拓民送出は、北海道農法の普及という役割を期待されてのことであったが、このようなケースは全国的には例外であって、他の府県では単なる数合わせで開拓団が編成され、そこには府県の特殊事情が考慮されることはなかった。

その象徴的な事例として沖縄県があげられる。沖縄県は明治以来、海外移民が盛んであって、ハワイ・北米・南米・フィリピンなど移住先は多岐にわたっていた。第一次世界大戦の結果、大日本帝国の植民地（委任統治領）となった南洋群島にも多くの沖縄県人が移住し、在住日本人の半数を占めるほどであった。しかし、沖縄県では一九三六年までに経済更生指定村となった町村は三四を数え、過剰農家戸数の割合は四三％にのぼっており、全国平均三一％よりも高かった（『沖縄県と「満洲」１』）。

このように数値的には分村計画が進められてもおかしくない状況にあったが、これまで南洋を中心に移民が送り出されている歴史的経緯があり、寒冷地農業に不慣れな沖縄県から満洲へ渡ることは、社会的には無論、政策的にも必然性が乏しいものといえた。

しかし、「国策」の恐ろしさは、地域的特性が考慮されないまま機械的に均質化が図られ、結果的に合理性を失った形式主義に陥る点にある。すでに南洋に多くの移民を送り出していた沖縄県も、寒冷地でこれまで移民実績もなかった東北各県と同じように扱われていくのである。

また、沖縄県の場合、北谷村《ちゃたんそん》出身で県選出の国会議員であった伊礼肇《いれいはじめ》が拓務参与官に就任したことも大きな影響を与えていた。伊礼は一九三七年六月、近衛文麿内閣の拓務参与官に就任すると、著書(『興亜の先駆』)を出すほど世論の喚起と開拓民送出に熱心に取り組んだ。一九三八年度に九州五県との混成開拓団である小山子九州村《きゅうしゅうむら》開拓団(集団第七次:沖縄県出身者は三九戸一二三人)が渡満したのを皮切りに、最終的には六つの開拓団が編成され、五五二戸一九一〇人が渡満した(『沖縄県と「満洲」1』)。

4 開拓団送出をめぐる地方の反応

全国的に見ると開拓団送出は、消極的か受動的に行われたものが多かった。しかし、地域の熱心な指導者によって積極的に進められたケースも少なくはなかった。

石川県鳥越村《とりごえ》(現・白山市《はくさん》)の場合、村面積の八割が山地で人口は一〇八七戸五三五六人、平均耕地面積は八反歩余、関西方面への出稼ぎで過剰労働力を調整するのが実態であった。県内でも貧村に区分される鳥越村は、一九三四年に経済更生指定村となったが、指定されると早速分村計画が進められた。分村計画には中村和吉村長の強い意志が大きな影響を与えていた。中村は余剰農家が二〇九戸と算出されたことを踏まえ、分村計画は「村の存亡にかかわる重要問題」として自らが積極的に出向いて応募者を勧誘するほどその実現に熱心であった(『8月27日』)。

石川県白山郷開拓団壮行会記念写真．金沢・尾山神社にて．1940年4月　前列右より7人目中村村長，同10人目上野村議

さらに、石川県もこれを積極的に後押しした。石川県の開拓民送出は先進県である長野県などに比べて遅れていたが、百万戸計画以降は急速に送出数を伸ばしていった。これには、試験移民送出を推進した拓務省管理局長であった生駒高常が、一九三五年一月に石川県知事に就任したことが大きな影響を与えていた。生駒の在職は一九三七年二月に満拓理事になるまでの二年間であったが、就任した年に実施された第四次移民以降、石川県は移民送出に積極的になり、県内の経済更生指定を受けた村々を中心に四つのブロック(白山郷・志加《しか》郷・鹿西《ろくさい》郷・町野《まちの》郷)に分け、県全体の視点から分村・分郷計画を進めるという特徴的な方式がつくられていった。その結果として、最終的には六六八五人を開拓民として送り出し、人口比率では全国第三位という成績

を残すことになる。

開拓民送出に積極的に乗り出した石川県にとって鳥越村の分村計画は成功させなければならないものだった。こうした県の後押しもあって、一九三八年一月に周辺三村(吉《よし》野谷《のだに》・尾口《おぐち》・河内《かわち》)を含めた亜州白山郷開拓団(龍江省富裕県)という分郷計画が実現された。

一方、同じ石川県内でも恵陽開拓団(浜江省巴彦県)の中核となった西海村《さいかい》(現・珠洲市)の場合、能登半島の日本海側に位置し耕地もほとんどなく鳥越村と同じく貧村として経済更生指定を受けていたが、補助金は更生計画に生かされず、村内から分村計画を唱える動きもあらわれなかった。結局、県からの指示で応募者を村内からかき集めて分郷計画に参加したが、開拓民として送られたのは村内の小作層であって、旦那(地主)・親作(自作)と呼ばれる層からは誰も参加しなかった。[12]

このように根深い因習と強固な社会階層が存在する農村では、開拓民として選ばれる農民が下層農民になりがちであった。当時の日本国内の農民の多くは、満洲のイメージもなく、渡満という選択は考えたこともないのが普通であった。能登半島は日本海を挟んで満洲に接しているともいえた。しかし、そのような感覚を持ち合わせている農民はほとんど存在せず、彼らに対して、いくら貧しいとはいえ開拓民となって満洲へ渡ることを納得させることは容易ではなかった。結果として、開拓民選出の多くは地域の因習が絡んで半ば強制的なものとなったのである。

また、開拓民送出の一翼を担っていた各機関でも、農民と直接接点のない満移とは異なり、農会のような農民と日常的に接する団体は、農民の意識を無視することもできなかった。しかも、地主層の多い農会にとって、彼ら自身の農業経営の観点から、労働力である小作人の村外流出は望ましいことではなかった。

一九三八年度から農林省は、分村計画に本格的に乗り出し、町村に対して補助金を交付していった。その際、①中心人物と呼ばれる積極的な計画推進者を物色すること、②分村計画を挙村問題として取り上げること、③分村戸数は一町村で少なくとも三〇戸以上とすること、④一開拓団あるいは一部落を形成する場合は拓務省の方針で二年以内に二〇〇―三〇〇人、または二〇―三〇戸の送出が必要なので年次別計画はこの条件を遵守すること、⑤移住農家の負債は全村協力して償還計画を樹立すること、⑥移住農家の土地建物その他財産は自由処分を避けて農村計画に基づき適正に統制すること、などの指示が行われた(『帝国農会史稿　記述編』)。

農林省がこのような指示を出した頃、道府県農会幹事主任技師協議会が開催され、分村計画が審議された。そのなかで満洲では一〇町歩を完全耕作している農家がほとんどないため営農成績が不振であること、農村に不慣れな拓務省との意思疎通がうまくいっていないこと、農村労働力が応召や時局産業への転出によって急激に減少したため農業生産の維持が困難になり分村どころではないこと、など分村計画に消極的な意見が相次いだ。しかし、政府としては帝国農会に対して積極的な協力を求め、一九三九年度からは農林省から一万五〇〇〇円にものぼる分村計画指導費の補助金が交付され、さらに翌年度は二万円と増額されたため、帝国農会も分村計画に積極的に応じ、分村計画に手応えがありそうな郡を特別指導郡として指定し(一九四〇年度の指定は岩手県胆沢《いさわ》郡、山梨県甲府市および西山梨郡、長野県更級《さらしな》郡、佐賀県西松浦郡、大分県南海部《みなみあまべ》郡)、重点指導を試みるようになった(『帝国農会史稿 記述編』)。

しかし、このように帝国農会が積極的な姿勢を見せても、全国各地の農会の指導はまったく盛り上がらなかった。原因は、満洲での実情と将来の見通しが暗く、農民がなかなか腰を上げようとしなかったからである。

こうした実情に対して、政府はさらなる補助金攻勢を仕掛け、ついに一九四一年度には拓務省も分村計画指導費を助成するようになり、助成額は農林省とあわせて三万七〇〇〇余円にまで膨らんだ。この傾向はその後も続いたが、それでも送出実績はあがらなかった。

実際、一九四一年度に帝国農会は開拓民送出実態調査を実施していたが、結果はどこも成績不良であった。例えば、石川県鳳至《ふげし》郡町野町は一九三七年に分村計画を立て、過剰農家四九八戸を一〇年かけて送出することにしたが、第一期(一九三七—四一年度)で計画二四九戸に対して実績は二割にも満たない四六戸しか達成できなかった。村内で送出の障害となっている要因として、①老人婦女子の反対、②退団帰郷者の言動、③負債関係、などが挙げられていた。しかも、これまでの送出によって発生した余剰耕地の大部分は残留家族の保管または親族の管理となっており、処分された耕地はわずかにとどまっていた(『帝国農会史稿　記述編』)。

開拓団に対する不評は、退団者などによって全国的に広まっており、開拓民の応募者が少ない一因にもなっていた。実際、「政府及雑誌新聞又ハ講演或ハ政治家ハ満洲ハ何テモ良イ地方テアリ何ヲヤツテモ成功スル様ニ吹聴スルケレ共之等《これら》ノ者ノ口車ニ乗ツテ欺サレテ入満シ目モ鼻モツカス現在非常ニ苦シンテ居ル者カ半数以上モヰマス今ニナツテ皆後悔シテヰル」(千振勤労報国隊員の手紙)とか、「現在団ノ米ノ配給ハ夫婦二人テ一日三合テス馬鈴薯ヲ五割位入レテ食ツテ居マス只今ノ処開拓団ハ内地以上ノ苦シミテス砂糖ハ二ヶ月二人テ百三十匁《もんめ》テス塩ハ忘レタ時分ニタマタマ来マス」(北安省徳命開拓民の手紙)といった開拓団の窮状を訴える声もあれば、「移民団ト言フモノハ内地ノ新聞ヤ雑誌等テ大変評判ヨク宣伝シテ居リマスカ実ノ処ソウテハナイノテス可愛想ナモノ許《ばか》リテスヨマルテ満人達ノ様ニ汚イ風ヲシテ朝早クカラ晩遅ク迄畑ヲ耕シ一年中コンナ事許リテ楽シミト言フモノハナイノテスソシテ十年ノ長イ間辛棒《しんぼう》シテ漸ヤク二町ノ土地ヲ拓務省カラ貰フタケノモノテス　大陸行ノ花嫁ト言ヘハ大変良ク聞エマスカ聞イテ極楽見テ地獄トハ此ノ事テセウ」(満鉄社員妻の手紙)といった他の日本人からは憐れみの目で見られている実態があった(『検閲された手紙が語る満洲国の実態』)。

結局、農民の側から主体的な動きがない限り、開拓民送出は補助金という間接的な圧力を含めて何らかの強制力が働かなければ実現できなかったといえる。

高知県の場合、第二期産業開発五カ年計画が始まるのに合わせて、特別指導郡運動が展開された。これは全国府県のなかで、開拓民送出に熱意があり送出の好条件を備えている郡を先述した「特別指導郡」に指定し、これを梃子に全県に分村計画を広めようというもので、高知県では一九四二年に幡《は》多《た》郡が選定された。山間漁村で耕地の少ない幡多郡は、五町二九村から構成されていたが、すでに指定されていた経済更生計画時の資料などをもとに開拓団一二団の編成・二二〇〇戸送出が計画された(『高知県満州開拓史』)。

郡内の十川《とおかわ》村(現・四万十町、五六七戸)もその分村計画の対象となり、五年間で一〇〇戸以上二〇〇戸以内の送出が求められた。分村計画は一九四二年度に先遣隊、一九四三年度から本格的な送出となっていたが、村ではまず先遣隊について部落ごとに人員を割り当てたものの、割り当てを満たせる部落は少なかった。さらに本隊の開拓民選出をめぐっては大紛糾を来し、「徹夜シテ後続部隊決定ニ慎重審議ヲ重ネシモ決定セズ」という状態が続き、最終的に「抽籤ヲ以テ決定」、「籤ヲ引キ落チタ人ハ如何ナル困難ナル事アリテモ分村本隊員ニ参加」することになった(『万山十川開拓団史資料集』)。

5　義勇軍への傾斜と対象の拡散

開拓民の送出が計画通りに進まないなか、その埋め合わせとなる義勇軍の役割がますます注目されるようになった。

社会経験が乏しい一〇代の青少年を対象にした義勇軍は、開拓民送出成績が振るわない府県では魅力的な存在であった。すでに日中戦争開始以降、戦時体制が強化されるなかで興亜教育運動が広まり、各府県下の郡市教育会が拓殖訓練というかたちで積極的に支える仕組みができあがっていた。

青少年義勇軍への勧誘は、学校という閉鎖された空間のなかで行われる。しかもその勧誘者は生徒に対して絶対的な立場にある教師であり、その子供に対する影響力は極めて大きい。当然府県もその特殊性を認識し、学校関係者への働きかけに重点が置かれていた。

京都府の例では、四―五月頃に高等小学校卒業生の義勇軍送出が行われた直後から翌年の隊員募集が開始される。これは地方事務所を通じて各市町村と学校へ通達され、まずは夏期休暇中に行われる拓殖訓練への参加が呼びかけられた。この拓殖訓練に参加した生徒のなかから義勇隊員志願者が出るのが一般的であったとされる。さらに、義勇隊員が現地訓練三年を経て義勇隊開拓団（義団）へ移行入植し生計を立てるのにあわせて、「大陸の花嫁」の斡旋まで行っていた（『義勇隊魂』）。

義勇軍募集と配偶者となる女性を対象とした宣伝・指導・訓練は表裏一体の関係にあった。府県では女子拓殖訓練所を設置して配偶者養成を行う一方、満洲では開拓女塾を全国一六カ所に設置して配偶者となって入植した女性の生活訓練を行った。また、女性の渡満に対しては、家族の反対が当然強くなることも見越し、その対策も講じられていた（『満洲開拓史』）。

このように、府県はきめ細かい勧誘システムを作り上げ、それに学校関係者が積極的に関わっていたが、実際に勧誘する時点では当然保護者である父母の強い反対に直面する。彼らを説き伏せることは子供以上に困難であったため、説き伏せやすい家庭が勧誘のターゲットとなるのは自然の流れであった。すなわち、成績不良者や母子家庭、そして「親のない子かまま母」の子供たちという学校現場における「弱者」がその対象となりやすかったのである(13)。

満洲へ開拓民を送るという国策に対しては、総論として誰もが賛成するが、自己の身に関わることになると誰もが反対するのは当然であった。結果として政府は府県へ、府県は町村へ送出圧力をかけ、最後の町村内では共同体意識が壊れるような方法を採ってまでして、これに応えなければならなくなっていたのである。

また、開拓政策が拡大するにつれ、農村問題の解決という本来の目的が拡大解釈され、国内の社会矛盾の解決まで掲げられるようになった。政策の拡大によって、あらゆる問題がこじつけられていく一つの事例として融和事業があげられる。

当時、日本国内では部落問題が大きな社会矛盾となっていた。部落問題に関しては、一九二〇年代を中心にして全国水平社による運動が活発であったが、水平社運動は当時のマルクス主義の影響を受けて階級闘争的であった。これに対して、内務省は水平社を押さえ込む一方、中央融和事業協会を組織(初代会長は平沼騏一郎、一九四一年に同和奉公会へ改組)、水平社と一線を画す融和団体を育成して穏健路線を推進しようと図っていた。

もともとは国内の差別問題の解消を図ろうとするものであったが、開拓政策が拡大されるなか、被差別部落民も満洲へ送り出すことで、開拓民数を確保すると同時に国内の差別問題を根本的に解消できるという考えに発展していった。

一九四〇年六月二五日、中央融和事業協会は厚生省(一九三八年に内務省衛生局・社会局を分離して設置。内務省から融和事業を引き継ぐ)・文部省・各府県担当者、同和団体などを集めて全国融和事業協議会を開催した。ここで資源調整事業と同和促進事業の二大重要事業が決定されたが、資源調整事業のなかに人口資源関係の調整を図るための満洲への移住が含まれていた。具体的には、農林省指定の分村計画樹立町村または経済更生特別指定町村内にある部落のなかから、一府県につき一部落を特別指導地区として指定、満

来民開拓団の農作業．1942 年 7 月

洲への送出などを図ろうとするものであった(『赤き黄土』)。

確かに、因習や差別というものは特定の地域や集団に根ざしたものであり、普遍性を持つものではない。したがって、満洲という新天地に日本国内の因習や差別は持ち込まれない傾向があった。中央融和事業協会(同和奉公会)は開拓団に被差別部落民を混在させることで差別問題の解消を図ろうとし、さらには、被差別部落のみの分村計画も立てられるようになるのである。

特別指導地区として指定されたのは全国で二五地区にのぼったが、最初に分村計画を実行したのが熊本県鹿本郡来民《くたみ》町(現・山鹿《やまが》市)内の被差別部落地区であった。結果的には国内唯一の被差別部落が中心となった来民開拓団は、一九四一年五月に先遣隊を派出、翌年には本隊が入植、三〇余戸の集合開拓団(第二次)として誕生した。その後、来民町全体の分村計画が繋ぎ合わされ、最終的には八二戸三一六人となった。この開拓団は途中から来民町分村計画に拡大されたため、被差別部落民以外も混在することになったが、それでも被差別部落民は七割を占めた。すなわち、融和事業の延長に位置づけられていたのである（『満州移民と被差別部落』）。

このように、開拓政策の拡大はあらゆる社会層を取り込むことになった。それは、対象が農民に限定されないことをも意味し、戦局の悪化にともなって非農業民の開拓民化が急速に進められることに繋がっていった。

6　戦局の悪化と開拓政策の破綻

一九四一年に入ると日米関係が悪化し、いよいよ日本をめぐる状況は厳しいものとなっていった。すでに前年の一九四〇年九月、日本軍が北部インドシナに進駐するのと同時期に日独伊三国軍事同盟が締結されると、アメリカは屑鉄禁輸措置に踏み切った。以降、工業原料の輸入が激減し対米輸出も停滞した。日本は中小商工業者の比率が高く、外国貿易の停滞は彼らの経営を直撃することになった。

そうしたなかで、政府は生産力拡充政策を重点主義方式に転換、それに沿って商工省では中小商工業の整備統合を促進し、廃業者を必要産業に労働力として再配置する方針を固めた。そして、一〇月二二日に「中小商工業者に対する対策」が閣議決定され、そのなかで初めて転業者の転換先として「満洲開拓民(中小商工業開拓民を含む)」が挙げられたのである。しかも満洲開拓民への転換は「我国策に協力せしめることにもなり最も勧奨すべき転換策」と位置づけられていた(『商工政策史 第12巻』)。

拓務省はこうした動きに敏感に反応し、要転業者から一〇万戸の開拓民化を図り、一九四〇年度には早速、五〇〇〇戸の送出計画を立てたが、実際の入植は一一〇〇戸余にとどまった。しかし、日米開戦によりますます開拓民候補となる農村の労働力が不足する一方、企業整備が進展したことで要転業者数は増加、すでに第二期五カ年計画でも転業開拓は重要な柱と位置づけられており、一九四二年度からは大陸帰農開拓団を編成、計画戸数二七五〇戸は全体送出計画の二三%を占めるほどになった。その後も帰農開拓団は拡大の一途をたどり、翌一九四三年度は計画戸数四〇〇〇戸、全体の三二%を占めるまでになったのである(『満洲開拓史』)。

また、賀川豊彦が提唱して一九四〇年にハルビン市郊外に入植した長嶺子開拓団は基督教開拓団、大阪の日蓮宗本門仏立講信徒による沙里仏立開拓団(一九四一年)および東京の同講信徒による仁義仏立講開拓団(一九四三年)は宗教開拓団であるが、参加した開拓民は転業者であった。宗教界でも信者救済としての帰農は、一つの選択肢として有望視されていたのである。

一九四一年一二月八日に始まった日米戦争によって、満洲国をめぐる状況はますます厳しいものになっていった。

日米開戦前の七月一四日、陸軍は「臨時満洲開拓政策遂行要領」を策定、関東軍にこれを伝達した。ここでは「満洲開拓政策当面ノ目標ヲ北方警護ノ強化特ニ有事ノ際ニ於ケル満洲国内後方治安ノ維持並ニ後方基地ノ充実確保就中《なかんずく》主要糧穀ノ増産、保有ニ集中スルコト」と定め、開拓団を明確に有事の際の後方基地として位置づけていた(14)。

このような指示が出された要因は、同時期に実施された関東軍特種演習(関特演)との密接な関係、すなわち対ソ戦発動の準備を進めていたからであった。結局、対ソ戦は発動されず日本は南方へ進出、アメリカとの戦争に突入するが、この関特演で開拓団と義勇軍は生産部門(食糧供出・木炭増産)と警備部門(治安維持・後方援護・軍役従事)において協力を行い、一定の成果をあげていた(15)。すでに開拓団は有事の際の軍事基地としての役割を与えられ、それは敗戦まで変わらなかったのである。

こうしたなか、一九四二年度からは第二期五カ年計画が始まった。その方針では「東亜防衛における北方拠点の強化」と「満洲農業の改良発達および増産促進」に重点が置かれ、五カ年で開拓民二二万戸・義勇隊一三万人を計画目標としていたが、相変わらず農村の適正規模論に基づく分村計画に依拠していた。しかも、短期間で計画目標を達成するため、これまでの送出期間三年を二年に短縮、また五〇戸以上はすべて集団開拓団

表2　第一期五カ年計画実績(1941年12月末現在)

年度	集団(戸)	集合(戸)	分散(戸)	合計(戸)	義勇隊(人)	集団(朝鮮人)(戸)	集合(朝鮮人)(戸)
1932-36	2,900 2,479	 31	 631	2,900 3,141			
1937	5,000 3,770	1,000 29	 58	6,000 3,857	 319		3,000 2,391
1938	5,000 4,192	1,000 598	 134	6,000 4,924	30,000 19,830		2,835 2,834
1939	10,000 6,342	1,000 821	 326	11,000 7,489	30,000 10,818	 608	6,000 5,026
1940	16,000 4,938	3,000 2,927	1,200 65	20,200 7,930	12,600 9,156	3,000 2,757	2,000 1,360
1941	15,000 2,085	4,000 639	1,950 17	20,950 2,741	12,000 2,753	2,000 1,145	2,000 197
合計	53,900 23,806	10,000 5,045	3,150 1,231	67,050 30,082	84,600 42,876	5,000 4,510	15,835 11,808

＊各年度の上段は計画，下段は実績．このほか商鉱工開拓民228戸・鉄道自警村384戸．1941年度に義勇隊17,436人が第一次義勇隊開拓団へ移行．なお，先遣隊入植時期などによって最終戸数は変動する
「満洲開拓第一期五ヶ年実績」(「那須文庫」)より作成

となり実質的に集合開拓団というカテゴリーは消滅した。一方、義勇隊開拓民の配偶者を確保するため、女子訓練制度に重点を置くことなどの特徴も見られた。さらに、前述した特別指導郡運動が取り入れられ、この頃、農林省主導で経済更生運動から発展した皇国農村運動と重なるかたちで展開されていった(『満洲開拓史』)。

このように戦局が悪化するなか、より成果を求めようとする傾向が強まったが、第一期計画の実績(表2参

照)が計画に遠く及ばなかったことからも分かるとおり、土台無理な計画であって、開拓民数が割り当て数を超えることはなかった。しかし、数値目標が定められていると無理をしても達成しなければならないという空気が支配的となり、それは地方においていびつなかたちで展開されていった。

福井県では、郷土から送出された大野郷開拓団に食糧増産奉仕隊員(満洲建設勤労奉仕隊)を派遣しようとしたところ、大野郡野《の》向《むき》村では一人も応募者がなかった。これに対し、福井県大野地方事務所長は一九四三年三月二二日付で県庁事務官に宛て「将来国策ニ随ヒ開拓団員並ニ大陸奉仕隊等積極的ニ進出致ス可キ秋《とき》」なので、今後の教訓として村民五人を列記し、「時局国策ノ為メ徴用相成ル様」関係課と連携して「特段ノ御手配」するよう求めていた[16]。

満洲建設勤労奉仕隊は一九三九年から始まり、全国の青少年(女子も含む)を開拓団・特設農場(満拓経営)・報国農場(農林省管轄)に派遣し、二―七カ月程度の勤労奉仕を行わせるものであったが、開拓民とは性格が異なる。しかし、勤労奉仕隊ですら、懲罰という強制力を使わなければならなかったことからも分かるように、開拓民の募集は困難を極めていた。

また、義勇軍に関しても同様の状態であった。一九四三年四月一六日付で大野地方事務所から大野郡内の青年学校長・国民学校長宛に次のような依頼が伝えられた。それによると、三月末に福井県郷土中隊を編成し、二一二人を内原訓練所へ入所させたが、六〇人が不足しているため、郷土中隊として独立できないので補充が必要であり、さらに、大野郡の一九四三年度送出割り当て数は六四人にもかかわらず、三六人しか集まっていないことから「本郡ノ面目ニカケテモ割当数確保」をお願いするというものであった(17)。

開拓民の不足が顕在化するなか、それを補う役割として義勇軍への期待は年々高まっていった。しかし、義勇軍の募集も簡単にはいかなくなっていたのである。しかも、義勇軍も一九四四年末には義勇隊訓練生が軍要員不足を補うため、関東軍補給廠要員として警備を任されたのを皮切りに、やがて軍需工場に戦時勤労挺身隊として派遣されるまでになった。もはや義勇隊員は本来の目的から外れ、工業労働力の穴埋めとなりつつあったのである。

一九四四年二月、新京で「第二回開拓全体会議」が開催された。この会議では、これまで行っている分村開拓民送出以外に「企業整備並都市疎開ニ伴フ大陸帰農開拓民ニ一層重点ヲ指向スル」と、産業合理化によって転廃業を余儀なくされた中小商工業者と空襲に備えて建物疎開を受けた者を対象として、彼らを開拓民とすることが強調されていた。一九四四年段階になると、一般農民よりも戦時下で生活基盤を失った者たちを開拓民として選び出そうとしていたのである。さらに興味深いことに、「関東州内並国内ノ日本内地人帰農開拓民、都市疎開開拓民(以上イズレモ仮称)、都市人口疎開、義勇隊現地募集等ニ就テモ漸次之ヲ制度化スル様考慮」と、満洲国と関東州に在住する日本人（開拓民ではなく、都市部に居住していた市民）の満洲国内での開拓民化も計画されていたことが注目される。

この会議で示された方針は、大東亜省（一九四二年一一月一日に拓務省・対満事務局などを改組して設置）を通じて地方庁へ伝達された。六月一二日付で大東亜省満洲事務局長から奈良県知事宛に出された「第十四次集団開拓団ノ編成指導ニ関スル件」によると、帰農開拓団に関しては、「企業整備進捗状況ニ即応シ可成《なるべく》中小都市ヲ目標トシ特ニ大都市ニ於テハ更ニ疎開トノ密接ナル関連性ヲモ考慮ノ上一都市一団ノ編成ヲ指導シ事情ニ依リテハ数都市ノ連合計画ヲモ採ラシメ又ハ当該地方ノ分村計画中ニ合流セシムルコト」と、開拓全体会議で出された方針を基に、都市住民を対象に分村・分郷形式を応用して送出することが各県に指示されていた(18)。

このようにして、開拓政策の最末期に行われたのが都市疎開住民を対象とした送出計画である。これは当初、東京や大阪などの都市で空襲に備えて行われた建物疎開によって家を失った人たちが対象となった。東京では武蔵小山商店街の住民で構成された興安荏原《えばら》郷開拓団（一九四四年一月）が最初となる。さらに、一九四四年暮れから東京への空襲が始まり、翌四五年三月の東京大空襲によって多くの市民が家を焼け出された。その一部が区役所の勧めに従って落葉松《からまつ》開拓団として満洲へ渡った。

　このほかにも、東京以外の大阪なども含めて空襲罹災者の渡満は断続的に行われたが、本来の開拓団として編成されたものではなく、すでに入植している開拓団の補充として渡満するなど状況が錯綜しており、全体の数を把握することは困難である。

　ちなみに、国内送出最後の開拓団となったのは、東京農業大学が東安省内に持っていた湖北報国農場内に設置予定であった常磐松開拓団である。この開拓民の多くは空襲罹災者であったが、一九四五年六月二六日に東京を出発したものの、途中で船が触雷で沈没、やっとの思いで朝鮮半島の元山に上陸し、牡丹江駅に到着したのが八月八日深夜、それから数時間後に彼らはソ連軍の満洲進攻に遭遇することになる(『凍土の果てに』)。

　国内ではすでに開拓政策は破綻に近づいていた。その一方、満洲へ初期に入植した開拓団は営農がようやく安定してきた時期でもあった。しかし、満洲国内では食糧増産が叫ばれ、労働力不足も顕在化していた。こうした状況の悪化は、入植間もない開拓団にとって大きな打撃となった。満洲国も戦局が悪化するなか、日本国内への食糧供給の役割を担わされるようになり、年々日本側から食糧増産と食糧供出を求められた。その一方、日本側は食糧増産の役割を担う開拓民の意義を認めて、「規定方針ニ則リ開拓政策ノ強行実施ヲ図ル方針」と、ますます開拓民送出に傾斜していった(19)。

　そして、このような日本側への食糧供出は、満洲国内で苛烈な集荷工作へと発展し、それが現地民の怨嗟を生む要因となっていった。

経済更正計画と分村計画を結びつけるうえで重要な役割を果たした杉野忠夫は、一九四〇年に農村更生協会を辞め、開拓総局参与となって満洲国へ渡っていた。満洲国では開拓政策のなかでも勤労奉仕隊関係を中心に活動をしていたが、戦争末期の一九四四年九月に突然、能登半島の郷里に戻り、県立修練農場長として開墾生活に入った。満洲を去った理由について、杉野は、朝鮮国境の長白山麓で一人の日本人農夫が現地民から慕われつつ水田耕作をしているとの話を聞き、開拓は現地民の信望を集めるように「量から質」に変わらねばならないと悟り、故郷で内原方式によらない家塾式の開拓者教育を目指して再出発を決めたからと語っている(『海外拓殖秘史』)。

杉野自身は言及を避けているが、戦局が悪化するなか、自分の理想とする開拓像と満洲国で行われていた現実の開拓像とのギャップがますます広がっていくことに耐えられなくなったのである。こうして開拓政策が制御不能に陥るなか、杉野ら推進者たちも振り払われていった。

一九四五年に入ると、関釜航路も日本海航路も米潜水艦の脅威にさらされるようになり、大陸との交通路は遮断寸前となった。すでに農村では相次ぐ出征と勤労動員、そして食糧増産要求によって、開拓民を送出する余力も失われ、残されたのは都市の空襲被災民くらいになっていた。

そして、敗戦約一カ月前の七月二日、大東亜省は「現戦局下ニ於ケル満洲開拓政策緊急措置要綱」を策定、「内地ニ於ケル緊急要因充足ノ要請並ニ内地大陸間航路遮断乃至《ないし》至難ノ情勢ニ鑑ミ満洲開拓民(青少年義勇軍等ヲ含ム以下同ジ)ノ送出ハ原則トシテ一時之ヲ中止ス」ることを決定した。[20]

こうして満洲事変を機に始まった満洲開拓政策は、最終的な送出数も一人一人の個人の記録もまとめられないまま、「一時之ヲ中止」というかたちで終焉を迎えたのである。しかし、政府としては一つの国策の中断ということで事務的に処理できるが、戦争はまだ続いていた。国策によって満洲へ送られた開拓民たちは、ここから戦争の過酷な現実に直面するのである。

第6章

開拓団の壊滅と開拓民の戦後

方正日本人公墓

一九四五年八月、ソ連軍の対日参戦によって満洲が戦場になった。多くがソ連国境近くに点在していた開拓団は、対ソ防衛の軍事拠点でもあった。しかし、日ソ開戦直前に関東軍によって行われた根こそぎ召集によって成年男子が不在となっていた開拓団では、ソ連軍の攻撃と現地民の襲撃によって集団自決が相次ぎ、逃避行を続けるなかで死亡者が激増、中国残留日本人という現在も続く問題の起源ともなった。

開拓団の悲劇は戦後になっても続いた。かろうじて生き残って日本へ引き揚げた開拓民にとって、すべての財産を処分した故郷での生活再建は不可能となっていた。一方、食糧不足に苦しんでいた日本では、緊急開拓政策による食糧増産を計画、開拓民らを対象として、国有地の開放と未墾地への入植を進めた。しかし、開放農地の多くは、もともと農業に適さない荒蕪地であって、再入植した彼らの生活は苦難の連続であり、ほとんどが失敗に終わる。さらに、日本が独立すると再び海外移民が進められるようになり、ドミニカ移民のような悲劇が起きた。結局、戦後になっても国策の失敗が繰り返されたのである。

また、敗戦後、中国東北部に残留した日本人の存在が明らかになり、日中国交正常化以降、彼らの帰国が始まったが、国の対応は後手に回り、十分な対策を打ち出すことができないなか、帰国者による集団訴訟にまで発展する。

1　ソ連軍の満洲進攻と根こそぎ召集

一九四五年八月九日未明、ソ連軍は満洲に進攻を開始した。国境周辺の開拓団を中心にソ連軍の攻撃にさらされたが、さらに現地民の襲撃も加わって被害は拡大の一途をたどった。

関東軍はソ連が満洲へ進攻することをまったく予測していなかったわけではなかった。すでに前年の一九四四年九月一八日、大本営は大陸命第一一三〇号をもって関東軍に対して長期持久戦への転換を求め、これに対応するかたちで関東軍は翌四五年一月一七日までに満洲東南部と朝鮮北部を確保するための持久戦計画を策定していた（『その日、関東軍は』）。

実質的にはこの時点で、対ソ戦が勃発した際、開拓団が点在する国境周辺は放棄されることが決まっていたといえる。ただし、それから間もない二月二四日、関東軍は「関東軍在満居留民処理計画」を策定、国境周辺の老幼婦女子の退避と青壮年男子の召集を立案していた。すなわち、この段階では一般男性の根こそぎ召集と同時に老幼婦女子の南満への避難が計画されていたのである。しかし、この避難計画の実施について、五月以降大本営と関東軍とのあいだで協議されたものの、対ソ静謐保持の立場を崩さない大本営は、現地民の動揺を招くと同時にソ連軍の攻撃を誘発するとの理由から実施に同意しなかった(1)。

結局、五月三〇日、大本営は関東軍に対して対ソ作戦準備の命令を下し、関東軍は当初の計画に基づき全満洲の四分の三を放棄、東部山岳地帯と朝鮮北部での対ソ持久戦の準備を開始した(『関東軍2』)。

これに合わせて在満日本人のうち、一七歳から四五歳までの男性を対象とした緊急動員を開始、避難計画は実行されないまま男性の「根こそぎ召集」だけは実施されることになった。第5章で述べた「満洲開拓政策基本要綱」が策定される過程で、開拓民の現地召集が重要な課題として検討されており、義勇隊員にいたっては当初から兵士の青田買いの側面が強かった。しかも、関特演(関東軍特種演習)の際には開拓団や義勇軍が後方支援に重要な役割を果たしていた。これらのことから分かるように、関東軍にとって、有事の際に開拓民や義勇隊員が実戦に投入されることは当初から織り込み済みであったのである。

これまでに、召集を免れられるといった風評を信じて開拓民に応募したケースもあったが、現実はより過酷な状況下で彼らは兵士とされ、家族と引き離されたのである。

一方、根こそぎ召集によって開拓団の稼働率は激減、増産目標の達成も怪しくなるなか警備面での問題も顕在化していた。そこで満洲国開拓総局は有事に備えた非常措置を検討した結果、①北満の開拓民は浜綏線《ひんすいせん》(ハルビン—綏芬河《すいふんが》)以南に移動、②応召留守家族は団本部へ集結、③八月までに奥地僻遠地の開拓団を併合集結、④団幹部の応召免除を関東軍に強く要請、以上四つの成案をまとめ七月末に地方行政機関へ通達した(『原野に生きる』)。

しかし、すでに義勇隊訓練所や義勇隊から移行した義勇隊開拓団では一人の幹部もいないところが大半になっており、一般開拓団でも四〇戸の部落で一〇〇人近い女性・子供に対して男性は老人と病弱者が数人という絶望的な状況が生まれていた。そうしたなかで、日ソ開戦を迎えると最後の根こそぎ召集が行われると同時に、開拓総局からの通達に従い各省公署から避難命令が出されるというまったく相反する指示が開拓団にもたらされ、これが混乱に拍車をかけることになった(『原野に生きる』)。

関東軍は根こそぎ召集まで行った結果、七〇万人(軍属を除けば六〇万人、うち根こそぎ召集者は一五万人程度)もの兵士だけはかき集めたものの、ソ連軍は二・五倍の一七四万人の兵力を動員、しかも火砲・戦車・航空機の数量では二五倍以上と圧倒していた。当然、まともに戦える状態ではなく、とくに激戦が展開された東部国境に近かった開拓団はたちまちのうちに戦火に巻き込まれた。

日ソ戦争は八月一五日になっても終わることはなかった。公式には、一九日に関東軍とのあいだで停戦合意が成立したことで関東軍の武装解除が開始されるが、場所によっては八月末まで戦闘が継続、さらに、武装解除を受けた兵士たちの大半はソ連へ連行されていった。シベリア抑留の始まりである。根こそぎ召集で兵士にされた開拓民や義勇隊員たちは停戦時に現地除隊をして開拓団へ戻る者もいたが、そのままソ連軍によってシベリア抑留となるケースも頻発した。彼らは残してきた家族の安否を確かめる術もないまま数年間にわたる強制労働を強いられ、生き残った者たちは帰国して初めて家族を喪ったことを知ることになる。

一方、ソ連軍は老人と子供と女性ばかりになっていた開拓団を容赦なく攻撃した。攻撃を受けた側からすれば、なぜそこまでしなければならないのかと憤るのも当然である。しかし、ソ連軍からすれば開拓団に男性がほとんどいなかったことまでは把握していない。しかも、当初から開拓団は軍事拠点と見なされる存在であったのである。

そもそも移民を最初に構想した東宮鉄男は、そのモデルをソ連が行っていた武装移民に求めていた。ソ連は満洲事変直後、軍事的に優位にあった関東軍が極東地方へ進攻することを恐れており、防衛体制の構築を急ぐため、その一環として武装移民を極東に入植させていた。東宮はこのソ連の武装移民をモデルとして武装移民計画を構想したのである(『東宮鉄男伝』『満洲開拓史』)。

占領地の支配強化を目的として自国民を入植させる政策は、ヨーロッパでは一般的であった。例えば、第一次世界大戦後に独立したポーランドでは国境を接するソ連との軍事的緊張状態が続いていたため、東部国境周辺にオサドニッツイと呼ばれる武装移民を入植させ、国境防衛に充てていた(『カチンの森』)。

また、ドイツは第二次世界大戦中に一二〇万人ものポーランド人を独軍占領地ウクライナに強制移住させ、彼らを追放した後には、ドイツ本国からドイツ人の入植を進めていた。このようにドイツとソ連に挟まれた東欧では、支配と移民とは表裏一体の関係にあって、入植は政治的・軍事的意図を抜きにして語ることはできないものであった。

ということはソ連側から見れば当然、日本が満洲国内で建設した開拓団は政治的意図によってつくられた軍事組織以外の何ものでもなかった。しかも、実際に関東軍は開拓団に軍事的役割を求めていたのであり、日ソ戦時に軍命令で戦闘に直接従事した開拓団(間島省琿春県集団第一二次飯詰開拓団・同県義開第四次小波開拓団・東安省虎林県集団第一三次光開拓団など)や義勇隊(牡丹江省東寧義勇隊訓練所・黒河省孫呉義勇隊訓練所)もあったのである。

開拓団をめぐる悲劇は、このように当時の国際的通念からすれば開拓団は軍事組織と見なされていたにもかかわらず、当事者である開拓民たちにとっては、日本国内と同様の「村」としてしか認識しておらず、関東軍が守ってくれる以上、軍事攻撃にさらされるとは露ほども思っていなかったというギャップの大きさにあるといえる。

また、関東軍幕僚を除けば、開拓政策を推進した民間人や官僚も国内問題という極めて内向きな視点からしか開拓団を考えていなかったことも大きな問題であったといえる。軍事的緊張感が強い外国への入植という国際的な問題を日本限定の内向き思考でしか捉えられない政治エリートの想像力の貧困さは、日本社会の宿痾《しゅくあ》でもある。

2 開拓団の壊滅と開拓民の引き揚げ

ソ連軍の攻撃によって開拓団が壊滅したケースとしては、東安省鶏寧県の哈達河《ハタホ》開拓団(集団第四次)が避難途中にソ連軍戦車部隊との戦闘に巻き込まれ集団自決となった麻《ま》山《さん》事件が挙げられる。哈達河開拓団は第四次試験移民として入植した全国混成の開拓団で、一〇二二人(応召者は一六八人)を数えていた。日ソ開戦によって八月一〇日には避難を開始、一二日に林口県麻山で日ソ両軍の戦闘に巻き込まれて先頭隊が戦闘に参加したものの、関東軍は敗退した。そのため、後方からソ連軍戦車部隊が接近との報せを受けた本隊では、斬込隊三七人を残して団長飯沼洋二以下四六五人が集団自決した(公式記録では哈達河開拓団の死亡者は三七九人・行方不明者一八四人・帰還者二二三人)。なお、この麻山事件には分村移民の先駆けとして哈達河に入植していた南郷村の開拓民一二二人も巻き込まれ、九四人が死亡している(団長皆川七之助も死亡。帰還者は一四人)(『麻山の夕日に心あらば』『満洲開拓史』)。

また、開拓団をめぐる事件で最大の惨事となったのは佐渡開拓団事件である。これは東安省勃利県の佐渡開拓団跡地において、避難してきた宝清県の万金山高社《こうしゃ》郷(集団第九次)・尖山更科郷(同)・東索倫河埴科《はにしな》郷(集団第一〇次)・東横林南信濃《みなみしなの》郷(集団第一二次)・南哈嗎笠間《かさま》村(同)・北哈嗎阿智《あち》郷(集団第一三次)と虎林県の清和開拓団(集団第七次)が、ソ連軍の攻撃を受けて一四六四人もの犠牲者を出したという事件で、敗戦からすでに一〇日以上も経過した八月二七日に起きた点でも特異なケースであった。

これらの開拓団は国境近くに点在していたため、日ソ戦勃発直後から避難を開始、その途中で現地民の襲撃などを受けて損害が大きくなるなかで、避難方針をめぐって混乱を来し、次第に団内がバラバラになりつつ佐渡開拓団付近に集結した。しかし、二四日に不時着したソ連軍機を射撃して破壊、二六日にも開拓団にやってきたソ連軍トラック三台に射撃を加えて炎上させたため、翌二七日にソ連軍の銃火器による猛攻撃を受けて全滅したのである。

更科郷開拓団は三九九人のうち三七一人、高社郷開拓団は五九二人のうち五四五人、埴科郷開拓団は二四〇人のうち二一五人が死亡し、行方不明者を合わせるとこれらの三開拓団は全滅といえる大惨事となった(『満洲開拓史』)。彼らは二〇日間近くも避難を続けるなかで日本の敗戦を知らされることもなくソ連軍と遭遇して悲劇に見舞われたのである。

集団自決を引き起こした要因は、ソ連軍による攻撃に加えて叛乱を起こした満洲国軍や警察、さらには現地民の襲撃によるケースも多く、戦闘地域となったソ連との国境近くの開拓団だけに被害が集中したわけではなかった。

吉林省扶余県の五家站来民開拓団(集団第一二次・旧集合第二次)は、国境から遠く離れたハルビンと長春との中間点近くに位置していたために日ソ戦の戦況が伝わらず、一三日まで農作業を続けていたが、同日県公署から避難命令が出されたことから事態は一変、避難をめぐる混乱が生じるなか、翌一四日から現地民の襲撃が散発し、現地警察官が開拓団から武器を没収するや二〇〇〇人余の現地民が団本部を取り囲み一五日夜から攻撃を開始、激しい攻防戦が丸一日展開された後、一七日になると現地警察官も襲撃に加わった結果、夜になって一人を残し団員二七五人が自決した(『赤き黄土』)。

龍江省富裕県亜州白山郷開拓団の場合は、八月一六日に県公署から現地にとどまれとの指令を受けていたが、その後の連絡は途絶、二三日には現地民の苦力から襲撃計画の情報がもたらされ、翌日には在団者全員にあたる四二一人(成人団員五二人・高齢者および婦人一一四人・未成年者九九人・幼児一五六人)が白山国民学校に集結した。その後、二五日に中国の公安隊が開拓団に来て武器と財産の引き渡し、さらに現地民の苦力に対する虐待容疑で四人の団員を差し出すことを要求してきた。結局、この四人を差し出すかをめぐって団は意見が割れ、二六日になると団内のトラブルから七家族二七人が集団自決、同時期に近隣にあった同じ石川県送出の班代町野郷開拓団で集団自決(九四人)が発生したことも影響し、二七日に団員の自由行動を決断したものの、団員と現地民とのあいだのトラブルで現地民一人が刺殺される事件が起きたことで事態は最悪の方向へ向かった。事件の通報を受けた公安隊は団本部を包囲し一斉射撃を開始、パニックに陥った団員は火を放った国民学校校舎内に集結し三五六人が自決した(『8月27日』)。

白山郷開拓団は、分村計画に積極的であったが、一九三九年二月の先遣隊入植以降、離団者の問題や団費の不正流用による初代団長の罷免、団の主導権を握る先遣隊と団経営をめぐって二代目団長も帰国するなどトラブルが続き、敗戦時には団長不在となっていた。一方、営農は順調で一九四二年度からは共同経営から五部落単位経営へ移行し、さらには翌四三年度からは土地の個人配分と稲作が開始され、各農家による個人経営が拡大していた。

しかし、入植地は現地民の既耕地と朝鮮人部落を買収したもので、一戸当たり二〇町歩を割り当てられていたが、個人経営で耕作するには広すぎたため現地民や朝鮮人を小作としたり、苦力を農業労働者として雇用したりするなど農場経営者のような姿になっていた。このような傾向は他の開拓団でも見られたことであり、そもそも一〇町歩を超えるほど割り当て面積が広大で、しかも機械化が進まない以上、家族のみの経営は不可能であって、近隣現地民の農業労働者化は必然であったといえる。

そして、このような雇用形態のなかで現地民との関係が築かれていくが、労働賃や収穫量の配分をめぐってトラブルになるケースも多かった。戦時中の満洲国では日本と同様に配給制が行われていたが、季節労働者でもある苦力はその配給を受けることができなかった。また、現地民も日本人に比して配給は少なかった。したがって、開拓団での労働賃や収穫量の配分は彼らの生活に直結し、それをめぐるトラブルは怨みを買うことに繋がった。このような個人間の関係にどこまで目配りができ、信頼関係を築き得たかがその後の生死の分かれ目になったのである。

第三次試験移民であった北安省綏稜県の瑞穂村開拓団は、最初の入植時は二〇〇人弱であったが敗戦時には一〇〇〇人に達し、綏稜県内の他の開拓団を含めて農業経営では優秀な成績をあげていた。日ソ開戦後も避難行動を取らず、八月一六日になっても副県長(日系)から現地にとどまって農耕に従事するようにとの指令が出たため、そのまま残留した(『満洲開拓史』)。

瑞穂村開拓団は第一次・第二次試験移民が現地民の武装蜂起を招いた反省から、一般農民を主体とした非武装移民団であった。しかし、入植地は背後地に匪賊の巣窟となっていた小興安嶺を控え、治安は極めて不良であった。そのような現地に入植を強行させたこと自体が無謀であり、実際、瑞穂村開拓団は入植早々から匪賊の襲撃を受け続け、入植六年を経てようやく落ち着いたと思われた一九四〇年四月には突如、開拓団本部が襲われ一四人の犠牲者を出していた。

その後、瑞穂村周辺の開発が進み治安は安定したため、日ソ戦時には食糧も豊富で現地民との関係も良好となっていた。そのため、ソ連の参戦と日本の敗戦という異常事態を迎えても農業はいつの時代でも必要だから「農民は保護して貰える」という楽観的判断が大勢を占め、結果的に避難よりも現地残留を選択したのである。

しかし、三〇日になって突然、副県長から行政機能が麻痺したため自由行動を取るよう求められた。九月になると治安は徐々に悪化、現地民による各部落の襲撃が頻発するようになった。ただし、襲撃を仕掛けた現地民は近くの住民ではなく、遠隔地から略奪に来た者であった。さらに、中国側官憲が銃器や金銭などの引き渡しを要求し始めると団内部では絶望感が漂い、九月一七日の深夜に四九五人が服毒自殺する事態となった。

一方、五二〇人余の残員は、中国側官憲への報復を主張して交戦となったグループと集団自決に反対し離脱するグループとに分かれ、生き残った団員はハルビンなどの収容所へたどり着いた。結局、瑞穂村開拓団は応召者を除く八八六人の在籍者のうち六三五人が犠牲となり、未帰還者(行方不明)五二人を除いて帰還者はわずか二〇〇人に過ぎなかった(『第三次開拓団　あゝ瑞穂村』)。

一般的には土地を追われた現地民が報復として開拓団を襲ったといわれる。確かに白山郷開拓団のように、現地民との関係の善し悪しによって団の運命と団員個々人の生死が分かれたケースも多い。しかし、土地を追われた現地民の報復という側面もあるが、第2章で触れたように強固な地主制のうえに築かれていた満洲の土地所有制度を考えれば明らかな通り、旧地主が旧小作人を使嗾《しそう》して自分の土地を奪い返そうとした例も多く、土地を奪われた農民の報復という単純な図式ではない。

さらに、このような局所的事情とは別に全体としては、瑞穂村開拓団のケースのように開拓団に対する襲撃は組織的かつ広範囲に行われていた。つまり、複数の襲撃集団が連携して防御の弱い開拓団を狙ったのである。事件に巻き込まれた開拓民によると、日常的に接触していた周辺に居住する現地民ではなく、まったく関係のない集団に襲撃されたという証言も多く、さらには避難の先々で略奪に遭ったというケースが多かった(『さいはてのいばら道』)。

また、新京力行村のように現地民との共存体制が構築されていた開拓団では、現地民の手引きで犠牲者もなく新京へ避難したケースもある一方、長嶺子基督教開拓団(ハルビン市郊外)のように現地民との関係は良好で敗戦後も変わらなかったが、匪賊の襲撃を受けて略奪に遭ったケース、天理村開拓団(浜江省阿城県)のように匪賊の襲撃を受けて犠牲者まで出し、さらにソ連軍によって拉致された団員三三人が哈爾浜忠霊塔内で銃殺されるという惨事(ハルビン忠霊塔事件)に見舞われるケースもあり、必ずしも現地民との良好な関係がそのまま団の安全に繋がるとは限らなかった。

なお、大戦最末期の入植は開拓団にとってもっとも不利な状況を生んだ。例えば、長野県下伊那郡送出の石碑嶺河野《かわの》村開拓団(集団第一三次)は、最末期になって開拓団送出を決断し、先遣隊が一九四四年に入植、翌四五年一月から三月までに家族を含む本隊が合流したが、入植地の事情に不慣れなまま敗戦を迎えたため、匪賊襲撃の流言蜚語に惑わされたあげく、八月一六日に一人の青年を残して七一人が集団自決した。しかし、河野村開拓団が入植していた新京周辺の開拓団(力行村も含む)は、河野村を除いてどこも大きな犠牲者を出さなかった。

その他、東京都荏原区の「武蔵小山商店街商業組合」を中心とした転業開拓団であった興安荏原郷開拓団の場合も一九四三年一〇月に先遣隊、翌四四年六月までに本隊合流と入植時期が遅く、敗戦直後から逃避行を始めるが匪賊の襲撃とソ連軍の攻撃を受けて団長を含む大半が自決、一〇二二人の在籍者のうち、帰還者は二四〇人にとどまった(『嗚呼第十三次満洲興安東京荏原郷開拓団』)。

一九世紀以降、満洲は北東アジアのフロンティアであった。フロンティアとは入植者にとって可能性を秘めた新天地であると同時に政治権力の及ばない無法地帯ということも意味する。すなわち、匪賊が跳梁するなかで、自分たちの村は自分たちで守ることが鉄則であって、このような傾向は、一九一〇年代以降、張作霖・張学良の東北軍閥による支配が広まっていくなかでも完全に解消されることはなかった。

満洲国建国後、関東軍による治安粛正工作と満洲国による近代統治システムが徹底されるなかで満洲の秩序は表面的には確立された。しかし、一五年にも満たなかった満洲国の統治下で完全に現地民の意識が変わり、満洲が持つフロンティアの暴力性も消え去ったわけではなく、単に表面化しなくなっただけであった。そして、満洲国の崩壊とともに政治権力が消滅すると一挙に満洲の基層部分が表面化したのである。

歴史的・地理的要因から主体的に入植したのではなく、政策的に入植したにすぎない以上、関東軍という後ろ盾を失った開拓団ほど弱い存在はいない。彼らを襲う理由は、強者が獲物を狙う弱肉強食の論理でしかなかった。政治権力の転変が常の中国では、現地の人びとは自らの力で生き抜くための意思と知恵を備えていた。これに比して、絶対的な暴力によって政治権力が維持されていた戦国時代からすでに四〇〇年を経ていた日本人は、あまりにも政治権力に対する依存度が強く、剝き出しの暴力に対する免疫力がなさすぎた。

さらに、個の力の弱さは集団の力に転化する長所もあるが、同調圧力によって集団で破滅に向かう短所ともなった。各地の開拓団では、ひとたび集団の意思として自決を決めるや誰もがその意思に従って自らの手で子供や親を殺すことを躊躇することなく実行していったのである。

ただし、開拓団全体としては集団自決よりも、その後の逃避行と収容所生活のなかで犠牲者が続出するケースが圧倒的に多かった。

特別指導郡に指定されて分村を行った浜江省葦河県の万山十川開拓団(集団第一二次)は、一九四三年四月に先遣隊が入植、一九四五年には九〇人ほどを数えていた。ソ連参戦以降、情報が錯綜するなか現地民の不穏な動きが顕在化、八月一九日にソ連軍部隊があらわれると開拓地を放棄して避難を開始、翌二〇日には一面坡でソ連軍に収容された。ここまでは団の被害はなかったが、ソ連軍に収容された後、女性に対する暴行が激しくなり、団員間で青酸カリによる集団自決が議論されたが、生き延びることで一致、九月になるとソ連軍によって海林収容所まで山越えの徒歩移動を強いられ、何人かの犠牲者を生んだ。その後、海林から拉古収容所を経るなかで栄養失調による死者が出始め、一〇月にハルビン市内の道外許公路青年学校に収容される。収容所では日本人が組織する難民救済会による食糧配給が行われたが、コウリャンが四人で一日三合しかなく、現金を持たない開拓民はソ連軍の使役や現地民の工場での労働などで日銭を稼いだ。また、収容所内にはソ連軍兵士が女性を物色しに侵入を繰り返し、団内では発疹チフスが流行、栄養失調と寒さが加わるなかで薬も燃料もなく、死者が激増したため、一一月になると越冬のため阿城収容所へ移動するが、状況は好転せず死者の増加はやまなかった。その後、一九四六年八月に引揚列車に乗り、途中で中国国民政府軍(国府軍)と中国共産党軍

（中共軍）との停戦ラインを越えて二三日に錦州へ到着、九月に葫蘆《コロ》島を経て二四日に佐世保へ引き揚げた。この間、敗戦時の四七六人（敗戦後に帰団した応召者含む）のうち三七四人が死亡、引き揚げることができたのはわずか二割強の一〇一人であった（『万山十川開拓団史資料集』）。

また、東部ソ満国境周辺の開拓民が流入した方正収容所（沖縄県送出の伊漢通開拓団跡）では、翌一九四六年五月までに八六四〇人を収容したが、零下四〇度にもなる酷寒でほとんど衣服も寝具もなく、食糧も不足するなか栄養失調と伝染病により三割に近い二三六〇人が死亡、そのほかにもソ連軍によって拉致された女性四六〇人（行方不明）、現地からの脱走者一二〇〇人（行方不明）、現地民妻となった女性二三〇〇人、現地に残留した者一一二〇人を数え、翌春に方正からハルビンに移動できた者は一二〇〇人、すなわち一割強しか帰国できなかったのである（『満洲開拓史』）。

開拓民が帰国するまで置かれた過酷な状況は、死亡者が激増するというだけではなく、女性が生き残るために現地民妻になったり、子供が現地民に引き取られたり（実際は売られるケースが多かった）といった、のちの中国残留日本人問題に繋がる要因を生み出していたことも見逃すことはできない。方正の場合も死亡者とほぼ同数の女性が現地民妻となっており、現地に残留した者一一二〇人の大半は子供であると推測される。

開拓団を含めて満洲で起きた悲劇の特徴は、本土空襲や沖縄戦のように短期間で犠牲者が集中したのではなく、およそ一年という長期間のなかで真綿で首を絞められるように犠牲者が漸増していったことにある。

開拓民を含めた満洲の日本人の引き揚げは、一九四六年三月にソ連軍が撤退し、これにかわって国府軍が進駐してから実施された。早くも四月下旬には錦州方面の引き揚げが始まり、五月中旬には米軍が全面支援するなか満洲全域からの日本人の送還計画が具体化されていった。しかし、中国東北部となった満洲はソ連進攻後の混乱のなかで中共軍が支配領域を広げ、国府軍とのあいだで衝突が起きていた。開拓団が多く点在していた北満地域は中共軍支配地域であったため、引き揚げが順調に進んだ国府軍支配地域の南満に比べて、大きく停滞することになってしまった。

そうしたなか、七月末に米軍の調停によって国府軍・中共軍間に日本人引き揚げ実施に関する協定が成立、八月二〇日より北満地域からの集団引き揚げが実施され、一〇月には完了した。中共軍支配地域からの集団引き揚げはこれが最初で最後となった。また、国府軍支配地域からの引き揚げも一〇月下旬には完了し、わずか六カ月間で開拓民(約一九万人)を含めた一〇〇万人もの満洲(大連地区を除く)に残留していた日本人の引き揚げが実現されたことになる(『満蒙終戦史』)。

しかし、開拓民の場合、ほとんどが難民化していた。都市に集団で居住していた日本人と異なり、バラバラになって満洲各地に残留したり、集団としてのまとまりがあっても都市部に流入できず地方に残留していた場合、引き揚げ実施の情報が伝わらなかったケースも多かった。実際、翌年になって通化・安東方面から二万人もの大量の日本人難民が瀋陽(旧・奉天)に流入し、日本に送還されていた。また、ソ連進攻の際、朝鮮半島へ逃れた開拓民も多かったが、彼らはソ連軍による三八度線封鎖によって北朝鮮に留められ、より過酷な状況に置かれることになった。北朝鮮残留日本人の送還は、一九四六年一二月にシベリア抑留者を含めた大連・北朝鮮・南樺太残留日本人の送還を定めた米ソ協定によって実施されるが、すでに協定締結半年前に大半の日本人は多くの犠牲者を出しつつ三八度線を自力で突破し南朝鮮へ脱出していた。

このようにして一九四七年までには生き残った多くの開拓民が日本へ引き揚げてきたのだが、敗戦後の彼らの置かれていた状況は複雑で、看護師や運搬役などで中共軍に留用されて国共内戦に従事していた者も多かった。国共内戦期に国府軍も中共軍も日本人の留用を行ったが、ほとんどが技術者であった国府軍と異なり、中共軍はなかば強制的な割り当てによって、技術者ばかりでなく一般人も戦闘後方支援要員として男女を問わず大規模に留用した。その数は一九四六年の集団引き揚げ完了後の時点で八万人と見積もられており、そのなかに相当数の開拓民が含まれていたと推測される。

また、現地民妻になった女性、現地民に引き取られた子供などを加えると多くの開拓民が引き揚げる機会を失ったまま現地にとどまらざるを得なくなっていた。しかも、国共内戦は激化の一途をたどり、共産党が勝利を収めるなかで彼らの帰国の機会は失われていったのである。

3　緊急開拓政策と繰り返す国策の失敗

一九四五年一一月九日、幣原喜重郎内閣において「緊急開拓事業実施要領」が閣議決定された。「終戦後ノ食糧事情及復員ニ伴フ新農村建設ノ要請ニ即応シ大規模ナル開墾干拓及土地改良事業ヲ実施シ以テ食糧ノ自給化ヲ図ルト共ニ離職セル工員、軍人其ノ他ノ為ノ帰農ヲ促進」することを目的として、一九四六年度から概ね五カ年で一五五万町歩(そのうち北海道七〇万町歩)の開墾、ならびに概ね六カ年で一〇万町歩(湖面七万五〇〇〇町歩・海面二万五〇〇〇町歩)の干拓、入植戸数は一〇〇万戸(そのうち北海道二〇万戸)、一戸当たり経営面積は全国(東北・北海道を除く)平均一町五反歩、東北地方平均二町五反歩、北海道平均五町歩、食糧増産目標として開墾地一四〇〇万石(米・麦・豆類・薯《いも》・雑穀等)、干拓地二三四万石(米・麦)の生産達成を図る計画であった。(2)

敗戦後の日本では、必需品である食糧(米)と燃料(石炭)を確保することが何よりも優先された。戦時中、日本では満洲・朝鮮・台湾からの食糧移入に依存する構造ができあがっていたが、敗戦によってこれら食糧供給地を一挙に失った。しかも、アジア・太平洋全域に展開していた兵士や植民地・占領地に居住していた民間人をあわせて、当時の日本人人口の一割近い六六〇万人が国内へ戻ってくるとなれば、食糧危機に陥るのは目に見えていた。加えて一九四五年は凶作であり、平年作が六〇〇〇万石(約九〇〇万トン)であったのに比して、その半分の三〇〇〇万石(約四五〇万トン)でしかなかった(『戦後開拓史』)。

こうした切迫した状況下で緊急開拓事業が立案されたが、実際のところこの政策は敗戦後に急に浮上したのではなく、敗戦直前に計画された政策をベースにしていたといえる。

本土決戦が近づくなか、政府は戦場となった場合の食糧対策を講ずる必要に迫られていた。本土決戦となった場合、外地との輸送ルートは断たれるため、国内で自給自足体制を維持しなければならない。そうしたなかで焼畑により雑穀などを緊急増産する計画が立てられ、敗戦間際の八月三日付で農商省(一九四三年一一月に農林省と商工省の非軍需部門が合併)が各県に宛てて翌一九四六年夏秋作までに二五万町歩(そのうち一九四五年度内に一〇万町歩)の開墾と開墾見込地調査を命じていた(3)。

さらに、この指令以外にも政府は戦災者や疎開者といった都市住民を対象とした帰農対策も進めており、これら一連の政策の基本的部分は戦後の食糧難にも対応できるものであったため、緊急開拓事業へと継承されることになったといえる。

しかし、緊急開拓政策は切迫した状況下で慌ただしく進められたものであり、そもそも本当に一五五万町歩もの未墾地が存在し、しかも開墾が可能なのかも怪しかった。敗戦直前に出された開墾指令にも開墾実施と同時に開墾可能地の調査も命じるといった矛盾した対応が見られる。

また、用地買収などの法整備も行われておらず、結果的には半年を経過しても旧軍用地などの国有地開放にとどまっていた。しかも、同時期にGHQによる占領改革の一環として、農地改革が大きな課題となり始めていた。そして、農林省（敗戦後に農商省は農林省と商工省に再分離）農政局長には、戦前の分村運動に批判的で、戦時中の企画院事件で検挙された和田博雄が着任したことで農林省の関心は農地改革へ急傾斜していった（『戦後開拓史』）。

なお、緊急開拓政策の特徴は、国が市町村を通さずに直接開拓行政を行い、一部を県などに委託するかたちで進めたことにある。国としては緊急性の高い事業のため迅速性を求めたのであろうが、基本情報もないまま立案された政策であったため現場では大きな混乱を引き起こすことになる。

こうしたなかで、一九四六年夏以降、満洲から開拓民たちが引き揚げてきたのである。そして、緊急開拓政策は中長期的な食糧「政策」というよりも短期的な引揚援護「対策」という性格を強めていかざるを得なくなった。

国の受け入れ態勢が未整備であったとはいえ、引き揚げてきた開拓民たちにとって生活再建は差し迫った課題であった。彼らは故郷に引き揚げてきたといっても、家財も土地も処分して渡満していた。処分した資産は親族などが管理しているケースもあったが、戦後の混乱期のなかでひとたび人手に渡った資産を取り戻すことは容易ではなかった。一年ものあいだ生死の境をさまよって引き揚げてきても彼らに安住の地はなかったのである。

このような彼らにとって労働者として都市へ出る途も考えられたが、戦争で破壊された産業の復興はまだまだ先の話であって、新しい労働者を受け入れる余地はなかった。結果として、戦後開拓しか選択肢はなかったといえる。

一方、開拓政策を推進していた拓務省の後継機関であった大東亜省は、敗戦直後に廃止され(一九四五年八月二六日)、旧満洲に関わる残務整理は外務省管理局在外邦人課へ引き継がれた。また、満洲移住協会も業務を停止、義勇軍送出の中心施設であった内原訓練所は九月二五日に閉所、この段階でも残っていた義勇隊員は故郷へ帰還していった。訓練所の不動産などの資産は満移理事長だった石黒忠篤が斡旋して全国農業会へ譲渡、それに合わせて満移職員の多くは全国農業会へ転属した(『満洲開拓史』)。全国農業会とは、一九四三年に帝国農会・産業組合中央会などの農業関係団体を統合して生まれた中央農業会の後身である。

ちなみに、農村更生協会は戦後も存続した。戦後開拓で入植する前、山梨県では入植者を対象として農民道場で基礎訓練を行っていたケースもあったが、地方では戦前、県や更生協会で満洲開拓に関わっていた職員が戦後開拓にも重要な役割を果たしていた(『山梨県戦後開拓史』)。

満移は業務を停止したものの、開拓民の援護事業はこれから本格化することが予測されていたため、満移は解散のうえ、その財産を基礎として一二月一日に財団法人開拓民援護会を設立した。会長は小平権一、常務理事には生駒高常が就き、開拓民の引揚援護と再入植支援を主に行うことになった。

一方、元大東亜省満洲事務局開拓課長であった和栗博が中心となり、引揚開拓民の共助組織として開拓民自興会が一九四六年九月に結成され、初代会長には元千振開拓団長であった宗光彦が就いた。

開拓民援護会と開拓民自興会は人的にも繋がっており、表裏一体の関係にあったといえるが、開拓民援護会が解散して一九四八年一二月に社団法人開拓自興会となると両組織はほとんど一体化したものとなった。

このように開拓民の援護体制が組織的に整うなか、戦後開拓を所管していた農林省開拓局は、日本開拓協会と開拓民援護会、開拓民自興会の協力を得つつ大集団入植適地の選定に取りかかった。選定には元開拓団幹部や元満拓社員などが動員され、一九四六年一一月下旬から一二月上旬にかけて調査を実施、翌四七年一月頃に入植地を北海道の根《こん》釧《せん》原野とし、元開拓民を中心に三年間で約二〇〇〇戸を入植させる計画が策定された。そして、満洲から引き揚げてきた開拓研究所長の中村孝二郎が責任者となり、第一次試験移民であった弥栄村開拓民らとともに入植、根釧原野の開拓が始まった(『原野に生きる』)。

第二次試験移民団であった千振開拓団も弥栄村と同じく元団長の宗光彦が率いて那須野ヶ原に入植していた。両団とも入植後の経営は困難を極めたが、責任者の強い指導のもとで開拓団としてのまとまりが維持されていたこともあり、一〇年を経て次第に経営は安定していった。しかし、このようなケースは希有なことであって、全国的に見るとほとんどの戦後開拓は失敗に終わっている。

結局、敗戦直後の混乱期において応急措置的に行われた政策であったため、準備不足は否めず、さらにインフレが猛烈に昂進するなか開拓に必要な資材はもちろん、入植者(帰農者と呼ばれた)の食糧すらも不足、水道も電気もない近代的生活からかけ離れた状況では、資産も何もない入植者ができることには限界があった。しかし、何よりも同じ農政の枠組みにありながら、農村経済構造を大きく変えることになった農地改革とほとんど連動せずに緊急開拓政策が行われていたことが最大の問題であったといえよう。

一九四七年一〇月二四日に「開拓事業実施要綱」が農林省議として決定された。成果のあがらない緊急開拓政策を修正するもので、開墾目標は同じだが、入植戸数を三四万六〇〇〇戸に減らし、そのかわり新たに地元農家による増反戸数を九四万六〇〇〇戸追加したこと、畜産など経営の多角化を求めたこと、自作農創設特別措置法に基づいて強制買収が可能になったことなどの特徴を持っていた(『山形県戦後開拓誌』)。

このように政策の修正が図られたが、そもそも事業は国営であって、入植者は国営代行開墾を行っているというこれまでの位置づけが補助事業に切り替えられたことで、開墾面積の増加に合わせて補助金が逓減されることになってしまった。その結果、「開墾のしやすいところから開墾が行われ、後は開墾の困難な所が残る」という事態に陥ってしまったのである(『野辺山開拓二十年史』)。

長野県の野辺山開拓は一九五〇年代以降、酪農と高原野菜に活路を見出していくが、入植初期で入植戸数の七〇%以上の離脱者を出していた。現在でも存続している旧戦後開拓地でも経営が軌道に乗るのに一〇年以上かかっているが、多くの入植者は一〇年間先行き不透明な状況に置かれることには耐えられずに入植地を離れていった。

山梨県では満洲開拓に一〇〇八戸、義勇隊に一五九六人を送出していた関係から、彼らの受け入れが議論になり、「本県の緊急開拓事業の中へ強力にこれを織り込む」ことが行われた。しかし、その結果は、一九五四年度末の時点で八三の開拓組合を数え、入植戸数三五五〇戸に対して離脱戸数は二一八二戸にものぼり、定着戸数は四割を切る一三六八戸という有様であった(『山梨県戦後開拓史』)。

このように、戦後の新たな国策として位置づけられ、全国的に展開された緊急開拓政策は、結果として戦前の満洲開拓政策と同じようになったのである。眼前に起きている事態に迅速に対応することは重要であり、行政にとって必要なことであるが、そればかりに囚われてしまうと政策は硬直し、今度は現実に対する柔軟性を失ってしまう。国策という巨大な政策は、ひとたび実行されると方向転換を図ることは容易ではない。しかも、その国策にもっとも翻弄されるのはいつも末端の人びとである。

戦後、高度経済成長期になると第一次産業から第二次産業への転換が起こり、一九八〇年代以降は第三次産業へと日本の産業構造は短期間で急激に変化した。そして、農村から都市へと人口移動が激しくなるなかで農村社会は次第に融解していった。戦後開拓地もこのような社会変化に大きく翻弄されていくのである。

成田空港闘争で有名となった千葉県成田市の三里塚は戦前の皇室御料地を戦後になって引揚者らに開放した戦後開拓地である。また、オウム真理教事件の舞台となった山梨県上九一色村、さらには原子燃料サイクル施設のある青森県六ヶ所村の旧皇室御料林、福島原発事故で避難区域となった福島県飯舘村・葛尾村・浪江町・双葉町・南相馬市、このほかにも近年「限界集落」と呼ばれている地域など、戦後史の舞台となり、また現在の我々の生活に深く関わっている地域は不思議と戦後開拓と結びついている。

一九五二年四月、サンフランシスコ講和条約が発効したことにより日本が独立すると、政府内部では再び移民政策が浮上するようになった。対象地域は歴史的経緯もあって中南米となるが、その一つとして一九五六年三月にドミニカ移民の募集が開始された。募集地域は鹿児島・高知・宮崎・熊本・福岡・山口・福島・北海道、入植者には約一八ヘクタール(一八町歩)の土地が無償譲渡されるという他の中南米移民に比べて破格の条件であった。こうした好条件に惹かれて三年間に二四九家族(一三一九人)がドミニカへ渡ったが、一九五八年にドミニカ政府から移民中止が要請されて移民事業は中断、国内政変の煽りを受けて一九六〇年から翌年にかけて一三三家族が帰国、七〇家族は南米へ再移住という事態に陥った(『青雲の翔』『ドミニカ移民は棄民だった』)。

飯舘村の戦後開拓地．原発事故後の姿

　こういった結果になった原因は、不確かな現地情報と杜撰な入植計画に基づく外務省とドミニカ政府との曖昧な交渉によって、正式な移民契約が締結されないまま見切り発車で移民募集が行われたことにある。結果、移民たちは好条件とは正反対の劣悪な環境に置かれ、帰国者が続出する事態となった。このような図式は満洲移民政策が始まった当初の構図とまったく同じである。しかも、このドミニカ移民に参加した人びとには、元満洲開拓民だった人たちも含まれていたのである。(4)

満洲開拓政策を思想面で支えた人口調整論と農家適正規模論は、戦後になっても社会に根強く残り、戦後開拓政策や中南米移民政策を支え続けたといえよう。すでに農地改革によって地主制は解体し、自作農中心の農業経営となる一方、日本の産業構造は転換期を迎え、第一次産業から第二次産業への転換が始まっていた。にもかかわらず、政策に関わる官僚も政治家も長期的な社会変動を見通せず、過去の産業構造に囚われて将来の政策を構想した。そして、その政策に巻き込まれざるを得なかったのが満洲開拓民であった。彼らは農民という立場である限り、戦後も国策の虜囚であり続けたのである。

4　犠牲者の慰霊と中国残留日本人問題

満洲開拓政策は戦争に始まり戦争に終わった。国策によって満洲へ渡った開拓民・義勇隊員・満洲建設勤労奉仕隊員・開拓女塾生たちに関する個々の正確な記録は存在しない。また、現地で生まれた子供たちの記録も同様である。さらに、開拓政策に組み込まれた朝鮮人移民に関しては、まったく不明となっている。これは敗戦によって文書が焼却されたからではなく、そもそもの文書管理が杜撰であったことが原因である。さらに、日ソ戦後の犠牲者や行方不明者の数にいたってはまったくの概数でしか把握されておらず、その数値を正確な数に近づけようという努力も払われてこなかったのが実情である。ある意味において開拓政策にまつわる人の命の「軽さ」を象徴しているともいえよう。

概数にとどまっているが、現時点ではもっとも実態に近いものとされているのが、外務省調査に開拓自興会調査の結果を加えて一九五六年末現在で推計された数値である。それによると、一三年にわたって送出された開拓団数は九二八団二四万二三〇〇人にのぼる。これに義勇隊一〇二中隊二万二八〇〇人、さらには報国農場七四カ所四九〇〇人を加えると敗戦時の総数は二七万人を数えた。また、日ソ戦以降の死亡者は七万二〇〇〇人(開拓団六万七六八〇人・義勇隊三二〇〇人・報国農場一一二〇人)、さらに行方不明を含む未帰還者は一万一〇〇〇人(開拓団九五五〇人・義勇隊一〇〇〇人・報国農場四五〇人)でそのうち死亡と推定される者は六五〇〇人、生存が見込まれる者は四五〇〇人とされている。ただし、帰還者は一四万人(開拓団一一万八九七〇人・義勇隊一万七八〇〇人・報国農場三二〇〇人)となっているが、死亡者・未帰還者・帰還者を合計すると二二万三〇〇〇人にとどまり、敗戦時の総数二七万人よりも四万七〇〇〇人少ない(『満洲開拓史』)。

この差異は、シベリア抑留者と北朝鮮および大連地区への避難民が反映されていないことから起きたと思われる。とすると実際の死亡者数は七万八五〇〇人(七万二〇〇〇人+死亡推定者六五〇〇人)よりも多くなると推測される。いずれにせよ満洲での民間人死亡者総数二四万五〇〇〇人(厚生省推計)の三割を超す八万人前後を開拓団関係者が占めているのであり、敗戦時の在満日本人(一五五万人)中の開拓団関係者(二七万人)の比率が一七%であったことを考慮すると開拓団の被害が高率であったことは明らかである。

このような犠牲者の多さにもかかわらず、社会の関心は低かった。このギャップが生き残った元開拓民のなかに複雑な歴史認識を形づくる要因となった。

海外からの引き揚げが一段落し、サンフランシスコ講和条約で日本が海外に残された私有財産権を放棄すると、引揚者のあいだでは在外私有財産補償要求運動が盛り上がった。当然、引揚者団体の一員として開拓民たちによって構成される開拓自興会も運動に参加することになったが、当初からこの運動に対して開拓民たちは強い違和感をいだいていた。

一九五四年九月、高知県在外引揚者大会が開催され、在外私有財産補償要求促進決議が議論された。しかし、これに対して高知県開拓民自興会長福留福太郎は、突然壇上で、犠牲者に対して一言も哀悼の辞が捧げられていないことを批判、これを機に自興会は補償要求運動と決別、「殉難者同志を犬死にさする事」のないよう犠牲者の慰霊碑建立を決定、一九五六年に元大東亜大臣であった青木一男の揮毫による「満洲開拓民殉難之碑」が建立された(『高知県満州開拓史』)。

そもそも開拓民には在外財産と呼べるようなものはなかった。同じ日本人でも都市部の人びとと開拓民とは渡満の歴史的経緯も生活水準も何もかも異なっており、同じ価値観で括られる存在ではなかった。

長野県読書分村国民学校の教員であった相馬弘海も、読書開拓団慰霊祭での弔辞において「読書開拓団員の六割を超える人々が満州の地で無念の死を遂げた事実を、子々孫々に永遠に伝えたい。戦争中の沖縄にも悲劇が多かったが、手を上げれば命は助かった。読書開拓団の悲劇は手を上げても助からなかったことなのです」と生き残った者の責務を代弁している(『風雪の日々今も』)。

開拓民が一番求めていたのは満洲で命を落とした家族、そして同じ開拓団の仲間の遺骨を探し出し、慰霊を行うことであった。しかし、このような彼らの執念を「満洲乞食」と蔑んだ戦後の日本社会が受け止めることはなかった。

こうした報われない犠牲者の慰霊の問題に加えて、一九七二年九月の日中国交正常化以降、もう一つの重大な問題が浮上した。それが中国残留日本人問題である。

満洲からは一九四六年に大半が引き揚げ、翌年までにはほぼ終了した。その後は国共内戦と中華人民共和国の建国、さらには朝鮮戦争の影響で満洲の状況を知ることは不可能となった。しかし、一九五二年になると日中間の民間経済交流が始まったことで、中国紅十字会と日本赤十字社などとの交渉が行われ、一九五三年三月に「日本人居留民帰国問題に関する共同コミュニケ」(北京協定)が締結された。これに基づいて、中国に留用されていた日本人の帰国が再開され、一九五八年七月まで継続された(後期集団引揚)。この間に帰国した開拓民もいたが、中国人配偶者や中国で出生した子供の帰国は認められないという厳しい条件があったため、残留孤児や婦人の場合、敗戦後の混乱期のなかで養育してもらった恩義があったり、すでに家庭を築いているなどの理由から、養父母や配偶者・子供を残して帰国することは道義上、躊躇せざるを得ず、帰国を断念した人びとが多かった。そして、一九五九年三月、岸信介内閣が戦争による行方不明者に対して死亡宣告を可能とする「未帰還者に関する特別措置法」を成立させたことで、満洲での行方不明者も死亡宣告が行われて戸籍から抹消された(=日本国籍の喪失)。

日本政府としては満洲での行方不明者は死亡し、もはや生存者はいないとの見解をとったことになったが、実際には残留日本人の存在は遺骨収集を目的に訪中を重ねていた山本慈昭(長野県阿智村の長岳寺住職・阿智郷開拓団に参加)らに伝わっていた。

そして、日中国交が正常化されたことで人的交流が再開されると、残留日本人の存在が公式に明らかになった。しかし、当初の身元・肉親捜しは山本ら民間の慈善活動によって行われており、親族が判明した人は帰国できたが、反対に親族が判明しない人は帰国できない状態が続いた。このような民間任せのあり方に対して批判が強まり、一九八一年三月になって厚生省が中心となって第一回訪日調査が行われ、以後毎年継続されることになった。しかし、この時の調査対象は、敗戦時一二歳以下の身元不明者であった「残留孤児」が対象であって、一三歳以上(その多くは女性＝「残留婦人」であった)は自由意志での残留者と見なされ親族が引き受けない限り帰国できなかった。

その後、身元引受人制度(一九八五年三月)によって親族が判明していない孤児も永住帰国できるようになり、さらには、特別身元引受人制度(一九八九年七月)によって親族が判明しているが身元引受人がいない孤児も永住帰国が可能となり、一九九一年六月には特別身元引受人制度を残留婦人にまで拡大した。

しかし、身元引受人の数が絶対的に不足していたため、残留婦人の帰国は進まず、ついに一九九三年九月に残留婦人の強行帰国が行われるという事態にまで発展した。こうした事態を受けてようやく国会が重い腰を上げ、翌年四月に「中国残留邦人等の円滑な帰国の促進及び永住帰国後の自立の支援に関する法律(中国残留邦人支援法)」を制定、残留日本人の帰国と帰国後の援護は国の責務と位置づけられた。

このように、国交正常化から二二年もかかって、ようやく残留日本人問題は国が責任を持って取り組むこととされたが、帰国者の生活支援策は十分ではなく、言葉の問題に加えて高齢化も進んだことで帰国者の生活環境は苦しかった。そうしたなかで二〇〇〇年に生活支援策の拡充を求めて国会請願運動が起こるが請願は不採択となり、ついに二〇〇一年一二月、帰国者らによる国家賠償請求訴訟が起こったが、政治判断によって国との和解が成立し、二〇〇七年一一月に「中国残留邦人支援法」が改正された。なお、同時期にドミニカ移民訴訟(二〇〇〇年七月提訴)も国との和解が成立している(二〇〇六年七月)。

中国残留日本人問題は、事態の変化を国が後追いしていたため、問題が顕在化しないと対策が講じられないという負の連鎖に陥っていた。しかし、ここまで長期にわたって問題が解決されなかった要因は、行政府以上に立法府の不作為であるとともに、開拓民をめぐる歴史に対して無関心であった主権者である日本国民すべての責任でもあるといえた。

残留日本人の身元調査は現在も続いているが、高齢化にともないその数は激減している。また、犠牲者の遺骨は中国東北部に埋もれたままである。民間人であろうと日本人の遺骨収集は政治的影響が強く、日中間の政治問題となっており、唯一、多くの犠牲者を出した方正県に「日本人公墓」の建立が認められているだけである。最大の犠牲者を出した佐渡開拓団事件や麻山事件の現場では今なお遺骨は埋もれたまま、歴史のなかで風化しつつある。

すでに敗戦から七〇年以上も経過するが、中国残留日本人問題に見られるように満洲開拓政策の清算は現在進行形で続いているのである。

おわりに――国策の責任とは

満洲の場合、戦争でムチャクチャになってしまったので、すべて失敗といえば失敗だが、しかし日本の農家からすれば、あの当時、本当に食えないのだから、分村をやることはいいことだったし、今でもいいことだったと思っている。現在でも私は農家戸数は過剰だと思っている。

これは農林省から満洲国産業部拓政司（のちの開拓総局）へ移り、満洲開拓行政に手腕を発揮、戦後は農林事務次官にまでのぼりつめた平川守の証言である。(1)「はじめに」で触れた五十子と違い、「五族協和」や「王道楽土」といった抽象的理想論ではなく、冷静に満洲開拓政策を見ていた官僚の立場から導き出された標準的な評価といえる。

しかし、平川の証言は日本政治における大きな欠陥を浮き彫りにしている。それは、ひとたび政策が実施されると誰もその結果と効果に対する関心を持たず、評価することを避けようとするため、客観的な政策評価が行われず、結局、同じような失敗を繰り返すということである。

長期かつ大規模に実施される政策（とりわけ国策）というものは、その時々の環境に左右され、当初の意図と結果は必ずしも合致しない。むしろ、環境の変化が激しければ激しいほど成功よりも失敗する確率が高くなるのである。そのような失敗、もしくは当初予想していたよりも成果はあがらないことを前提に、同じ過ちを繰り返さずに少しでも次の政策の成功の確率を上げるためには、実施された政策を検証し、客観的な評価を下しておかなければならない。

結局、分村計画を含めた満洲開拓政策の総括は、平川も含めて政策に関わった官僚の誰も行っておらず、客観的評価がなされていない以上、平川の言は単なる「感想」でしかない。

このような政策当事者の思考に対して、国策によって満洲へ送られて、かろうじて生き残った開拓民の満洲開拓政策に対する思いはどのようなものであったか。

結論からいえば、第6章で触れた高知県開拓民自興会のケースのように、彼らがこだわったのは犠牲者の慰霊であって、責任者の追及には向かわなかった。白山郷開拓団を送出した鳥越村では、一九四六年七月に生存者の報告会と追悼法要が行われた。その席上、生き残った開拓民が集団自決の事実を公表、村民たちに動揺が走った。彼らの怨嗟は、送出推進派であった村長と二人の村会議員に向けられたが、とくにこの時期一人だけ健全であったために、村民の非難を一身に背負うことになった村議の上野栄太郎は、自責の念に苛まれ人里離れた山中の小屋に逼塞し、他人との接触を一切断ってしまった(『8月27日』)。

しかし、鳥越村のようなケースはむしろ珍しく、万山十川開拓団を送り出した十川村の場合、一部の部落では籤引きで決めたという経緯もあって、引き揚げてきた開拓民と残った村民とのわだかまりが解けず、開拓団送出をめぐる責任問題がタブー視されてしまった(2)。

多くの開拓民たちにとって、開拓政策は同じ村内の人間関係の延長でしかイメージできない。関東軍の幕僚や拓務省・農林省の官僚、高名な学者は当然のこと、県の役人ですら開拓民にとっては雲の上の存在であって、彼らが満洲開拓政策の責任者であるから、自らの不幸をもたらしたものとして断罪すべきといった意識には感覚的にも繋がらない。

結局、村という狭い共同体のなかで責任問題が追及されることになるが、日常的に生活空間を共にする以上、責任問題をめぐって分裂を引き起こすこともできない。その結果、責任の所在をうやむやにしてしまうしかなくなるのである。十川村では慰霊碑を建立する代わりに責任の所在は曖昧にされたのである。

一九六三年八月一〇日、東京都多摩市聖蹟桜ヶ丘に開拓自興会によって「拓魂碑」が建立された。これに続いて敷地内に全国の開拓団・義勇隊ごとの団碑・隊碑が建立され(現在は一七三基)、拓魂公苑として開拓団・義勇隊の聖地のようになった。この碑の命

万山十川開拓団殉難碑

名者で自ら題字の筆を執ったのは加藤完治であった。加藤が命名した「拓魂碑」は、より積極的な国策への挺身と殉死という意味合いが強く、戦前の「忠魂碑」に通ずるものであった。拓魂碑以前の慰霊碑は純粋に犠牲者を慰霊するものが多かったが、拓魂碑以降の慰霊碑の多くは顕彰的性格を強めていった。このように慰霊碑の性格も変わっていってしまったが、元開拓民からは加藤に対する表だった批判があがることはなかった。引き揚げ後も戦後開拓政策に翻弄された元開拓民は、高度経済成長の波に取り残された存在であった。しかも、彼らの悲劇を日本社会は受け止めようとせず、むしろ「黙殺」した。そのような社会に対して、彼らは自らが背負ってきた悲劇の歴史を慰霊碑のかたちで主張しようとしたのである。

加藤完治は、敗戦直後に陸軍次官若松只一《わかまつただかず》から、復員軍人の帰農と営農指導のため義勇隊訓練生の派遣要請を受けた。これを機に加藤は福島県白河に入植、白河報徳開拓組合を結成して戦後開拓に取りかかった。この間、加藤は公職・教職追放となっているが、開拓事業には大きな影響はなかったものの、追放解除後に組合長となって以降、もともと経営が苦しかった組合内部での意見対立が顕在化、経営拡大を否定する加藤の精神主義に対して教え子も反発して大量離脱者を生み、結局、一九五二年に加藤は高血圧で倒れたのを機に組合長を辞任することになった(『満州開拓と青少年義勇軍』『加藤完治先生逸話集　上』)。

加藤の農業経営論は時代のなかで通用しないものとなっていたが、加藤は死ぬまでその方針を変えようとしなかった。また、彼が創り上げた日本国民高等学校は戦後も存続し、かつての義勇隊員には加藤の熱烈な信奉者もいたことから、「満洲開拓の父」として慰霊碑建立や開拓史編纂にも関与、戦後になっても満洲開拓政策の正当性と実績を訴え続けた。元開拓民が責任追及よりも慰霊碑を通じた悲劇性を訴えることに傾斜していったことは、加藤にとって自らの思想の妥当性を自問する機会を奪ったといえる。

唯一、開拓団をめぐる悲劇に対して自責の念を漏らした石黒忠篤を除き(3)、加藤ら開拓政策推進派にとって、敗戦間際のソ連参戦は彼らの免罪符ともなった。すなわち、開拓団は五族協和の旗印のもとで現地民との共存を図り、王道楽土の建設を目指していたが、それをすべて打ち砕いたのはソ連であって、悲劇の責任はソ連のみにあるという考え方である。

加藤は『満洲開拓史』の序文において、当時誰もが不可能といっていた日本人の満洲農業移民が「現地に乗り込んで行って、あらゆる困難を克服して、立派に彼の地に落ち着くようになったのは、何といっても画期的な大事業」であり、不幸にして敗戦で中断、「悲惨な目にあって、辛うじて日本に帰って来たのであるけれども(中略)日本人の満洲農業移民不可能論を見事打ち破って(中略)その可能なことを示した功績は、絶対に忘れてはならない」と満洲開拓政策を全面的に肯定していたが、このような思考回路は、一九七〇年代以降、義勇隊を中心に全国で建立された慰霊碑にも強く受け継がれ、皇国史観を基盤としたより先鋭的な歴史観が展開されていった。

なお、武装移民を推進した東宮鉄男は日中開戦から半年も経たない一九三七年一一月に上海戦で戦死した。彼の発案は石原莞爾の意向を受けたものであり、次第に入植をめぐる現地民との軋轢に悩まされていった。しかし、彼の戦死を契機に加藤らによって「満洲移民の父」として祭り上げられていった。

加藤以外でも、満洲開拓政策に関与した官僚や軍人は多かれ少なかれ、このような認識を持ち続けた。優秀な日本人農民が未開の満洲で模範的開拓民となることで現地民も感化され、やがて満洲全土が理想郷となるというストーリーは、満洲開拓政策の正当性の根拠とされてきた。しかし、地方に割り振られた数値目標によって機械的に送り出された日本人農民すべてが現地民と比べて「優秀」であるという根拠はまったくない。さらに、同じ日本人であっても満洲の都市に住む日本人と地方に住む開拓民は生活レベルも何もかも違っており、ほとんど交わることもなかった。住居は現地式、機械式農法の導入も限られている開拓民の姿は、現地民にとって模範でも憧れでもなく、「感化」されようがなかった。彼らは、この当たり前の現実が見えなかったのである。

さらに、他民族に対する理解度も決定的に欠けていた。そもそも開拓団と現地民とは構造的に不平等な関係であったこと、どのようなかたちであれ外来民が流入してきた場合、現地民は必ず反発することが見落とされている。そして、いつかは顕在化する現地民との対立が、ソ連軍進攻を機に一挙に噴出したのであって、悲劇の根本的要因はもっと根深いところにあったという思慮は一切見られない。結局、当時の日本でことあるごとに喧伝されていた「日満一体」は虚妄だったのである。

また、学者という科学的・論理的思考を基盤とする者のなかでも満洲開拓政策の検証は行われなかった。戦後の活動は地味になった橋本傳左衛門に比べて、那須皓は戦前と変わらぬ活動的な生涯を送った。那須は公職追放解除後にインド・ネパール大使を務め、任期中にハンセン病問題への関心を深め、一九六七年にはこれまでの国際貢献の実績を評価されてマグサイサイ賞まで受賞した。しかし、彼は一九八四年に亡くなるまで満洲開拓政策についてほとんど語ることはなかった(4)。

実は、分村移民で有名になった大日向村に対して、那須の研究室は分村計画が母村に与えた影響について調査を行っていた。そして、調査の結果として、予想していた効果があがっていないことが明らかになっていた(『分村の前後』)。しかし、自身の教え子たちが行った調査の結果にもかかわらず、那須はその後も分村計画を強力に推進していった。

満洲開拓政策に深く関与した加藤と那須、そして石黒も東京生まれで、農村出身者ではなかった。彼らの農村社会の捉え方は都会人の目線であった。三重県の農村出身であった農業経済学者の東畑精一は、彼らの学問を「銀座の農政学」と皮肉ったが、正鵠を得た批評であろう。もっとも、那須もそのことは自覚していたが——(『惜石舎雑録』)。

一八八〇年代生まれの彼らにとって、日清・日露戦争を経て日本が帝国化していく時代が多感な青年期であった。それ故、帝国主義的な思潮の影響を強く受けていたが、同時に明治の成功体験に基づく理想主義やロマン主義をも内包していた。帝国主義とロマン主義の結合こそが満洲開拓政策を推進した彼らの思想的特徴であった。

一方、満洲開拓政策に関わった農林官僚らも、農村問題への関心が高く、むしろ仕事に対して熱心であったが、第一次産業の枠組みのなかでしか発想できなかった。日本の産業構造が第二次産業へと転換すれば、農村問題そのものが消滅することになる。そして、人口増加圧力も第二次産業に吸収されたことで、むしろ高度経済成長を支える原動力となった。経済構造は変化し続ける——それを前提に国策というものは組み立てねばならないが、このような予測に基づく政策判断は難しい。しかも、リスクを恐れる官僚にとってはもっとも不得手の範疇に入る。そのため中長期的視野よりも短期的視野で判断されがちとなる。

さらに、政策は実施当初において、構想段階では想定できなかった事態に必ず直面するものである。その際、適切な政策の見直しと、それを迅速に実行する柔軟性が求められるが、この機会を逸すると、政策が肥大化するにつれ矛盾も深刻化し、見直し程度ではすまなくなる。満洲開拓政策も当初に見直しの機会を逸したために、政策の肥大化とともに誰も止められなくなってしまったのである。現在課題となっている原発政策も基本構造はこれと変わらない。

これに加えて、満洲開拓政策の最終的な決定権を握っていた関東軍と陸軍の組織的問題も無視できない。軍内部の人事異動が頻繁で、また陸軍内部の権力関係が複雑なため、永田鉄山や石原莞爾、秋永月三や片倉衷にせよ誰もが部分的な責任しか負っておらず、個人的な影響力は限られていた。関東軍・陸軍の権力構造の不安定さが責任所在の曖昧さに繋がっているといえるが、このような権力構造は陸軍に限ったことではなく、日本の組織において今でも見られる現象である。

満蒙開拓団をめぐる歴史は、日本の社会と組織が抱える構造的問題を炙り出し、国策というものの本質を明らかにする。現在もなお残る満洲開拓政策の残影は、我々にとって決して無関係な過去の傷痕ではない。

かつて満洲開拓政策という国策が行われた時代は国民が主権者ではなかった。したがって、現実はどうであれ国民は国策の「犠牲者」だったといえなくもない。しかし、現在においては国民が主権者であり、政策結果の責任の一端を担う以上、国策という怪物から目を背けてはならない。現在、そして将来にわたって生み出される国策をいかに制御していくべきか、満蒙開拓団の歴史は我々にその覚悟を自覚させるものなのである。

注

はじめに

(1) 竹口楠雄「思い出したくないこと」(『第三次開拓団 あゝ瑞穂村』)。

(2) 五十子巻三「開拓移民政策の根本理念」(『あゝ満洲』)。

(3) 「満蒙開拓団」は、社会的に広まっている通称であって正式名称ではない。

第1章

(1) 満洲の土地所有権の複雑さについては、江夏由樹による「満洲国の地籍整理事業について ――「蒙地」と「皇産」の問題からみる」(『一橋大学研究年報 経済学研究』第三七号、一九九六年三月)および「中国東北地域における日本の会社による土地経営――中国史研究のなかに見えてくる日本社会」(『一橋論叢』第一三一巻第四号、二〇〇四年四月)を参照。

(2) 「満蒙地方移住ニ関スル件」(『自昭和七年 海外移住編冊 阿野村』、「旧阿野村役場文書」神山町郷土資料館所蔵)。文書は、石射猪太郎吉林総領事から芳澤謙吉外相宛の通報(一九三二年五月二五日付)が外務省亜細亜局長から拓務省拓務局長へ転送され(五月三〇日付)、拓務省から徳島県学務部経由で県下市町村長に宛てて通牒されたもの(六月一〇日付)。

(3) 同書には「満蒙経営大綱」の全文が掲載されている。なお、角田の武装移民構想は加藤によって実現されるが、角田自身は一九三三年三月二五日に病没した。

(4)「関東軍統治部産業諮問委員会議事速記録」(『満洲移民関係資料集成 第一巻』不二出版、一九九〇年)。

(5)「財政経済諸施設著手順序」(「石原莞爾関係文書」国立国会図書館憲政資料室所蔵)。

(6)「満州農業移民方策」(山田昭次編『近代民衆の記録6 満州移民』新人物往来社、一九七八年)。

(7) 宗光彦は、東京帝国大学農科大学農学実科(現在の東京農工大学)時代に柔道を通じて加藤と親友となり、卒業後は満洲へ渡り満鉄公主嶺農業実習所長を務めた。試験移民が開始されると加藤に請われて第二次移民団の団長となる。第二次移民団が千振開拓団へ移行すると、一九四二年九月に満洲拓殖公社理事に就任するまで団長を務めた。敗戦による引き揚げ後、旧千振開拓民らと那須山麓で戦後開拓を行う。

(8)「満洲移民計画概要」(茶園義男編『十五年戦争極秘資料集第二二集 満州移民拓務局原資料』不二出版、一九九〇年)。

(9) 那須皓「経済更生運動の指導原理」(農山漁村経済更生運動正史編集委員会編『農山漁村経済更生運動正史 資料第六号』一九七七年一月)。

(10)「満州移民を語る」(前掲『近代民衆の記録6』)。

(11)「第一次満洲移民沿革ニ関スル参考資料」(「東宮鉄男文書」個人蔵)。

(12)「自叙 荘六一代記 貞」(「鈴木荘六文書」国文学研究資料館所蔵)。

第2章

（1）「満洲移住適地調査事業ノ実施経過」（『満洲移民計画（五省関係）土地買収・農地会社案』、「今吉敏雄文書」国文学研究資料館所蔵）。
（2）「移民部事務開始ニ関スル件」（『移民部創設当時公文書　新京駐在小河書記官関係』早稲田大学中央図書館特別資料室所蔵）。
（3）「満蒙移民の実行に就いて」（『梅谷光貞遺稿　（Ⅳ）南米・満洲時代』個人所蔵）。
（4）「ブラジル自作農移住者募集印刷物送付ノ件」（『昭和九年起　移住民関係書類　丹生川村役場移民指導員』高山市公文書館所蔵）。人口増加圧力を解消するために南米移民が推奨されていたが、一九三四年四月二〇日付で岐阜県の出先機関である飛驒支庁庁長から各町村長宛てに通牒されたこの文書では、一九三四年度で岐阜県から三〇戸送出が予定されていた。ちなみに、同年度に実施される第三次満洲移民団では岐阜県から二五人が計画されていたが、一戸当たり五人として単純計算すると満洲移民は南米移民の六分の一となる。
（5）「参謀長上京ノ際携行書類目録」（前掲『移民部創設当時公文書』）。
（6）「満洲農業移民実行ニ関スル件」（前掲『満洲移民計画』）。
（7）「第一次移民幹部排斥運動勃発当時ノ状況及原因」（前掲『移民部創設当時公文書』）。
（8）「第一次移民団ノ内部的動揺ニ関スル件」（同右文書）。
（9）「第一次移民幹部排斥運動勃発当時ノ状況及原因」。
（10）「満洲開拓事業草創期の回顧」（「満洲国史編纂資料」国際善隣協会所蔵）。
（11）「日本移民ニ対スル省公署意見書送付ノ件」（『移民問題関係書類』早稲田大学中央図書館特

別資料室所蔵）。

(12)「佳木斯屯墾隊ノ現況ニ関スル件通牒」（前掲『移民部創設当時公文書』）。

(13)「屯墾移住地視察報告」（『満洲移民参考資料　第六巻』日本力行会所蔵）。

(14)「自衛移民視察報告」（『公文書雑件』早稲田大学中央図書館特別資料室所蔵）。

(15)一晌＝九畝＝五五アール（清代の一畝＝六・一四四アールで計算）。三〇〇〇晌だと一六五〇ヘクタールとなる。ただし、畝の面積をいつの時代を基準にするかで随分異なり、別の計算だと一八〇〇ヘクタールとなる。

(16)山崎芳雄は、北海道帝国大学農科大学農学実科を卒業後、朝鮮江原道立農蚕学校長を経て満鉄熊岳城試験場技師となる。その時、加藤完治と知り合った関係から第一次移民団に加わっていた。のちに第一次移民団が弥栄村開拓団に移行すると団長、ついで顧問となるが、敗戦後に避難先のハルビンで病没。

(17)満洲国では、一九三二年六月に幣制改革を行い、満洲中央銀行が発行する満洲中央銀行券（国幣）に統一された。その際、換算率は、国幣一円に対して哈洋票一・二五円とされた。酒本報告によると、第一次移民団の土地買収は哈洋票で行われたが、第二次に関しては記載がない。おそらく国幣で支払われたと推測されるが、その場合は第一次と第二次の移民団の買収価格では大きな開きが生じていることになり、間接的に土地価格が急騰していることを示している。

(18)「自衛移民ノ視察報告書ニ関スル件」（前掲『公文書雑件』）。

(19)「堤康次郎宛生駒高常書簡」（「堤康次郎文書」早稲田大学大学史資料センター所蔵）。

(20)「屯墾移住地視察報告ノ誤レル点」（前掲『満洲移民参考資料』）。

(21)「第一班業務経過ノ概要」(前掲『満洲移民計画』)。
(22)「満洲試験移民ノ実況」(『移民実施要綱案』、「今吉敏雄文書」)。
(23)「昭和九年度満洲自衛移民実施要綱」(同右文書)。なお、実際にはこれらの県に加えて、青森・神奈川・愛知・三重・石川・大阪・兵庫・和歌山・徳島から各一人、茨城二人、岡山三人が参加し、総数は二五九人であった。
(24)「第一次満洲特別農業移民人員異動調」・「第二次満洲特別農業移民人員異動調」(同右文書)。
(25)「大蔵書記官広瀬豊作氏ノ来訪視察ノ状況報告」(前掲『公文書雑件』)。
(26)「満洲移民募集人員割当増加方申請ノ件」(同右文書)。
(27)「南米ブラジルノ移民制限ニ関スル件」(前掲『移民問題関係書類』)。
(28)「日本人移民実行機関設立ニ至ル期間ノ暫行方策ニ関スル件照会」(遼寧省檔案館編『満鉄密檔　満鉄与移民(分巻一)4』広西師範大学出版社、二〇〇三年)。

第3章

(1)「関東軍案「満洲農業移民実施方策」ノ取扱方ニ関スル件」・「陸軍省案「満洲農業移民実施方策」具体化ニ関スル件」(『関東軍満洲移民関係資料』早稲田大学中央図書館特別資料室所蔵)。なお、この文書は今吉敏雄宛のものである。
(2)「会議開催ノ件通牒」(同右文書)。
(3)「満洲拓殖株式会社設立計画案」(同右文書)。
(4)一九三五年八月二〇日付児玉秀雄宛南次郎書簡(『児玉秀雄関係文書Ⅱ』)。

(5)内政史研究会・日本近代史料研究会編・発行『大蔵公望日記 第二巻』(一九七四年)。以後の大蔵と満洲移住協会設立の動きに関しては、『大蔵公望日記』参照。
(6)同右日記、一九三五年四月二三日。
(7)南満洲鉄道株式会社経済調査会編『立案調査書類第二編第一巻第七号 満洲農業移民方策——満洲拓殖株式会社設立方策』(『満洲移民関係資料集成 第二一巻』)。
(8)同右文書。
(9)同右文書。
(10)「第五次募集ニツキテノ修正 那須」(「那須文庫」協同組合図書資料センター所蔵)。
(11)「那須皓宛鈴木主計書簡」(同右「那須文庫」)。
(12)『満洲日報』一九三四年一二月一八日。
(13)「満洲移民に関する閣議案の件」(JACAR(アジア歴史資料センター):Ref. C01003118400, 昭和一一年「陸満密綴 5. 4-5. 18」防衛省防衛研究所)、および「大規模満洲移民促進の件」(JACAR: Ref. C01003143400, 昭和一一年「陸満密大日記 第七号」防衛省防衛研究所)。
(14)前掲『大蔵公望日記』一九三六年六月三〇日・七月三一日・八月二一日。
(15)満鉄経済調査会は、一九三二年一月二六日発足(委員長は十河信二理事)。満鉄調査課員の多くが参加し、形式的には満鉄の組織だが、実質的には関東軍の組織として関東軍特務部(特務部廃止後は第三課)のもとで満洲建国初期の政策立案を行った。経調の活動が本格化するのは一九三二年七月からで、翌三三年三月までに満洲国第一期経済建設計画を立案、その集大成が「満洲国経済建設要綱」である。その後は第二期計画の樹立と経済資源調査(熱河省・興安省・黒龍江省など)へと向かった。一九三五年以降は活動の場を華北へと移し、一九三六年一〇月に満鉄に産業部が新設されると発展解消された。

(16) 前掲『立案調査書類第二編第一巻第七号』。

(17) 「経済調査会委員会記録」(『満鉄経済調査会と南郷龍音』)。

(18) 「移民会議状況に就て」一九三四年一二月六日経済調査会委員長宛新京幹事(前掲『立案調査書類第二編第一巻第七号』)。

(19) 前掲『立案調査書類第二編第一巻第八号 満洲農業移民方策――北満農地開拓会社設立方策』(『満洲移民関係資料集成 第二五巻』)。

(20) 「第三回関東軍経済調査会懇談会議事録」(『満鉄経済調査会史料 第六巻』)。

(21) 同右文書。

(22) 「差当リノ事務ニ就テ意見」(「那須文庫」)。

(23) 『満洲移民の重大性 陸軍中将広瀬寿助述』(満洲移住協会、一九三六年)。

(24) 『満洲に於ける移民問題』(農村自治研究倶楽部、一九三五年)。ここでの広瀬の発言は、注23の発言よりも長くて詳しいが、骨子はほぼ同じである。

(25) 「理事会順序」(「那須文庫」)。なお、人口問題研究会は、政府の人口問題調査会(第一二回特別委員会、一九二八年二月)において委員の新渡戸稲造が人口問題解決のための調査研究機関設立を提案したことから具体化し、紆余曲折の末、内務省社会局のもとで一九三三年一〇月二七日に財団法人として設立された。会長は伯爵柳沢保恵、理事は那須、永井亨、下村宏、山川端夫ら民間人と内務省関係者らによって構成されていた。

(26) 百万戸移住計画が浮上した一九三六年一月時点での参謀部第三課は、永津佐比重大佐を筆頭に花谷正中佐、内田銀之助中佐、秋永月三中佐、菅野謙吾中佐、吉岡安直中佐(兼任)の参謀グループが中核となっていた。

(27) 「満洲移民ニ関スル意見」(JACAR: Ref. C01003183300, 昭和一一年「陸満密綴 8. 26–9. 16」防衛省防衛研究所)。

第4章

(1) 黒河内透「経済更生運動についての若干の論点」(前掲『農山漁村経済更生運動正史 資料第二号』一九七六年八月)。

(2) 五十子巻三「農業政策要綱決定の頃」(『あゝ満洲』)。

(3) 「関東軍顧問更新ニ関スル件」(JACAR: Ref. C01003142000, 昭和一一年「陸満密大日記 第七号」防衛省防衛研究所)。

(4) 斉藤忠「満洲農政と移民業務の思い出」(前掲『農山漁村経済更生運動正史 資料第一四号』一九七九年二月)。

(5) 「昭和十二年 地方長官会議一途」(「島根県公文書」島根県公文書センター所蔵)。

(6) 「雑 附昭和十三年四月 内務大臣来県書類」(「滋賀県庁文書」滋賀県県政史料室所蔵)。

(7) 杉野の経歴と思想については、杉野忠夫『海外拓殖秘史』、および橋本傳左衛門「杉野忠夫教授の追憶」(『杉野忠夫先生追悼文集』)参照。

(8) 松田延一「戦前の農村更生協会の活動」(前掲『農山漁村経済更生運動正史 資料第九号』

一九七七年一〇月)。農家簿記運動の中心となったのは、杉野のほかに国枝益二・塩田定一・土屋大助の三主事であった。

(9) 分村計画は、奈良県吉野郡十津川村が最初ともいわれるが、計画が具体化されたのは南郷村が最初。

(10) 「南郷移民計画草案」(「まめがら文庫」石川県立図書館)。

(11) 前掲『大蔵公望日記』一九三七年六月一七日。

(12) 前掲「満洲農政と移民業務の思い出」。なお、朝日新聞社の『新農村の建設』に掲載されている石黒や小平の文章は、斉藤が代筆したものであった。

(13) 前掲『大蔵公望日記』一九三七年七月二四日。

(14) 竹山祐太郎「農山漁村経済更生運動の経過」(前掲『農山漁村経済更生運動正史 資料第一号』一九七六年四月)、石原治良「農村更生の提唱と推進」(前掲『農山漁村経済更生運動正史資料第一二号』一九七八年一二月)、および前掲「戦前の農村更生協会の活動」。

(15) 農林省経済更生部「分村計画提要」(『農山漁村経済更生運動史資料集成Ⅶ』)。

(16) 石川県社会課「満洲移民の話と分村計画・少年移民」(「分村計画」まめがら文庫)。

(17) 『大蔵公望日記』一九三七年七月三一日、八月九日・一〇日、九月九日・一〇日。

(18) 同右日記、一一月一八日・一九日・二〇日・二一日、一二月六日。

(19) 『有馬頼寧日記』一九三七年一一月四日。

(20) 前掲「満洲農政と移民業務の思い出」。

(21) 前掲「戦前の農村更生協会の活動」。

(22)「満洲開発方策綱要」(『現代史資料8』)。

第5章

(1)「満洲産業開発五年計画第二年度以降修正計画ノ遂行ニ対スル関東軍要望」(『満洲産業開発五年計画ニ関スル綴』、「岡野鑑記文書」東京大学社会科学研究所所蔵)。
(2)「満洲産業開発五年計画概括表」(同右文書)。
(3)「満洲国省別土地利用表」(『康徳二年一二月 満洲国農業統計』)。
(4)一九三七年一二月一日、関東軍参謀部はこれまでの三課制から四課制へ改編された。これにともない、これまで移民政策などを扱ってきた旧第三課の政策業務は第四課へ引き継がれた。
(5)「移民懇談会会議次第」(『移民国策日満懇談会綴』、「岡野鑑記文書」)。以下、懇談会で提出された「移民根本国策基本要綱」からの引用はこの文書による。
(6)「開拓委員会設置ニ関スル件」(『開拓委員会綴』、「岡野鑑記文書」)。
(7)「北辺振興中央計画第八部門 開拓」(『満洲開拓政策基本要綱案外』早稲田大学中央図書館特別資料室所蔵)。
(8)関東軍参謀部第四課臨時調査室『満洲産業開発計画とその現況』(「岡野鑑記文書」)。なお、これらの数字は後掲する「第一期五ヶ年計画実績」の数字とは若干異なる。
(9)皇国農村および標準農村設定、自作農創設に関しては、『農地制度資料集成 第10巻』第三・四章参照。
(10)『昭和一五年五月 地方長官会議参考資料』(「島根県公文書」)。

(11)「宮村知事・山内知事事務引継書」(「奈良県庁文書」奈良県立図書情報館所蔵)。
(12) 南方宝作氏(西海村出身で恵陽開拓団第一次先遣隊として渡満)聞き取り調査(二〇一六年一二月七日)。
(13)「大阪送出満蒙開拓義勇軍関係者座談会」(『大阪府の満州移民』)。
(14)「臨時満洲開拓政策遂行ニ関スル件」(JACAR: Ref. C01003705100,「陸軍省—陸満密大日記—S 16-20-22」防衛省防衛研究所)。
(15)「翼賛政治会ニ於ケル満洲事務局長講演草稿案」(『宣伝講演原稿』、「今吉敏雄文書」)。
(16)『参考資料綴』(「増田公輔家文書」福井県文書館所蔵)。
(17) 同右文書。
(18)「第十四次集団開拓団ノ編成指導ニ関スル件」(『昭和十九年度 例規綴 開拓係』、「奈良県庁文書」)。
(19)「日満ヲ通ズル食糧ノ自給体制強化ノ為ノ措置ニ関スル件」(『満洲国 食糧事情 繊維事情 其他対日協力ノ現状』、「今吉敏雄文書」)。
(20)「現戦局下ニ於ケル満洲開拓政策緊急措置要綱(案)」(JACAR: Ref. A04018767500,「公文雑纂・昭和二十年・第七巻・内閣次官会議関係(一)」国立公文書館)。

第6章

(1) 吉田農夫雄(元関東軍参謀)「満州国内在留邦人の引揚について」(防衛庁防衛研究所戦史研究センター所蔵)。

（2）「緊急開拓事業実施要領」（『公文類聚第六九編・昭和二十年・第六六巻』国立公文書館所蔵）。
（3）「雑穀等増産緊急開畑事業ニ関スル件」・「開畑見込地調査ニ関スル件」（『自昭和二十年度至昭和二十三年度　農地開発建設工事通牒綴』、「島根県公文書」）。
（4）満洲開拓民であった川代鉄エ門は、引き揚げ後に北海道の豊郷開拓団に入植したが、ドミニカ移民募集の新聞記事を見て、身内の反対を押し切って応募、一九五六年一〇月に入植した。しかし、現実の劣悪さに困窮したが帰国もできず、入植地を離れて最底辺の生活を余儀なくされた（川代鉄エ門「ドミニカ移住十五年を省みる」『ドミニカ移住十五年史』）。

おわりに

（1）平川守「満洲農業移民について」（前掲『農山漁村経済更生運動正史　資料第一一号』一九七八年六月）。
（2）「万山十川開拓団――その軌跡」（『高知新聞』一九八三年六月二四―二九日連載）。
（3）元朝日新聞記者で農政評論家の団野信夫の追想（『石黒忠篤の農政思想』）。
（4）「経済更生運動の指導原理」（前掲『農山漁村経済更生運動正史　資料第六号』一九七七年一月）。

本書の成果はＪＳＰＳ科研費ＪＰ２１６７２００１、ＪＰ２６２８４１０３の助成を受けたものです。

参考文献

執筆の際に参考とした、論文を除く刊本を内容に応じて分類、その中で著者の五十音順に掲載。刊本を除いた一次資料に関しては「注」を参照のこと。なお、各開拓団（義勇隊を含む）が編纂した記録および開拓団関係者個人による回顧録などは膨大な数にのぼる。これらをある程度まとめて所蔵している機関としては、東日本では人間文化研究機構国文学研究資料館、西日本では奈良県立図書情報館戦争体験文庫が挙げられる。

通史：全国・地方

内原訓練所史跡保存会事務局編『満州開拓と青少年義勇軍　創設と訓練』（内原訓練所史跡保存会、一九九八年）
大蔵省管理局編『日本人の海外活動に関する歴史的調査　第14巻　満洲篇2』（ゆまに書房復刻版、二〇〇〇年）
沖縄女性史を考える会編・発行『沖縄県と「満洲」　1　一般開拓団』（二〇〇四年）
沖縄女性史を考える会編『沖縄と「満洲」「満洲一般開拓団」の記録』（明石書店、二〇一三年）
岐阜県開拓自興会編・発行『岐阜県満洲開拓史』（一九七七年）
後藤和雄『秋田県満州開拓外史』（無明舎出版、二〇一〇年）／『秋田県満蒙開拓青少年義勇軍外史』（無明舎出版、二〇一四年）

小林春雄『山梨満州開拓団小史』(クラッセ、二〇〇六年)
小山富見男著・鳥取県立公文書館県史編さん室編『鳥取県史ブックレット7 満蒙開拓と鳥取県大陸への遥かなる夢』(鳥取県、二〇一一年)
櫻井規順編著『静岡県と「満州開拓団」』(静岡新聞社、二〇一二年)
佐藤紳二編著『曠野の栄光と挫折 熊本県満蒙開拓団の全記録』(熊本日日新聞社、一九八〇年)
三宮徳三郎編『高知県満州開拓史』(土佐新聞社出版部、一九七〇年)
島根県満洲開拓史編纂委員会編・発行『島根県満州開拓史』(一九九一年)
15年戦争研究会編『大阪府の満州移民』(大阪府平和祈念戦争資料室、一九八九年)
鈴木文男『宮城県開拓団の記録』(あづま書房、一九七七年)
戦後開拓史編纂委員会編『戦後開拓史』(本編・資料編・完結編、全国開拓農業協同組合連合会、一九六七―七七年)
高橋健男編著・発行『新潟県満洲開拓史』(二〇一〇年)/『渡満とは何だったのか 東京都満州開拓民の記録』(ゆまに書房、二〇一三年)
東京の満蒙開拓団を知る会『東京満蒙開拓団』(ゆまに書房、二〇一二年)
富山県満蒙開拓団史編集委員会編『富山県満蒙開拓団史』(富山県満蒙開拓自興会、一九九五年)
長野県開拓自興会満州開拓史刊行会編・発行『長野県満州開拓史』(総編・各団編・名簿編、一九八四年)
奈良県拓友会編『奈良県満洲開拓史』(徳田源治、一九九六年)
長谷川要一著・発行『満洲に夕日落ちて 満洲移民そして棄民 静岡県送出四開拓団の終焉』(一九

八五年）
広島県民の中国東北地区開拓史編纂委員会編・発行『広島県満州開拓史』（上・下巻、一九八九年）
福井県満洲開拓引揚者連合会編・発行『福井県満洲開拓史』（一九八一年）
藤田繁編『石川県満蒙開拓史』（石川県満蒙開拓者慰霊奉賛会、一九八二年）
三重県満洲開拓史編集委員会編・発行『三重県満洲開拓史』（一九九六年）
三根生幸也『赤い夕陽　愛媛の元満州開拓団記録』（愛媛新聞社、一九七三年）
満史会編『満州開発四十年史』（上・下・補巻、謙光社、一九六四―六五年）
満洲回顧集刊行会編・発行『あゝ満洲　国つくり産業開発者の手記』（一九六五年）
『満州開拓　大阪の歴史』編纂委員会編『満州開拓　大阪の歴史』（大阪自興会、一九九五年）
満蒙開拓指導員養成所の教育と歴史編集刊行発起人会編・発行『満蒙開拓指導員養成所史』（一九九五年）
満洲開拓史復刊委員会編『満洲開拓史　増補版』（全国拓友協議会、一九八〇年）
満洲国史編纂刊行会編『満洲国史』（総論・各論、満蒙同胞援護会、一九七〇―七一年）
満洲帝国政府編『満洲建国十年史』（原書房復刻版、一九六九年）
『満州の土に生きて』編集委員会編『満州の土に生きて　静岡県から満州に行った開拓団と青少年義勇軍生存者の証言』（『満州の土に生きて』刊行委員会、二〇〇七年）／『満州の土に生きて　補遺版』（同会、二〇一〇年）

各団史・地方史

足立守三『嗚呼第十三次満洲興安東京荏原郷開拓団』(東京都武蔵小山商店街協同組合、一九五七年)
石川県教育文化財団編『8月27日 旧満州国白山郷開拓団』(北國新聞社出版局、二〇〇四年)
石川県教育文化財団編・発行『新史料が語る旧満洲国白山郷開拓団』(二〇一三年)
石森克己『饒河少年隊 大和村北進寮の記録』(瑞門会、一九八二年)
大阪人権歴史資料館編・発行『満州移民と被差別部落 融和政策の犠牲となった来民開拓団』(一九八九年)
大平壮義編著『麻山の夕日に心あらば 朔北の開拓史』(哈達河会、一九六五年)
京都府満州開拓青年義勇隊連絡協議会「義勇隊魂」編集委員会編『義勇隊魂 満州開拓京都中隊の記録』(京都府満州開拓青年義勇隊連絡協議会、一九七一年)
黒川泰三『凍土の果てに 東京農業大学満洲農場殉難者の記録』(記録刊行委員会、一九八四年)
西海村満洲開拓誌刊行会編・発行『西海村満洲開拓誌』(一九七〇年)
杉浦秀典編『賀川資料館ブックレット 満州基督教開拓村と賀川豊彦』(財団法人雲柱社賀川豊彦記念松沢資料館、二〇〇六年)
珠洲市史編さん専門委員会編『珠洲市史 第5巻 資料編 近・現代』(珠洲市、一九七九年)
宗光彦『満洲千振開拓史』(千振開拓農業協同組合、一九六五年)
田辺末隆編『満洲国第十二次集団 万山十川開拓団史資料集』(十和村教育委員会、一九八一年)
中日新聞特別取材班編『風雪の日々今も 読書開拓団の50年』(中日新聞本社、一九八八年)

南郷町史編さん委員会編『南郷町史』（下巻、南郷町、一九八五年）
西土佐村満州分村史編纂委員会編『さいはてのいばら道 西土佐村満州開拓団の記録』（西土佐村、一九八六年）
野辺山開拓農業協同組合編・発行『野辺山開拓二十年史』（一九六八年）
福島県農地開拓課編『福島県戦後開拓史』（福島県、一九七三年）
部落解放同盟熊本県連合会鹿本支部旧満州来民開拓団遺族会編・発行『赤き黄土 地平からの告発来民開拓団』（一九八八年）
堀井順次『敗戦前後 満州キリスト教開拓団長の手記』（静山社、一九九〇年）
松下光男編『弥栄村史 満洲第一次開拓団の記録』（弥栄村史刊行委員会、一九八六年）
「満洲泰阜分村 七〇年の歴史と記憶」編集委員会編『満洲泰阜分村 七〇年の歴史と記憶』（泰阜村、二〇〇七年）
瑞穂村開拓刊行委員会編『第三次開拓団 あゝ瑞穂村』（瑞穂村開拓刊行委員会事務局、一九八二年）
山形県編・発行『山形県史』（本篇4 拓殖編・第5巻近現代編下、一九七一・八六年）
山形県開拓20周年記念誌編さん委員会編『山形県戦後開拓誌』（山形県開拓20周年記念会実行員会、一九六九年）
山梨県開拓二十年誌編集委員会編『山梨県戦後開拓史』（山梨県開拓二十周年記念事業会、一九七三年）
山根理一編著・発行『天理村終焉史』（一九七五年）

関係機関

大蔵省昭和財政史編集室編『昭和財政史』(第1・3巻、東洋経済新報社、一九六五・五五年)
厚生省援護局編『引揚げと援護三十年の歩み』(ぎょうせい、一九七八年)/『中国残留孤児 これまでの足跡とこれからの道のり』(ぎょうせい、一九八七年)
厚生省社会・援護局援護50年史編集委員会監修『援護50年史』(ぎょうせい、一九九七年)
財団法人日本力行会創立五十年記念会編『力行五十年』(一九四六年)
通商産業省編『商工政策史 第12巻 中小企業』(商工政策史刊行会、一九六三年)
帝国農会史稿編纂会編『帝国農会史稿』(記述編・資料編、農民教育協会、一九七二年)
東亜勧業株式会社編・発行『東亜勧業株式会社拾年史』(一九三三年)
ドミニカ移住十五周年記念祭移住史編纂委員会編・発行『ドミニカ移住十五年史』(一九七二年)
ドミニカ共和国日本人農業移住50年記念編纂委員会編・発行『ドミニカ共和国日本人農業移住者50年の道 青雲の翔』(二〇〇九年)
日本力行会創立百周年記念事業実行委員会・記念誌編纂専門委員会編『日本力行会百年の航跡』(日本力行会、一九九七年)
「農林水産省百年史」編纂委員会編『農林水産省百年史』(上・中・下・別巻、「農林水産省百年史」刊行会、一九七九—八一年)
満洲国軍刊行委員会編『満洲国軍』(蘭星会、一九七〇年)
満鮮拓殖株式会社編・発行『鮮満拓殖株式会社・満鮮拓殖株式会社五年史』(一九四一年)
満拓会編・発行『満拓会会誌』(第1—9集、一九七九—八九年)

満拓会編著『満蒙開拓 死地からの脱出』（あずさ書店、一九八四年）／『満洲難民 飢餓と疫病に耐えて』（あずさ書店、一九八五年）／『ドキュメント満洲開拓物語』（あずさ書店、一九八六年）／『満洲引揚 戦後自分史を語る』（あずさ書店、一九八七年）／『写真記録 満洲開拓の系譜』（あずさ書店、一九八八年）
満鉄会編『南満洲鉄道株式会社第四次十年史』（龍溪書舎、一九八六年）
満蒙同胞援護会編『満蒙終戦史』（河出書房新社、一九六二年）
南満洲鉄道株式会社編『南満洲鉄道株式会社第三次十年史』（上・中・下巻、龍溪書舎復刻版、一九七六年）

関係者

石黒忠篤『農政落葉籠』（岡書院、一九五六年）
石黒忠篤著・日本農業研究所編『石黒忠篤伝』（岩波書店、一九六九年）
稲垣征夫『体当りの人生記録』（宏和工業株式会社、一九六八年）
井野碩哉『藻塩草 井野碩哉自叙伝』（暁山会、一九七八年）
梅谷光信編『増補 梅谷光貞略伝』（一九八五年）
大蔵公望『大蔵公望之一生』（大蔵公望先生喜寿祝賀委員会、一九五九年）
大竹啓介編著『石黒忠篤の農政思想』（農山漁村文化協会、一九八四年）
岡野鑑記『ある経済学者の一生 自伝と随想』（白桃書房、一九七七年）
片倉衷『回想の満洲国』（経済往来社、一九七八年）／『戦陣随録』（経済往来社、一九七二年）

加藤完治『武装移民生ひ立ちの記 前篇』(満洲移住協会、一九三九年)
加藤完治全集刊行会編『加藤完治全集』(第1—5巻・別冊、加藤完治全集刊行会事務局、一九六七年)
加藤弥進彦『志を継いで 私の愛農人生』(農村報知新聞社、一九九七年)
我農生・山崎延吉伝刊行委員会編『我農生 山崎延吉伝』(同委員会事務局、一九六六年)
草地貞吾『その日、関東軍は 元関東軍参謀作戦班長の証言』(宮川書房、一九六七年)
小磯国昭自叙伝刊行会編・発行『葛山鴻爪』(一九六三年)
小平権一『石黒忠篤』(時事通信社、一九六二年)
『小平権一と近代農政』編集出版委員会編『小平権一と近代農政』(日本評論社、一九八五年)
近藤康男『一農政学徒の回想』(上・下巻、農山漁村文化協会、一九七六年)
杉野忠夫『海外拓殖秘史 ある開拓運動者の手記』(文教書院、一九五九年)
杉野忠夫博士遺稿集刊行会編・発行『杉野忠夫博士遺稿集』(一九六七年)
東畑精一『一農政学徒の記録』(酣燈社、一九四七年)
東宮大佐記念事業委員会編・発行『東宮鉄男伝』(一九四〇年)
永田稠『満洲愛国信濃村移住地の建設』(信濃毎日出版部、一九三二年)/『農村人口問題と移植民』(日本評論社、一九三三年)/『国見する者』(日本力行会出版部、一九四二年)/『満洲移民夜前物語』(日本力行会、一九四二年)/『信濃海外移住史』(信濃海外協会、一九五二年)
中村薫『加藤完治の世界 満洲開拓の軌跡』(不二出版、一九八四年)
中村孝二郎『原野に生きる ある開拓者の記録』(開拓史刊行会、一九七三年)

那須皓『惜石舎雑録』(農村更生協会、一九八二年)
那須皓先生追想集編集委員会編『那須皓先生　遺文と追想』(農村更生協会、一九八五年)
日本近代史料研究会編・発行『片倉衷氏談話速記録』(上・下巻、一九八二―八三年)
日本国民高等学校協会編『加藤完治先生』(東京第一図書出版、一九五六年)／『写真で見る60年の歩み』(加藤完治先生顕彰会、一九八七年)
農友会編『杉野忠夫先生追悼文集　拓植に生涯を捧げた杉野忠夫先生を憶う』(杉野千代、一九六六年)
橋本先生追想集編集委員会編『橋本傳左衛門先生の思い出』(農村更生協会、一九八七年)
橋本傳左衛門『農業経済の思い出』(橋本先生長寿記念事業会、一九七三年)
荷見安記念事業会編・発行『荷見安伝』(一九六七年)
松田喜一先生伝記編纂委員会編『昭和の農聖　松田喜一先生』(松田喜一先生銅像保存会、一九七二年)
山崎延吉『我農生回顧録』(山崎延吉全集刊行会、一九三五年)／『我農生活五十年』(東海毎日新聞社、一九五一年)
和田博雄遺稿集刊行会編『和田博雄遺稿集』(農林統計協会、一九八一年)

開拓論

秋永月三「満洲の経済事情に就て」(『第三十三回定時総会関係　満鮮記事集』帝国鉄道協会、一九三六年)

浅川四郎『開拓団生ひ立ちの記』(海南書房、一九四二年)
伊礼肇『興亜の先駆』(郁文社、一九三九年)
喜多一雄『満洲開拓論』(明文堂、一九四四年)
積雪地方農村経済調査所編・発行『満洲農業移民母村経済実態調査　山形県東田川郡大和村』(一九四一年)
帝国在郷軍人会本部編・発行『満洲特別農業移民の真相』(一九三四年)
東京帝国大学農学部農政学研究室編『更生運動下の農村』(岩波書店、一九三八年)／同農業経済学教室編『分村の前後』(岩波書店、一九四〇年)
永雄策郎編『満洲農業移民十講』(地人書館、一九三八年)
農林省経済更生部編『新農村の建設　大陸への分村大移動』(朝日新聞社、一九三九年)
広瀬寿助『満洲に於ける移民問題』(農村自治研究倶楽部、一九三五年)／『満洲移民の重大性』(満洲移住協会、一九三六年)
松野傳『満洲開拓と北海道農業　改訂版』(生活社、一九四二年)
和田伝『大日向村』(朝日新聞社、一九三九年)

資料集

岡部牧夫解説『満州移民関係資料集成』(全40巻・別冊、不二出版、一九九〇―九二年)
吉林省檔案館編『東北日本移民檔案　吉林巻』(全5巻、広西師範大学出版社、二〇〇三年)
楠本雅弘編著『農山漁村経済更生運動と小平権一　増補版』(不二出版、一九八四年)

黒竜江省檔案館編『東北日本移民檔案 黒竜江巻』(全10巻、広西師範大学出版社、二〇〇三年)
黒竜江省檔案館・黒竜江省社会科学院歴史研究所編『日本向中国東北移民』(業経黒竜江省新聞出版局、一九八九年)
小林英夫・加藤聖文・南郷みどり編『満鉄経済調査会と南郷龍音 満洲国通貨金融政策史料』(社会評論社、二〇〇四年)
佐久間真澄『記録 満州国の消滅と在留邦人』(のんぶる舎、一九九七年)
島田俊彦・稲葉正夫編『現代史資料8 日中戦争1』(みすず書房、一九六四年)
尚友倶楽部・伊藤隆編『有馬頼寧日記 昭和十年〜昭和十二年』(尚友倶楽部、二〇〇〇年)
尚友倶楽部児玉秀雄関係文書編集委員会編『児玉秀雄関係文書Ⅱ 昭和期』(同成社、二〇一〇年)
白取道博編・解題『満蒙開拓青少年義勇軍関係資料』(全7巻、不二出版、一九九三年)
政協黒竜江省委員会文史資料委員会・政協方正県委員会文史資料委員会編『夢砕〝満洲〟日本開拓団覆滅前後』(黒竜江人民出版社、一九九一年)
武田勉・楠本雅弘編『農山漁村経済更生運動史資料集成』(第7巻、柏書房、一九八五年)
角田順編『石原莞爾資料 国防論策編 増補版』(原書房、一九七一年)
内政史研究会・日本近代史料研究会編・発行『大蔵公望日記』(全4巻、一九七三―七五年)
農山漁村経済更生運動正史編集委員会編・発行『農山漁村経済更生運動正史 資料』(第1―15号、一九七六―八〇年)
農地制度資料集成編纂委員会編『農地制度資料集成』(第10巻、御茶の水書房、一九七二年)
防衛庁防衛研修所戦史室編『大本営陸軍部〈1〉』(朝雲新聞社、一九六七年)／『関東軍』(1―2、朝

雲新聞社、一九六九―七四年）
山田昭次編『近代民衆の記録6　満州移民』（新人物往来社、一九七八年）
遼寧省檔案館編『満鉄与移民』（全20巻、広西師範大学出版社、二〇〇三年）
遼寧省檔案館・小林英夫編『満鉄経済調査会史料』（全6巻、柏書房、一九九八年）

研究書・ノンフィクション

相庭和彦ほか著『満洲「大陸の花嫁」はどうつくられたか　戦時期教育史の空白にせまる』（明石書店、一九九六年）
荒武達朗『近代満洲の開発と移民』（汲古書院、二〇〇八年）
蘭信三『「満州移民」の歴史社会学』（行路社、一九九四年）／『中国残留日本人という経験「満洲」と日本を問い続けて』（勉誠出版、二〇〇九年）
安志那『帝国の文学とイデオロギー　満洲移民の国策文学』（世織書房、二〇一六年）
飯田市歴史研究所編『満州移民　飯田下伊那からのメッセージ　改訂版』（現代史料出版、二〇〇九年）
池田実男『戦後開拓の展開構造　開拓農業の経済分析』（農林統計協会、一九八二年）
井手孫六『中国残留邦人　置き去られた六十余年』（岩波新書、二〇〇八年）／『終わりなき旅「中国残留孤児」の歴史と現在』（岩波現代文庫、二〇〇四年）
上笙一郎『満蒙開拓青少年義勇軍』（中公新書、一九七三年）
金永哲『「満洲国」期における朝鮮人満洲移民政策』（昭和堂、二〇一二年）

桑島節郎『満州武装移民』（教育社、一九七九年）
高樂才『近代中国東北移民研究』（商務印書館、二〇一〇年）
小林信介『人びとはなぜ満州へ渡ったのか　長野県の社会運動と移民』（世界思想社、二〇一五年）
小林英夫・張志強編著『検閲された手紙が語る満洲国の実態』（小学館、二〇〇六年）
今野敏彦・高橋幸春編著『ドミニカ移民は棄民だった　戦後日系移民の軌跡』（明石書店、一九九三年）
左学徳『日本向中国東北移民史　一九〇五至一九四五年』（哈爾浜工程大学出版会、一九九八年）
櫻本富雄『満蒙開拓青少年義勇軍』（青木書店、一九八七年）
ザスラフスキー、ヴィクトル『カチンの森　ポーランド指導階級の抹殺』（根岸隆夫訳、みすず書房、二〇一〇年）
澁谷由里『馬賊で見る「満洲」張作霖のあゆんだ道』（講談社選書メチエ、二〇〇四年）
白取道博『満蒙開拓青少年義勇軍史研究』（北海道大学出版会、二〇〇八年）
陳野守正『歴史からかくされた朝鮮人満州開拓団と義勇軍』（梨の木舎、一九九八年）
孫継武・鄭敏『日本向中国東北移民的調査与研究』（吉林文史出版社、二〇〇二年）
孫春日『〝満洲国〟時期朝鮮開拓民研究』（延辺大学出版社、二〇〇三年）
高橋泰隆『昭和戦前期の農村と満州移民』（吉川弘文館、一九九七年）
中国「残留孤児」国家賠償訴訟弁護団全国連絡会編『政策形成訴訟　中国「残留孤児」の尊厳を求めた裁判と新支援策実現の軌跡』（小野寺協同法律事務所、二〇〇九年）
趙彦民『「満洲移民」の歴史と記憶　一開拓団内のライフヒストリーからみるその多声性』（明石書

店、二〇一六年)
張士尊『清代東北移民与社会変遷 一六四四―一九一一』(吉林人民出版社、二〇〇三年)
塚瀬進『満洲の日本人』(吉川弘文館、二〇〇四年)/『満洲国「民族協和」の実像』(吉川弘文館、一九九八年)
寺林伸明・劉含発・白木沢旭児編『日中両国から見た「満洲開拓」体験・記憶・証言』(御茶の水書房、二〇一四年)
長野県歴史教育者協議会編『満蒙開拓青少年義勇軍と信濃教育会』(大月書店、二〇〇〇年)
西田勝・孫継武・鄭敏編『中国農民が証す「満洲開拓」の実相』(小学館、二〇〇七年)
日本農業発達史調査会編『日本農業発達史 第8巻 改訂版』(中央公論社、一九七八年)
野添憲治『開拓農民の記録 農政のひずみを負って』(日本放送出版協会、一九七六年)
二松啓紀『移民たちの「満州」 満蒙開拓団の虚と実』(平凡社新書、二〇一五年)
満洲移民史研究会編『日本帝国主義下の満州移民』(龍溪書舎、一九七六年)
山本有造編著『「満洲」記憶と歴史』(京都大学学術出版会、二〇〇七年)
林士鉉『清季東北移民実辺政策之研究』(国立政治大学歴史学系、二〇〇一年)

あとがき

これまで満洲を研究対象としてきたが、満蒙開拓団だけは意識的に「避けて」きた。とくに理由があったわけではないが、満鉄や関東軍と比べると開拓団は明らかに異質な存在であり、何か近寄りがたい深淵を感じていたからである。

そうしたなか、二〇〇五年六月一日、満鉄会でお世話になっていた庵谷磐さんの勧めで、中国残留孤児国家賠償請求訴訟を東京地裁で傍聴する機会があった。その法廷の場面はいまでもはっきりと覚えている。原告として証言に立った帰国者の方が涙ながらに過酷な人生を語る姿に対して、被告側の国、といっても担当部局の権限のない若い事務官たちが無表情にうつむく姿の、あまりにも対照的な光景——満蒙開拓団を意識するようになったきっかけであった。

それから一〇日後、私は高松に調査のため出張していた。夕暮れに空港行きのバスを駅前で待っていた時、一人の老婆が近寄ってきて、たどたどしい日本語で何かを訴えてきた。残留孤児訴訟の募金のお願いであった。なぜ「祖国」はここまで冷たくなれるのか、私のなかに一つの覚悟が生まれた。

不思議なことにこれ以降、満蒙開拓団に関わる話が舞い込むようになった。翌年にNHKスペシャル(「満蒙開拓団はこうして送られた」二〇〇六年八月一一日放映)で日本力行会の永田稠資料を提供したことを皮切りに、大田区で「東京の満蒙開拓団を知る会」を立ち上げた今井英男さんたちの活動や映画監督の羽田澄子さんの記録映画(「嗚呼 満蒙開拓団」二〇〇八年)に協力したのもこの頃である。

その後もいろいろな縁が重なるなかで、自分も触発されて少しずつ資料を探し求めるようになっていったが、意外と研究者も知らないような資料があちこちに埋もれていることも分かってきた。ただ、その反面、「個人情報保護」の名のもとに開拓民犠牲者個々人の名前がかき消され、彼らが生きてきた痕跡も封殺されていく現実にも直面した。犠牲者個々人の姿を明らかにしなければ、彼らの無念をどうして後世へ語り継ぐことができようか。それすらも許されない開拓民は死してもなお尊厳を踏みにじられているのである。

満蒙開拓団をめぐる問題は今なお続いている。また、その問題に気づいて歴史を掘り起こそうとする人たちもいる。しかし、その手引き書ともいえる学術的な通史は皆無であった。これは研究者として恥ずべきことであって、誰も書かないならば自分が書くしかない。そんな思いを募らせて、岩波書店の馬場公彦さんに満蒙開拓団の通史を「売り込んだ」のである。自分から書きたいといったのは初めてであった。

本書は、とかく情緒に流されがちになる満蒙開拓団の歴史を抑制的に叙述することを心がけてきた。その一方、那須皓という学者をつねに強く意識してきた。現在の政治でも那須のような「有識者」が政策決定に大きな役割を果たしている。学者と政治の関係について、私は単なる批判者ではなく積極的に政治に関わることも必要だと考えている。しかし、学者ほど誰からも結果責任を問われない存在もない。そのような意味において、那須は日本の「有識者」の典型的な姿である。学者はいかに政治と関わるべきか、学者はいかなる覚悟をもって国策に対峙すべきか、学者はどのように政策の責任を取るべきか。満蒙開拓団という国策に関与し続けた那須の姿は、学者の端くれである自身に対する戒めでもある。

二〇一七年二月

加藤聖文

岩波現代文庫版のためのあとがき

本書が刊行されたのは六年前の二〇一七年三月だが、ちょうど脱稿した頃の二〇一六年一〇月から厚生労働省の新規事業として「中国残留邦人等の体験と労苦を伝える戦後世代の語り部育成事業」が始まり、私は総合アドバイザーとして語り部育成に関わるようになった。

戦後七〇年を過ぎると戦争体験者は圧倒的に少なくなり、体験者自らが「語り部」となることで戦争体験を次世代へ継承するこれまでのあり方は転換期を迎えていた。残留婦人は数えるほどしかいないくらいに減少し、孤児ですら七〇歳を超えるようになると、彼らの体験を誰かが聞き、そして誰かに語る——すなわち「語り継ぎ部」を育てることが喫緊の課題となってきた。

しかし、予算はついても前例がないためマニュアルもなく、応募してきた普通の市民の皆さんに、複雑な時代背景を理解してもらうこと自体が難しい。さらに、理解した上で、体験者から何をどうやって聞き出したらいいのか、大勢の前でどうやって語ればよいのか、そしてなぜ語り継がなければならないのか——文字通り手探りのなかで育成事業は始まった。

体験を聞き出す対象となった方々は残留孤児が中心だったが、その多くは開拓団員の子供だった。彼らの歩んできた人生は、家族との渡満から始まってソ連軍の進攻による逃避行と家族との別離、養父母によって中国人として育てられた子供時代、文化大革命に巻き込まれ日本人であることをひた隠しにして生きた成人時代、日本への憧れとバブル景気下での家族を伴っての帰国、そして日本社会への適応に苦しむ家族——まさに日中両国の激動の現代史そのものを体現していた。そして何より彼らの歴史は開拓団の歴史でもあった。

残留邦人(婦人と孤児：いわゆる一世)が念願の帰国を果たしてもその後の生活に苦労しているという話は、マスコミでしばしば取り上げられてきた。私もその程度の知識しか持ち合わせていなかった。しかし、語り部に参加してきた二世の人たちを通じて、一世よりもその子供たち(二世)に関わる問題の方が根深いことに気づかされた。

語り部に応募してきた二世の人たちは自らのアイデンティティを探したいという強い思いを抱いていた。中高生という多感な時期に親が日本への帰国を決断し、言葉もわからない「祖国」へ「帰国」した人たちの多くは、中国であったら大学に進学して将来が開けていたにもかかわらず、日本では語学の壁に突き当たって進学を諦めることになり、二〇歳になる前に将来の道が閉じられてしまった。一世にとって日本は夢にまで見た祖国だったが、二世にとって日本は異国でしかなかった。一世の親は国策の犠牲者だったが、その親の選択が子を犠牲者としたのである。そして、今は日本語も拙い一世の年老いた元孤児の介護問題が二世の子供らに重くのしかかっている。残留邦人問題は今も続いている。

戦争の悲劇は世代を超えて連鎖する。悲劇をもたらした国策の当事者たちがとうの昔にこの世から消え去っても、その影響は残り続ける。開拓団の歴史はまだ完結していないのである。

語り部育成事業に関わり始めたとほぼ同時期、もう一つの開拓団に関わる問題に直面するようになった。

本書執筆にあたって重要な一次資料となったのは、那須皓が残した膨大な個人文書だった。この文書は、町田市のJA全国教育センター内にあった協同組合図書資料センターで保管されていた。蔵書を中心に一部は目録化されていたが、文書類の多くは未整理のままであった。さらに、ここには那須以外にも開拓政策に関わった旧農林官僚や農村更生協会関係者らの個人文書が大量に未整理のまま埋もれていた。これら膨大な資料を書庫の奥深くから探し出し、仮整理から電子検索用の入力作業にいたるまで、資料センター嘱託の林日出夫さんがほとんど独力で進められていた。

私は林さんのお手伝いをしたいと思い、ちょうどNHKのドキュメンタリー(「村人は満州へ送られた——〝国策〟71年目の真実」）制作に関わっていたことから、番組制作に活用するという目的で学生さんらを動員して資料整理を始めた。この作業を始めたのが本書執筆中の二〇一六年春のことで、番組放映（八月）、さらには本書刊行後も細々と続けた。しかし、このセンターが二〇一八年三月末に閉鎖されて取り壊しになることになった。JAはこれらの資料を放棄したため、急遽資料の引受先を探さなければならなくなった。ただ、現在の日本では貴重な歴史資料であっても引受先を探すのは容易ではない。近年、どこの資料保存機関も効率化と予算削減を迫られて、できるために何をするかよりも、できないための言い訳ばかり考えるようになっている。

結局、那須ら開拓政策に関わった人たちの個人文書は、いろいろなハードルを越えて私の職場（国文学研究資料館）で引き受けることになり、散逸を免れることができたが、無償の努力と熱意で資料を守り通してきた林さんなくしては、これらの資料が今日に残ることはなかった。

現在、コロナ禍で作業の中断を挟みながらこれら資料の整理を続けているが、那須が残した文書の膨大さに圧倒されるとともに、満蒙開拓政策について反省の弁を述べなかった那須が、自身にとって不都合なものも含めてあらゆる記録を残していたことに学者としての良識を認めないわけにはいかなかった。

那須が残した記録に向き合う他にも、山形県や埼玉県で開拓団に関わる公文書や、東宮鉄男が残した個人文書に接する機会に恵まれるなど、今でも自分は不思議と歴史記録を通して開拓団と縁が繋がっている。全国で開拓団の記録を発掘し地道な勉強会を続けているのは、大学・研究機関という象牙の塔に閉じこもって汗を流さずに「論文」なるものを書いている研究者ではなく、地元の市民や新聞記者である。満蒙開拓団の歴史は市民によって支えられている。

東宮の文書からは、屯墾軍計画が石原莞爾の発意であって必ずしも東宮が独自に計画したわけではなかったこと、入植をめぐる現地との軋轢、そして現実の移民政策に自らも翻弄されていった姿が浮かび上がってきた。日中戦争で戦死したことで彼の苦悩は「満洲移民の父」という虚像に塗り替えられていったのである。

岩波現代全書では永田稠が残した文書から東宮の意固地ともいえる姿を批判的に検証したが、東宮が残した文書を見るとその評価は幾分の修正を加えなければなるまい。ただ、まだ文書の調査は始まったばかりなので、そのことは必ずしも文庫版に反映できなかった。とくに石原莞爾が移民政策に積極的に関与していたことについてはさらに掘り下げる必要があろう。また、加藤完治が残した文書も未見である。

歴史研究の醍醐味はまさに正反対の立場の記録を突き合わせて実像に迫ることにある。東宮文書の閲覧を許可していただいた東宮惇允さん、そして地元の人びとと満蒙開拓団の勉強会を主催し続けている東宮春生さんに感謝を申し上げたい。

満蒙開拓団の歴史はまだまだ未解明の部分が多い。関係者は確実に減少し、聖蹟桜ヶ丘の拓魂碑で毎年四月に行われてきた拓魂祭も事実上、自然消滅している。しかし、このような事態とは逆に埋もれていた記録が世に現れてくることもあろう。人の数だけ記録があり、真実がある。互いが矛盾し合う記録を突き合わせて事実に迫ることが、満蒙開拓団の歴史に翻弄された人びとに対する手向けでもあり、歴史学者としての責務でもある。

二〇二二年一二月

加藤聖文

本書は二〇一七年三月、『満蒙開拓団――虚妄の「日満一体」』（岩波現代全書）として刊行された。「岩波現代文庫」への収録に際し、書名を『満蒙開拓団――国策の虜囚』とあらため、「関連年表」「岩波現代文庫版のためのあとがき」を付した。

関連年表

1927	
2. 1	日本国民高等学校創立(茨城県宍戸町友部. 1935.4 下中妻村内原移転)
1929	
10.24	ニューヨーク株式市場大暴落(暗黒の木曜日, 世界恐慌始まる)
1931	
9.18	柳条湖事件(満洲事変勃発)
11.14	角田一郎「満蒙経営大綱」脱稿
12.13	若槻礼次郎内閣総辞職. 犬養毅内閣成立
1932	
1.15	「満蒙ニ於ケル法制及経済政策諮問会議」(～29)
1.26	満鉄経済調査会発足
2. 3	拓務省拓務局「満洲移民計画概要」作成
3. 1	満洲国建国
3.12	狸穴会議(拓務省主催懇談会)
5.15	五・一五事件(犬養首相暗殺)
5.26	斎藤実内閣成立
6. 1	第 62 臨時議会(～14)
6. 7	東宮鉄男「屯墾軍計画」を石原莞爾へ具申
6.14	東宮・加藤完治会談
6	天照園移民団渡満
8.23	第 63 臨時議会(時局匡救議会, ～9/4)／農山漁村経済更生計画開始
9. 1	第一次試験移民募集開始(10/3 移民団渡満)
10. 1	関東軍「満洲における移民に関する要綱案」決定
1933	
1. 9	関東軍特務部のもとに移民部新設

3. 1	「満洲国経済建設綱要」公表
4. 8	関東軍「日本人移民実施要綱案」決定
5. 31	塘沽停戦協定(満洲事変終結)
7. 5	第二次試験移民団送出
10. 9	永田稠「屯墾移住地視察報告」作成(〜28)
1934	
3. 9	謝文東率いる蜂起軍が土竜山警察署襲撃(土竜山事件勃発)
6	移民部解散
7. 8	岡田啓介内閣成立
7. 10	石黒忠篤農林次官退官
8. 28	関東軍「満洲農業移民根本方策案」策定
10. 16	第三次試験移民団送出
10. 29	社団法人農村更生協会設立(理事(のちに会長)石黒忠篤)
11. 9	天理教による自由移民団入植
11. 26	対満農業移民会議開催(〜12/6,「満洲農業移民根本方策案」最終決定)
12. 29	対満事務局設置
12	満洲国国務院実業部に臨時産業調査局設置(開拓適地調査を満鉄経調から移管)
1935	
3. 23	満洲国がソ連から中東鉄道を買収
4. 1	拓務省官制改正(満洲移民の主管を管理局から拓務局へ)／満鉄鉄道自警村建設開始(〜1937 年度)
5. 7	拓務省「満洲農業移民根本方策に関する件」策定
5. 31	第四次試験移民募集締切(9 月入植)
6. 1	拓務省に海外拓殖委員会設置
8. 12	永田鉄山軍務局長惨殺(相沢事件)
10. 19	満洲移住協会発足(初代理事長大蔵公望)
12. 13	満洲拓殖株式会社設置(東亜勧業の事業引継)
1936	

1	満洲移住協会理事広瀬寿助が意見書作成(「百万家族」の初出)
2. 26	二・二六事件
3. 9	広田弘毅内閣成立
3	宮城県南郷村で分村移民計画浮上／満鉄経調「北満農地開拓会社案」可決(1937 年 2 月撤回)
4. 1	満洲国地籍整理八カ年計画開始／農村経済更生特別助成制度開始(～1938 年度)
5. 11	関東軍「満洲農業移民百万戸移住計画案」公表
5	第五次移民，試験移民から集団移民へ改称(7 月入植)
8. 10	「満洲国第二期経済建設要綱」決定
8. 19	拓務省海外拓殖委員会特別委員会にて「満洲農業移民百万戸送出計画」可決
8. 25	広田内閣「七大国策」決定
9. 9	鮮満拓殖株式会社創立
9. 14	満鮮拓殖株式会社創立(東亜勧業買収)
9. 21	小平権一経済更生部長が関東軍顧問兼任
1937	
2. 2	林銑十郎内閣成立
4. 1	満洲農業移民百万戸送出計画開始／満洲産業開発五カ年計画開始(～1941 年度)
6. 4	近衛文麿内閣成立
6. 24	「第六次集団移民募集要綱」決定
7. 7	盧溝橋事件(日中戦争勃発)
7. 15	関東軍参謀部第三課「青年農民訓練所(仮称)創設要綱」決定
7	長野県大日向村が分村移民先遣隊派遣
8. 2	満洲拓殖株式会社を特殊法人満洲拓殖公社へ改組
9	石原莞爾参謀本部第一部長，関東軍参謀副長へ
11. 3	加藤完治ら「満蒙開拓青少年義勇軍編成に関する建白書」提出

11. 14	東宮鉄男，上海郊外にて戦死
11. 30	近衛内閣「満洲に対する青年移民選出に関する件」閣議決定
12. 22	拓務省「青少年開拓民実施要領及理由書」策定
1938	
4. 1	農林省経済更生計画の一環として分村移民助成開始
8	石原莞爾関東軍参謀副長，無断帰国
12. 10	関東軍「国境方面における国防的建設に関する要望事項」策定
1939	
1. 5	平沼騏一郎内閣成立
1. 7	関東軍参謀部第四課主催移民懇談会開催(～8)
2. 1	満洲国産業部に開拓総局設置
5. 15	満洲国「北辺振興計画」立案
6. 30	「満洲開拓政策基本要綱案」決定
8. 16	臨時満洲開拓民審議会開催
8. 30	阿部信行内閣成立
9. 1	第二次世界大戦勃発
12. 22	阿部内閣「満洲開拓政策基本要綱」閣議決定
1940	
1. 16	米内光政内閣成立
6. 25	全国融和事業協議会開催(満洲移住が浮上)
7. 22	第二次近衛文麿内閣成立
10. 22	近衛内閣「中小商工業者に対する対策」閣議決定(転業移民の開始)
11. 15	地方庁学務部内に拓務課設置決定
1941	
1	農林省経済更生部廃止
5	熊本県来民開拓団先遣隊出発
6. 1	満拓・鮮満拓殖統合
7. 14	陸軍「臨時満洲開拓政策遂行要領」策定

10. 18	東条英機内閣成立
12. 8	日米開戦
1942	
4. 1	満洲産業開発第二期五カ年計画開始
11. 1	大東亜省設置(拓務省・対満事務局などを改組)
11. 12	東条内閣「皇国農村確立促進ニ関スル件」閣議決定
1944	
2	第2回開拓全体会議開催(転業者・疎開者の帰農促進)
7. 22	小磯国昭内閣成立
1945	
4. 7	鈴木貫太郎内閣成立
5. 30	大本営，関東軍に対して対ソ作戦準備を命令(対ソ持久戦準備・根こそぎ召集開始)
7. 2	大東亜省「現戦局下ニ於ケル満洲開拓政策緊急措置要綱」策定(満洲開拓民送出一時中止)
8. 8	空襲罹災者を中心とした常磐松開拓団(6/26 編成)，牡丹江到着
8. 9	ソ連対日参戦
8. 12	麻山事件
8. 14	御前会議でポツダム宣言受諾決定
8. 15	玉音放送
8. 17	東久邇宮稔彦王内閣成立
8. 18	皇帝溥儀退位し満洲国消滅
8. 19	関東軍と極東ソ連軍の停戦合意
8. 26	大東亜省廃止
8. 27	佐渡開拓団事件
9. 2	降伏文書調印
9. 17	瑞穂村集団自決
9. 25	内原訓練所閉所
10. 9	幣原喜重郎内閣成立
11. 9	幣原内閣「緊急開拓事業実施要領」閣議決定

12. 1	財団法人開拓民援護会設立(満洲移住協会解散，会長小平権一)
1946	
5. 14	満洲からの日本人引揚開始(前期集団引揚)
9	開拓民自興会結成(会長宗光彦)
1947	
10. 24	農林省「開拓事業実施要綱」決定
1948	
8. 19	前期集団引揚終了
12. 24	社団法人開拓自興会設立(開拓民援護会が開拓民自興会に合流)
1949	
10. 1	中華人民共和国建国
1952	
4. 28	サンフランシスコ講和条約発効(日本独立)
1953	
3. 5	「日本人居留民帰国問題に関する共同コミュニケ」調印(後期集団引揚開始)
1958	
5	大躍進政策開始(～1962)
7. 13	後期集団引揚終了
1959	
4. 1	「未帰還者に関する特別措置法」施行
1960	
3. 10	石黒忠篤没
1963	
8. 10	聖蹟桜ヶ丘で「拓魂碑」落成式
1966	
8	文化大革命発動(～1977. 8)
1967	
3. 30	加藤完治没

1972	
9. 29	日中共同声明(国交正常化)
1973	
3	中国残留日本人調査開始
1977	
5. 13	橋本傳左衛門没
1981	
3. 2	第1回訪日調査開始
1984	
3. 29	那須皓没
1985	
3. 29	身元引受人制度(親族が判明していない孤児も永住帰国可能)
1989	
7. 31	特別身元引受人制度(親族が判明しているが身元引受人がいない孤児対象)
1991	
6. 20	特別身元引受人制度を残留婦人に拡大
1993	
9. 8	残留婦人の強行帰国事件発生
1994	
4. 6	「中国残留邦人等の円滑な帰国の促進及び永住帰国後の自立の支援に関する法律(中国残留邦人支援法)」公布
2001	
12. 7	帰国者による国家賠償請求訴訟起こる
2007	
11. 28	「中国残留邦人支援法」改正案可決(2008年4月1日施行)

満蒙開拓団――国策の虜囚

2023年2月15日　第1刷発行
2023年9月5日　第2刷発行

著　者　加藤《かとう》聖文《きよふみ》

発行者　坂本政謙

発行所　株式会社　岩波書店
〒101-8002 東京都千代田区一ツ橋2-5-5
案内 03-5210-4000　営業部 03-5210-4111
https://www.iwanami.co.jp/

印刷・精興社　製本・中永製本

ISBN 978-4-00-600461-3　Printed in Japan

岩波現代文庫創刊二〇年に際して

二一世紀が始まってからすでに二〇年が経とうとしています。この間のグローバル化の急激な進行は世界のあり方を大きく変えました。世界規模で経済や情報の結びつきが強まるとともに、国境を越えた人の移動は日常の光景となり、今やどこに住んでいても、私たちの暮らしは世界中の様々な出来事と無関係ではいられません。しかし、グローバル化の中で否応なくもたらされる「他者」との出会いや交流は、新たな文化や価値観だけではなく、摩擦や衝突、そしてしばしば憎悪までをも生み出しています。グローバル化にともなう副作用は、その恩恵を遥かにこえていると言わざるを得ません。

今私たちに求められているのは、国内、国外にかかわらず、異なる歴史や経験、文化を持つ「他者」と向き合い、よりよい関係を結び直してゆくための想像力、構想力ではないでしょうか。

新世紀の到来を目前にした二〇〇〇年一月に創刊された岩波現代文庫は、この二〇年を通して、哲学や歴史、経済、自然科学から、小説やエッセイ、ルポルタージュにいたるまで幅広いジャンルの書目を刊行してきました。一〇〇〇点を超える書目には、人類が直面してきた様々な課題と、試行錯誤の営みが刻まれています。読書を通した過去の「他者」との出会いから得られる知識や経験は、私たちがよりよい社会を作り上げてゆくために大きな示唆を与えてくれるはずです。

一冊の本が世界を変える大きな力を持つことを信じ、岩波現代文庫はこれからもさらなるラインナップの充実をめざしてゆきます。

（二〇二〇年一月）

岩波現代文庫[学術]

G430
被差別部落認識の歴史
―異化と同化の間―
黒川みどり

差別する側、差別を受ける側の双方は部落差別をどのように認識してきたのか――明治から現代に至る軌跡をたどった初めての通史。

G431
文化としての科学/技術
村上陽一郎

近現代に大きく変貌した科学/技術。その質的な変遷を科学史の泰斗がわかりやすく解説、望ましい科学研究や教育のあり方を提言する。

G432
方法としての史学史
―歴史論集1―
成田龍一

歴史学は「なにを」「いかに」論じてきたのか。史学史的な視点から、歴史学のアイデンティティを確認し、可能性を問い直す。現代文庫オリジナル版。〈解説〉戸邉秀明

G433
〈戦後知〉を歴史化する
―歴史論集2―
成田龍一

〈戦後知〉を体現する文学・思想の読解を通じて、歴史学を専門知の閉域から解き放つ試み。現代文庫オリジナル版。〈解説〉戸邉秀明

G434
危機の時代の歴史学のために
―歴史論集3―
成田龍一

時代の危機に立ち向かいながら、自己変革を続ける歴史学。その社会との関係を改めて問い直す「歴史批評」を集成する。〈解説〉戸邉秀明

2023.8

岩波現代文庫［学術］

G435
宗教と科学の接点
河合隼雄

「たましい」「死」「意識」など、近代科学から取り残されてきた、人間が生きていくために大切な問題を心理療法の視点から考察する。〈解説〉河合俊雄

G436
増補 軍隊と地域
―郷土部隊と民衆意識のゆくえ―
荒川章二

一八八〇年代から敗戦までの静岡を舞台に、矛盾を孕みつつ地域に根づいていった軍が、民衆生活を破壊するに至る過程を描き出す。

G437
歴史が後ずさりするとき
―熱い戦争とメディア―
ウンベルト・エーコ
リッカルド・アマデイ訳

歴史があたかも進歩をやめて後ずさりしはじめたかに見える二十一世紀初めの政治・社会の現実を鋭く批判した稀代の知識人の発言集。

G438
増補 女が学者になるとき
―インドネシア研究奮闘記―
倉沢愛子

インドネシア研究の第一人者として知られる著者の原点とも言える日々を綴った半生記。「補章 女は学者をやめられない」を収録。

G439
完本 中国再考
―領域・民族・文化―
葛兆光
辻康吾監訳
永田小絵訳

「中国」とは一体何か？ 複雑な歴史がもたらした国家アイデンティティの特殊性と基本構造を考察し、現代の国際問題を考えるための視座を提供する。

岩波現代文庫[学術]

G440
私が進化生物学者になった理由
長谷川眞理子

ドリトル先生の大好きな少女がいかにして進化生物学者になったのか。通説の誤りに気づき、独自の道を切り拓いた人生の歩みを語る。巻末に参考文献一覧付き。

G441
愛について
—アイデンティティと欲望の政治学—
竹村和子

物語を攪乱し、語りえぬものに声を与える。精緻な理論でフェミニズム批評をリードしつづけた著者の代表作、待望の文庫化。〈解説〉新田啓子

G442
宝塚
—変容を続ける「日本モダニズム」—
川崎賢子

百年の歴史を誇る宝塚歌劇団。その魅力を掘り下げ、宝塚の新世紀を展望する。底本を大幅に増補・改訂した宝塚論の決定版。

G443
新版 ナショナリズムの狭間から
—「慰安婦」問題とフェミニズムの課題—
山下英愛

性差別的な社会構造における女性人権問題として、現代の性暴力被害につづく側面を持つ「慰安婦」問題理解の手がかりとなる一冊。

G444
夢・神話・物語と日本人
—エラノス会議講演録—
河合隼雄
河合俊雄訳

河合隼雄が、日本の夢・神話・物語などをもとに日本人の心性を解き明かした講演の記録。著者の代表作に結実する思想のエッセンスが凝縮した一冊。〈解説〉河合俊雄

2023.8

G445-446
ねじ曲げられた桜(上・下)
―美意識と軍国主義―
大貫恵美子
桜の意味の変遷と学徒特攻隊員の日記分析を通して、日本国家と国民の間に起きた「相互誤認」を証明する。〈解説〉佐藤卓己

G447
正義への責任
アイリス・マリオン・ヤング
岡野八代
池田直子 訳
自助努力が強要される政治の下で、人びとが正義を求めてつながり合う可能性を問う。ヌスバウムによる序文も収録。〈解説〉土屋和代

G448-449
ヨーロッパ覇権以前(上・下)
―もうひとつの世界システム―
J.L.アブー=ルゴド
佐藤次高ほか訳
近代成立のはるか前、ユーラシア世界は既に一つのシステムをつくりあげていた。豊かな筆致で描き出されるグローバル・ヒストリー。

G450
政治思想史と理論のあいだ
―「他者」をめぐる対話―
小野紀明
政治思想史と政治的規範理論、融合し相克する二者を「他者」を軸に架橋させ、理論の全体像に迫る、政治哲学の画期的な解説書。

G451
平等と効率の福祉革命
―新しい女性の役割―
G.エスピン=アンデルセン
大沢真理監訳
キャリアを追求する女性と、性別分業に留まる女性との間で広がる格差。福祉国家論の第一人者による、二極化の転換に向けた提言。

岩波現代文庫［学術］

G452
草の根のファシズム
―日本民衆の戦争体験―
吉見義明

戦争を引き起こしたファシズムは民衆が支えていた――従来の戦争観を大きく転換させた名著、待望の文庫化。〈解説〉加藤陽子

G453
日本仏教の社会倫理
―正法を生きる―
島薗進

日本仏教に本来豊かに備わっていた、サッダルマ（正法）を世に現す生き方の系譜を再発見し、新しい日本仏教史像を提示する。

G454
万民の法
ジョン・ロールズ
中山竜一訳

「公正としての正義」の構想を世界に広げ、平和と正義に満ちた国際社会はいかにして実現可能かを追究したロールズ最晩年の主著。

G455
原子・原子核・原子力
―わたしが講義で伝えたかったこと―
山本義隆

原子・原子核について基礎から学び、原子力への理解を深めるための物理入門。予備校での講演に基づきやさしく解説。

G456
ヴァイマル憲法とヒトラー
―戦後民主主義からファシズムへ―
池田浩士

史上最も「民主的」なヴァイマル憲法下で、ヒトラーが合法的に政権を獲得し得たのはなぜなのか。書き下ろしの「後章」を付す。

岩波現代文庫[学術]

G457
現代《いま》を生きる日本史
須田努
清水克行

縄文時代から現代までを、ユニークな題材と最新研究を踏まえた平明な叙述で鮮やかに描く。大学の教養科目の講義から生まれた斬新な日本通史。

G458
小国
—歴史にみる理念と現実—
百瀬宏

大国中心の権力政治を、小国はどのように生き抜いてきたのか。近代以降の小国の実態と変容を辿った出色の国際関係史。

G459
〈共生〉から考える
—倫理学集中講義—
川本隆史

「共生」という言葉に込められたモチーフを現代社会の様々な問題群から考える。やわらかな語り口の講義形式で、倫理学の教科書としても最適。「精選ブックガイド」を付す。

G460
〈個〉の誕生
—キリスト教教理をつくった人びと—
坂口ふみ

「かけがえのなさ」を指し示す新たな存在論が古代末から中世初期の東地中海世界の激動のうちで形成された次第を、哲学・宗教・歴史を横断して描き出す。〈解説〉山本芳久

G461
満蒙開拓団
—国策の虜囚—
加藤聖文

満洲事変を契機とする農業移民は、陸軍主導の強力な国策となり、今なお続く悲劇をもたらした。計画から終局までを辿る初の通史。

2023. 8